Ruxandra Toma

La *Compilación de los milagros de Santiago* de Diego Rodríguez de Almela. La tradición del Apóstol en manuscritos castellanos del siglo XV

Ruxandra Toma

La *Compilación de los milagros de Santiago* de Diego Rodríguez de Almela. La tradición del Apóstol en manuscritos castellanos del siglo XV

PRO UNIVERSITARIA
BUCUREŞTI
2024

Editat de **Pro Universitaria SRL**, editură cu prestigiu recunoscut.

Editura **Pro Universitaria** este acreditată CNCS în domeniul Ştiinţelor Umaniste şi CNATDCU (lista A2-Panel 4) în domeniul Ştiinţelor Sociale.

Descrierea CIP a Bibliotecii Naţionale a României
TOMA, RUXANDRA
La Compilación de los milagros de Santiago de Diego Rodríguez de Almela : La tradición del Apóstol en manuscritos castellanos del siglo XV / Ruxandra Toma. - Bucureşti : Pro Universitaria, 2024
Conţine bibliografie
ISBN 978-606-26-1865-0

82.09

Referenţi ştiinţifici:
Prof. univ. dr. habil. Mianda Cioba, Universitatea din Bucureşti
Prof. univ. dr. Anca Crivăţ, Universitatea din Bucureşti

Redactor: Elena Onea
Tehnoredactor: Luiza Stan
Copertă: Vlad Pătruţă

Redacţie:
tel.: 0732.320.664
e-mail: editura@prouniversitaria.ro
www.prouniversitaria.ro
Editura Pro Universitaria

Librăria UJmag:
tel.: 0733.673.555; 021.312.22.21
e-mail: comenzi@ujmag.ro
www.ujmag.ro
Ujmag.ro

ÍNDICE

A. ESTUDIO INTRODUCTORIO

I. SISTEMAS IDEOLÓGICOS EN LA SEGUNDA MITAD DEL SIGLO XV- EL HUMANISMO HISPÁNICO

I.1. Providencialismo medieval y racionalismo humanista en la consideración de la historia

El continente europeo del Medioevo tardío asiste a la aparición de una nueva perspectiva ideológica, que propone una manera distinta de interpretar los hechos históricos, desde una perspectiva crítica. La perspectiva del humanismo crítico sobre la historia empieza a definirse en un contexto dominado por el providencialismo medieval. Las dos perspectivas van a coexistir por un tiempo y van a ejercer una influencia recíproca, pero la tendencia general del siglo XV es la de superar las ideas de corto alcance del mesianismo católico y de adoptar una perspectiva más bien humanista. A partir de mediados del siglo XV, un número cada vez mayor de letrados e intelectuales dirigen su atención hacia el nuevo ambiente intelectual del humanismo. Se trata de intelectuales pertenecientes al mundo de las universidades, a las cancillerías reales y a los cabildos de las catedrales, donde la disciplina teológica se da la mano con un conocimiento detallado de los antiguos, grupo que contribuye a la configuración de la así llamada atmósfera pre-humanista[1]. Tal fenómeno se manifiesta no solo en la imitación de los clásicos en la poesía o en la comedia humanística, sino también en el discurso erudito dominado por la autoridad de la iglesia y en las obras representativas de la cultura escrita. Entre las categorías más versátiles encontramos las que se dedican al cultivo de la memoria y del pasado.

La ideología mesiánica parte de la doctrina religiosa de la existencia de un mesías[2] o de una figura salvadora que va a reformar el mundo. A partir de esta

---

[1] O. DI CAMILLO, *El humanismo castellano del siglo XV*, ed. Terra Horizon, Valencia, 1976, pp. 19-20.

[2] M. F. PINHO DE OLIVEIRA, *¿Sacralización política o mesianismo? Los liderazgos políticos de Néstor Kirchner, Hugo Chávez, Donald Trump y Jair Bolsonaro*, en *Revista de Ciencias Sociales. Facultad de Derecho y Ciencias Sociales*, nº 47, Benemérita Universidad Autónoma de Puebla, México, 2019-2020, p. 328.

perspectiva, el mesianismo católico fue definido como un paradigma "que interpreta la historia a partir de un cambio de estado en el desarrollo de un determinado pueblo a partir de la intervención de un héroe que tendrá la misión de instalar un nuevo orden en sentido utópico"[3]. Zaballa Beascoechea entiende por mesianismo "la espera o esperanza del Mesías; y, por extensión, toda esperanza de una liberacióno de una salvación, de una nación o de un pueblo"[4]. La investigadora también explica el hecho de que el mesianismo se encuentra como ideología también en las religiones judía y musulmana, pero en el cristianismo, a diferencia de las otras religiones, lo que se espera es la "segunda venida" del Mesías. La presencia de tal concepto ideológico en otras religiones apoya la idea de que el mesianismo es un concepto universal, que refleja el acercamiento entre la religión y la filosofía[5]. Pero la cercanía temporal no supone necesariamente la conciliación entre estas direcciones de pensamiento, sino que en este caso se trata del confrontamiento entre la autoridad indudable del maestro y la intención de investigación crítica. Se conoce el hecho de que la filosofía nace en la Grecia antigua como un ejercicio reflexivo diseñado para proporcionarle al hombre soluciones para una vida feliz. El hombre se encuentra a partir de este presupuesto en la permanente búsqueda de la felicidad inalcanzable durante su vida terrenal. Esta es también el cambio de perspectiva producido por el Renacimiento y por el pensamiento crítico de los humanistas. Cuando la filosofía falla, la solución que la religión ofrece es la esperanza de encontrar la felicidad en el otro mundo, después de la muerte corpórea.

Hay en el mundo católico dos acepciones del mesianismo. La primera está representada por un significado muy amplio del término, que equivale en general a las ideas de la soteriología[6], con respecto a la salvación humana. Por otro lado, también se puede hablar de mesianismo sólo como creencia en la "intervención de un intermediario humano en la realización de los designios de Dios"[7], intermediario representado habitualmente por la figura de un rey o monarca, idea que parece ser más aceptada actualmente[8]. Se produce, asimismo, una extensión del término, que

---

[3] Diccionario en linea IDONEOS, consultado a 1.08.2021 en https://religion.idoneos.com/mesianismo/.

[4] A. DE ZABALLA BEASCOECHEA, *La discusión conceptual sobre el milenarismo y mesianismo en Latinoamérica*, en *Anuario de historia de la iglesia*, nº 10, 2001, p. 358.

[5] G. GAETA, *Jacob Taubes: mesianismo y fin de la historia*, en *Nombres: Revista de Filosofía; Córdoba, año XVII,* nº 21, 2007, p. 43.

[6] J. N. CALLEJAS, *La dimensión política de la escatología: ideología, utopía y mesianismo*, en *Teología y vida [artículo de revista],* vol. 28, nº 4, 1987, p. 336.

[7] *Idem,* pp. 336-337.

[8] *Ibidem*.

ya no se refiere solamente al Mesías como única figura salvadora para los cristianos, sino que se puede hablar hasta de un "mesianismo político", que supone la existencia de una persona "elegida", un "mesías", un líder religioso y político[9] y que "dispone de un fundamento religioso que administra lenguaje, símbolos, signos, significantes y convocantes para la conciencia religiosa"[10]. La distinción entre las dimensiones política y religiosa del mesianismo se hace cada vez más evidente y pronto se va a recurrir a la separación de las dos dimensiones "para invalidar todo cuestionamiento religioso del orden político establecido, pero al mismo tiempo se establece una relación implícita de consolidación de lo religioso con respecto a lo político que niega y es contradictoria con la separación postulada entre ambos órdenes"[11].

Con respecto al origen del providencialismo cristiano en el territorio hispánico todavía no hay un consenso, dado que se han formulado al menos dos hipótesis distintas. Por un lado, el mesianismo hispánico tiene una raíz cristiana y catalano-aragonesa, o, por el contrario, arraiga en la cultura de las comunidades judías y conversas de la Corona de Castilla[12]. En el ámbito de la literatura castellana se nota la presencia de varias huellas de la literatura mesiánica. Alusiones explícitas se encuentran en varios textos de la península, sobre todo en algunos pasajes del *Cancionero de Baena*, pero también en algunas crónicas de los reyes de Portugal, hasta el reinado de João I, y en los textos de los cronistas del siglo XV, que han trasladado "a la expansión ultramarina la misma noción de intervención providencial"[13]. En toda la Península Ibérica, sobre todo durante el período de la Reconquista, la "valoración de la guerra ancestral" aparece representada como "una fuente de legitimidad de gran valor moral"[14].

Al lado de la marcada dimensión providencial del catolicismo, surge durante la Edad Media y se manifiesta plenamente durante el Renacimiento la necesidad y el interés por el conocimiento como soporte para la perfección personal del hombre y

[9] M. F. PINHO DE OLIVEIRA, *¿Sacralización política o mesianismo? Los liderazgos...*, 2019-2020, p. 328.
[10] *Idem.*, p. 330.
[11] J. N. CALLEJAS, *La dimensión política...,* 1987, pp. 338-339.
[12] A. ALCOBERRO, *La exaltación mesiánica de los reyes católicos y la expulsión de los judíos de los reinos hispánicos*, en *Revista de la Inquisición. Intolerancia y Derechos Humanos*, vol. 22, nº 4, 2018, p. 81.
[13] C. OLIVERA SERRANO, *Mesianismo y profetismo en Portugal y Castilla (c. 1380-1430). Notas para su estudio*, en *Sémata, Ciencias Sociais e Humanidades*, vol. 26, 2014, p. 377.
[14] *Ibidem*.

como aspiración a la felicidad terrena. En estos términos se podría caracterizar la idea central del nuevo paradigma cultural humanista. Este cambio de perspectiva, que culminó con la imposición del humanismo como dirección intelectual dominante, no se da repentinamente, sino que se trata de un verdadero proceso que empieza durante la Edad Media, cuando "hubo numerosos intentos humanísticos"[15]. Dichos intentos se ampliaron hasta llegar a constituir una corriente de renovación espiritual[16], un tipo de "expresión abstracta para el conjunto de ideas y preferencias del Renacimiento italiano"[17]. Ginzo Fernández considera que "el humanismo renacentista constituye un capítulo fundamental en la historia de la cultura occidental"[18], capítulo que empieza con el redescubrimiento de los autores antiguos clásicos y de las lenguas y las literaturas antiguas de los griegos y de los latinos[19]. Estas obras anteriores a Cristo ofrecen ahora al lector "modelos ejemplares de hombres perfectos en armonía y dignidad"[20].

El humanismo nace, por lo tanto, en Italia, espacio conocido como la "cuna del humanismo", donde este paradigma cultural conoce cuatro fases de evolución[21]. El humanismo italiano se podría definir como

> un fenómeno histórico amplio y diverso, pero su extraordinaria y casi inabarcable complejidad no debería ocultar el hecho de que consistió, ante todo, en una actitud (ampliamente compartida, en su momento, por un grupo de personas de excepcional inteligencia y valor), ni difuminar sus principios fundamentales, que eran, sin embargo, de una gran simplicidad...[22]

Los investigadores destacan tres dimensiones fundamentales de la ideología humanista[23]. En primer lugar, el humanismo se centra en el redescubrimiento del

---

[15] A. SUÁREZ MIRAMÓN, *La construcción de la modernidad en la literatura española*, Editorial Universitaria Ramón Areces, Madrid, 2015, p. 16.
[16] J. LAFAYE, *El humanismo, revolución cultural*, en *Estudios 111*, vol. XII, 2014, p. 16.
[17] C. CORDUA, *El humanismo*, en *Revista Chilena de Literatura*, nº 84, Universidad de Chile Santiago, Chile, 2013, p. 9.
[18] A. GINZO FERNÁNDEZ, *Humanismo filosófico y Renacimiento*, en *Indagación: Revista de Historia y Arte*, nº 0, Universidad de Alcalá de Henares. Servicio de Publicaciones, 1994, p. 85.
[19] C. CORDUA, *El humanismo*..., 2013, p. 10.
[20] A. SUÁREZ MIRAMÓN, *La construcción de la modernidad* ..., 2015, p. 15.
[21] S. SCHLELEIN, *Vacilando entre Edad Media y Renacimiento: Castilla y el Humanismo del siglo XV*, en *Saberes humanísticos y formas de vida. Usos y abusos. Actas del Coloquio Hispano-alemán* (eds. Aurora EGIDO y José Enrique LAPLANA), Institución «Fernando el Católico» (C.S.I.C.) Excma. Diputación de Zaragoza, Zaragoza, 2012, p. 93.
[22] *Idem.*, p. 59.
[23] *Ibidem.*

mundo antiguo. A partir de esta perspectiva, el estudio de la historia ocupa un lugar de primer orden en la configuración de la ideología humanista. Luego, hay una especial atención que los humanistas conceden al lenguaje y, en concreto, al uso que los autores griegos y latinos hacían del lenguaje, sobre todo el uso de la dimensión retórica de la expresión, como aspecto que necesita ser cultivado. Y es así como los textos antiguos se convierten en modelos de expresividad adoptados incluso en las lenguas vernáculas. Por último, la tercera dimensión del humanismo se refiere a la convicción de los humanistas en la importancia de la erudición y en el poder de la enseñanza de contribuir a la configuración de un horizonte confesional religioso de mayor calidad, al perfeccionamiento de la fe[24], y, al mismo tiempo, del ser humano.

El término de "humanismo" solamente se puede definir de manera heterogénea, dado que hay varios significados asociados al mismo, tanto descriptivos, como valorativos, que pueden ser actualizados en diversos contextos históricos[25]. Según Cordua, se entiende por humanismo "la recuperación de un período culminante de la historia humana, capaz de darle a las épocas posteriores la medida máxima de lo humanamente posible"[26]. Existen por lo menos dos maneras de conceptualizar el humanismo: como concepto general y con un significado más restringido, definido en relación con cierto período cronológico[27]. Con respecto a su significado más restringido, el humanismo coincide con un determinado período cronológicamente situado a lo largo de los siglos XIV y XV[28], mientras que, según su acepción general, el humanismo

> define la exaltación de las actividades espirituales del hombre, como su sentido de la dignidad, su gran valor, su capacidad creadora y la superioridad de su pensamiento en el mundo en que vive. Por tanto, puede considerarse humanista cualquier obra o acción que se refiera a las actividades del hombre en cualquier época y su interés por todo lo humano[29].

---

[24] *Ibidem*.
[25] A. VELASCO, *Humanismo* (1ra ed.), Universidad Nacional Autónoma de México, Instituto de Investigaciones Sociales UNAM, Ciudad de México, 2009, p. 2.
[26] C. CORDUA, *El humanismo…*, 2013, p. 13.
[27] A. SUÁREZ MIRAMÓN, *La construcción de la modernidad …*, 2015, p. 15.
[28] *Ibidem.*
[29] *Ibidem*.

El redescubrimiento de la Antigüedad como modelo de belleza retórica y como expresión de la excelencia intelectual y ética está asociado comúnmente al estudio de las *humanae litterae*, o las letras humanas clásicas[30]. El sistema de las disciplinas que constituyen la base de la formación académica medieval se divide en *trivium*, que abarca la gramática, la retórica, y la dialéctica, y *quatrivium*, constituido por la aritmética, la geometría, la música y la astronomía. A estas siete disciplinas medievales, durante el período humanista se añaden otras más: la poesía, la historia, la ética y la filosofía. Los estudios humanísticos, o *studia humanitatis*, se consolidan a partir de los finales de la Edad Media y llegan a representar uno de los elementos esenciales para el inicio del Renacimiento[31]. El principal propósito de la innovación del sistema de estudios era el de proporcionar "la preparación intelectual y moral más conveniente a las necesidades de la nueva sociedad"[32]. Según la conceptualización de los humanistas, la educación permite al ser humano alcanzar la mejor versión intelectual y moral de uno mismo. Esta actitud crítica del nuevo lector es difícilmente aceptada por los partidarios de la educación puramente cristiana, dominada por un pensamiento de tipo "cree y no dudes", en el sentido de conocimiento sin participación, como es el ejemplo de la revelación. Según el dogma cristiano, las letras tienen el propósito de realizar una conexión entre la palabra de Dios y el hombre, y los textos deben interpretarse a partir de la clave moral ofrecida por la Iglesia. El humanismo ofrece al hombre la libertad de encontrar sus propias claves de interpretación en los textos leídos y de utilizar para su propio beneficio intelectual lo aprendido de los modelos clásicos antiguos. No hay que confundirse, sin embargo, el humanismo con el anticristianismo o con un tipo de lectura personal o subjetiva. La misma doctrina cristiana funciona también en el pensamiento humanista sobre el conocimiento, la diferencia depende sólo de cómo se puede llegar al conocimiento. En concreto, en la Edad Media, el ejercicio escolar tiene como objetivo un conocimiento autorizado por la condición de quien interpreta el texto (según el sintagma *magister dixit*), mientras que el humanismo propone la lectura atenta (o *close reading*), lectura que parte del conocimiento de las lenguas originales y que supone la aplicación del pensamiento crítico al texto.

El ser humano se ve puesto ahora frente a un conflicto existencial, entre sus limitaciones como ser mortal, inferior a Dios, y sus posibilidades intelectuales, de

---

[30] A. GINZO FERNÁNDEZ, *Humanismo filosófico y Renacimiento*..., 1994, p. 86.

[31] A. VELASCO, *Humanismo*..., 2009, p. 2.

[32] O. DI CAMILLO, *El humanismo castellano* ..., 1976, p. 33.

adquirir nuevos conocimientos y de analizar críticamente el mundo, capacidades mucho mayores de lo que se pretendía antes. El hombre se da cuenta de su condición singular, de su unicidad en la creación, dado que solo él tiene el privilegio de ser creación de Dios, que se distingue, sin embargo, de las otras creaciones, por su carácter a la vez mortal, como divino[33]. Con respecto al intelecto humano, las principales figuras humanistas del siglo XV, incluso Alonso de Cartagena, "coinciden en afirmar que la función propia del intelecto es examinar las cosas humanas y divinas"[34]. Por lo tanto, el hombre debe, según los humanistas, ir más allá de una simple lectura de los textos y de hacer también un examen, un análisis crítico de lo que lee. El hombre puede y debe aprender de la historia y de aplicar prácticamente lo que le sirve de lo aprendido.

Fieles a esta idea, los humanistas dedican sus esfuerzos a traer al primer plano la enseñanza, como la mayor necesidad y la mejor modalidad de salvar "al hombre de su ignorancia y animalidad"[35]. Los humanistas promueven la creencia de que el ser humano tiene la capacidad de investigar, de llegar a conocer el mundo que lo rodea y de cultivar su propio saber, pero no niegan el hecho de que el conocimiento completo y absoluto de todo lo que constituye el mundo lo tiene solamente Dios, como ser superior. El hombre se encuentra sometido a las limitaciones de esta doble naturaleza suya, como ser especial y, a la vez, mortal y tiene, según los humanistas, el deber de educarse en función de estas dos coordenadas de su condición. Como ser superior a las otras creaciones de Dios, tiene la capacidad de acumular conocimientos y el deber de preocuparse por su propia educación, mientras que su naturaleza mortal le recuerda que la religión es su "salvación".

El saber del hombre puede alcanzar, según Cartagena, dos niveles de conocimiento; el primer nivel es el del mundo tangible, que se puede conocer a través de los sentidos y, allá donde estos no pueden alcanzar, a través de la imaginación. Este primer nivel es, de hecho, fundamental y a partir de él se construye el segundo, el nivel del mundo intangible e invisible, que se puede conocer solamente "por el poder intelectivo del alma"[36]. El humanismo promueve la idea de que la edificación de cada individuo es un acto de decisión personal y trata al ser humano en su dignidad.

---

[33] *Idem.*, p. 38.
[34] *Idem.*, p. 140.
[35] *Idem.*, p. 146.
[36] *Idem.*, p. 160.

De particular interés es el estudio de la historia y, en particular, de la relación entre el hombre y los mecanismos históricos. La historia deja de ser vista por los humanistas como una mera sucesión de varios hechos, cuyo significado resulta inalcanzable, sino que el hombre se hace ahora preguntas con respecto a la historia, para desarrollar una cierta idea de comunidad política histórica y una nueva filosofía política. Es el momento en que se le anima a interpretar críticamente los hechos de sus antepasados y sus consecuencias. Los humanistas son los que insisten en el estudio racional de los mecanismos de la historia, una revisión del papel de los protagonistas, el concepto de razón estatal, la interpretación de los hechos en términos de útil o inútil para el enriquecimiento del conocimiento del hombre nuevo. Los textos escritos bajo la tutela del humanismo tienen, por lo tanto, cierto propósito, una meta que les ofrece el carácter de utilidad para la sociedad, tendencia que se puede notar también en la *Compilación de los milagros de Santiago* de Rodríguez de Almela.

El primer contacto de las ideas del humanismo italiano con el mundo español tiene lugar bastante tarde durante la primera mitad del siglo XV. A partir de la región aragonesa llega a propagarse por toda España. Los autores españoles que se adhieren a la nueva ideología adaptan su estilo al modelo italiano y a ellos se les debe el hecho de que en el mismo siglo aparece en España también un intento de renovación del pensamiento científico y literario. Sin embargo, hay una consideración unánime de los investigadores sobre la modestia y la lentitud de la aceptación, difusión y desarrollo del fenómeno humanista en la península.

El humanismo español no consiguió ser en la época un fenómeno universitario y no ha llegado nunca a tener el mismo prestigio y la misma influencia al nivel social e intelectual que el humanismo italiano. Las universidades, sobre todo las que estaban dominadas por un espíritu conservador, como era el caso de facultades como el Derecho o la Teología, representaban "un campo difícil para la recepción e incipiente difusión del humanismo"[37]. Además, la iglesia sigue interviniendo en la difusión de los textos clásicos, considerados como paganos, y recomienda una clave de lectura moral y de interpretación alegórica. En situaciones en que tampoco se podría apelar a tales claves de lectura, la iglesia impone la censura[38] o propone una selección de los textos que sí podrían ser leídos, por muy

[37] S. SCHLELEIN, *Vacilando entre Edad Media y Renacimiento*..., 2012, p. 98.
[38] Á. ESCOBAR, *Elogio y vituperio de los clásicos: el 'canon' de autores grecolatinos en el Humanismo español*, en *Saberes humanísticos y formas de vida. Usos y abusos. Actas del Coloquio*

contraproducente que sea este fenómeno para el desarrollo de la ideología humanista y para el mundo de la filología. Toda esta reticencia frente al supuesto paganismo de los clásicos tuvo una grave consecuencia: la mutilación del conocimiento del latín en la península[39].

El humanismo tendrá pronto sus críticos en España, que tratarán de refutarlo a través de la condenación de "la soberbia y las excesivas pretensiones que lo caracterizan"[40]. La utilidad para el público receptor de los textos antiguos promovidos por los humanistas se ve puesta en duda. Lo que falta, por consiguiente, para que las nuevas ideas se impongan en España, es la voluntad de recibirlas y adquirirlas. La novedad, en este sentido, no fue sólo un estilo nuevo de escribir y una mayor referencia al pasado romano y griego, sino sobre todo un cambio de actitud hacia las letras y la educación, que tenía su máxima expresión en la exaltación de la lengua latina y en los intentos de depurarla para – una vez más – alcanzar el nivel de una latinidad dorada tipo Cicerón.[41]

A pesar de las críticas, el humanismo español es considerado menos paganizante que el italiano, dado que en España "el estudio, el comentario y la edición de los clásicos grecolatinos se aúna con los ideales del humanismo cristiano, lo que le hace dirigir su atención asimismo a las fuentes del Cristianismo"[42]. Se llega hasta a hablar de un "humanismo cristiano", como una dimensión específica del humanismo español. Característico para el territorio hispano es un humanismo que implica el conocimiento medieval inscrito en una esfera de conocimiento enormemente amplificada por el estudio de los clásicos. Nos encontramos, por lo tanto, frente una "situación muy heterogénea respecto a la recepción de ideas, modelos y estilos"[43], un marcado hibridismo entre la tradición doctrinal y apologética cristiana, apoyada por la voz de la institución eclesiástica y de la cultura teocéntrica, y la propuesta de reinterpretación de los antiguos, vistos como modelos y fuentes de conocimiento por los humanistas.

Aportaciones recientes proponen una serie de factores que tuvieron cierta influencia sobre la manera única en que el humanismo tuvo su recepción en España.

Hispano-alemán (eds. Aurora EGIDO y José Enrique LAPLANA), Institución «Fernando el Católico» (C.S.I.C.) Excma. Diputación de Zaragoza, Zaragoza, 2012, p. 64.

[39] *Ibidem.*

[40] C. CORDUA, *El humanismo*…, 2013, p. 11.

[41] S. SCHLELEIN, *Vacilando entre Edad Media y Renacimiento*…, 2012, p. 108.

[42] A. GINZO FERNÁNDEZ, *Humanismo filosófico* …, 1994, p. 95.

[43] Á. ESCOBAR, *Elogio y vituperio de los clásicos*…, 2012, p. 107.

Se trata antes que nada de un insuficiente conocimiento de las principales lenguas de los textos antiguos redescubiertos durante el humanismo, el latín y, sobre todo, el griego. Si el latín no era un idioma completamente extraño a un país que hablaba una lengua romance, hasta el siglo XV la enseñanza del griego fue casi inexistente. Esto llevó a una representación bastante escasa de los autores griegos en la bibliografía del humanismo español y a la muy difícil posibilidad de realizar un paralelismo entre los escritores de las dos culturas antiguas[44].

Hay en la península Ibérica y, sobre todo, en el espacio castellano-aragonés, un elemento más, que contribuye a la evolución singular del humanismo español: el elemento extranjero, árabe. Debido a la presencia de los árabes en la península llegaron al espacio ibérico, por vía de la lengua árabe, textos de los antiguos griegos, que de este modo fueron redescubiertos ahora por los humanistas. Se habla en este contexto de una "solución de continuidad con la tradición clásica que trajo consigo la invasión árabe a comienzos del siglo VIII"[45] específica solamente del espacio ibérico, a diferencia de las otras zonas de occidente.

Otro factor remite al humanismo como instrumento que sirve a los intereses de la monarquía y que se desarrolla, de hecho, en torno a la corte del monarca sobre todo en los tiempos de los Reyes Católicos. Más allá de este espacio favorecido y favorable para las raíces del humanismo español, la nueva corriente se caracteriza por una indudable modestia[46]. Hay que destacar la distinción que el mismo Erasmo hace entre el humanismo filológico y el humanismo político. Se puede hablar hasta de una propaganda humanista, en el sentido de que a través del humanismo político y civil se propone la creación una relación entre los intelectuales, partidarios de la finalización de la reconquista de Granada, y los ideales políticos de los reyes. Los beneficios de esta propaganda se reflejan en el hecho de que las figuras reales aceptan recibir retroalimentación por parte de los intelectuales con respecto a la política de la Reconquista.

Entre los eruditos más activos en la defensa de las ideas humanistas en España podemos recordar a Villena, Pérez de Guzmán, Santillana, Mena y Alonso de Cartagena[47]. Pero incluso la actitud de estos letrados no es definitiva a favor de las nuevas ideas. Ellos también vacilan muchas veces en sus interpretaciones entre el

---

[44] *Idem.*, pp. 61-62.
[45] *Idem.*, p. 45.
[46] *Idem.*, p. 61.
[47] O. DI CAMILLO, *El humanismo castellano ...*, 1976, p. 36.

estilo del Medioevo y el del nuevo paradigma. Aun así, no se puede negar "la existencia de un Renacimiento español en áreas como el arte y la literatura"[48].

Cuanto más nos acercamos a mediados y finales del siglo XV, se nota una creciente preocupación por conciliar las dos vertientes, el interés por la antigüedad clásica y la doctrina del mesianismo católico[49]. Este espíritu conciliador será característico de las obras de la mayor parte de estos intelectuales humanistas. Si remiten a los textos de los clásicos, lo hacen porque reconocen el valor moral de estos autores[50]. Los autores antiguos se convierten en un modelo de pensamiento y de conducta también para los humanistas españoles. Sin embargo, estos últimos no se limitan a la mera imitación del modelo, sino que se sirven de esta como base para alcanzar el ideal de superar a los representantes de la antigüedad[51], que son ante todo educadores, figuras que transmiten conocimientos preciosos a través de sus obras. Lo que proponen los humanistas es en efecto hacer un esfuerzo de interpretación crítica de los textos, porque cada texto tiene una utilidad y el hombre tiene el deber de emplear lo mejor que pueda los conocimientos adquiridos. En la opinión de Cartagena, Dios dotó a cada persona de las facultades necesarias para el conocimiento del mundo[52]. Negarse el derecho y la capacidad aprender, de invertir en la propia educación, significaría entonces negar la misma voluntad de Dios, que ofreció al hombre este don de autorrealizarse.

En relación con el modelo de los antiguos, asistimos, por un lado, a una imitación formal de los textos clásicos, en el ámbito de la expresividad y el de la retórica, considerada por los partidarios del humanismo uno de los instrumentos más eficaces para la construcción de un discurso creado "para educar y para volver a la gente mejores personas y mejores ciudadanos, enseñándoles a dominar sus pasiones más peligrosas, y desarrollando en cambio sus mejores sentimientos y virtudes"[53]. Por otro lado, hay también una preocupación en la imitación cívica, de cierto modelo de gobernación y de organización del estado, a partir de las obras de clásicos como Cicerón y Horacio. Esta es la dirección que Rodríguez de Almela

---

[48] A. GINZO FERNÁNDEZ, *Humanismo filosófico y Renacimiento...*, 1994, p. 93.
[49] O. DI CAMILLO, *El humanismo castellano ...*, 1976, p. 36.
[50] *Idem.*, p. 140.
[51] Á. ESCOBAR, *Elogio y vituperio de los clásicos...*, 2012, p. 56.
[52] O. DI CAMILLO, *El humanismo castellano ...*, 1976, p. 143.
[53] J. ROARO, *El Humanismo renacentista español de los siglos XV y XVI, visto a través de la Retórica, la reflexión filosófica y la búsqueda de la virtud*, tesis de doctorado defendida y leída en Salamanca, Departamento de Filosofía, lógica y estética, Universidad de Salamanca, 2017, p. 14.

también sigue en su *Compilación*. Sobre el cronista se puede decir que es un mesiánico "templado", que permanece abierto a las nuevas ideas humanistas, especialmente debido a la influencia de su maestro, Alonso de Cartagena, cuyo modelo pretende seguir en sus propias obras. La *Compilación* fue realizada en un momento clave de la historia de España y de la Reconquista, cuando se siente la necesidad de insistir ante las élites del poder, reyes y altos nobles, y ante la comunidad de los cristianos en general, en el deber que les incumbe, el de llevar a cabo el proceso de la Reconquista.

Se nota en esta actitud una referencia a las ideas humanistas que proponen una versión ideal del hombre. El ideal humano se centra ahora en la preocupación por su instrucción, se dedica al estudio y se encuentra en una ardua búsqueda de claves para la educación en las obras de la antigüedad[54]. Es un erudito, "versado en la cultura clásica, que combina las letras y el trabajo político al servicio de su sociedad, y que mantiene una gran diversidad de intereses culturales y filosóficos en los que participa activamente"[55]. Destaca aquí la importancia de la utilidad de las acciones humanas. Los humanistas se implican activamente en los asuntos políticos del estado y sus actos tienen un propósito bien definido, subordinado al bien de la sociedad entera. Este es el cambio de actitud que Almela espera incentivar a través de su texto cuando milita para la concentración de los esfuerzos de todos los cristianos hacia la misma meta, es decir, hacia la finalización de la Reconquista.

En este sentido, el humanismo es considerado "la primera revolución cultural moderna"[56], una revolución de la educación, subordinada a unas metas específicas, entre las cuales la más importante es la renovación del ser humano. La propaganda de tipo humanista se manifiesta en el discurso de Almela a través de la adaptación del mito de Santiago para algo que podría resultar útil en este contexto: en concreto, la peregrinación de los reyes y la dedicación a la tarea de la Reconquista. Según el modelo civil de la literatura clásica latina, los milagros del apóstol también necesitan una nueva clave de lectura, en términos de utilidad pública y de bien común. Con esta pretensión, Almela decide elegir desde el principio solamente los milagros que tienen que ver con la guerra contra el enemigo árabe y que destacan el carácter ejemplar de los reyes y príncipes católicos, caracterizados por la valentía, la honra y la devoción a Dios y al apóstol, concretizada en el acto de peregrinar.

[54] O. DI CAMILLO, *El humanismo castellano* ..., 1976, p. 144.
[55] J. ROARO, *El Humanismo renacentista* ..., 2017, p. 14.
[56] J., LAFAYE *El humanismo, revolución* ..., 2014, p. 9.

En la proximidad de las figuras de los Reyes Católicos se configura la dimensión religiosa del humanismo de Almela, mezclado con las reminiscencias del providencialismo cristiano, que se activa como visión de la historia. Desde este punto de vista, los Reyes Católicos son considerados salvadores, restauradores del cristianismo peninsular. Un importante momento de cambio para la recepción del humanismo en España lo representó de hecho justamente el comienzo de su reinado, visto como un "cambio favorable para los estudios y su cualidad literaria, filológica y gramatical, y que se conoce bajo el lema de la «empresa cultural» de los Reyes"[57]. Si su reinado se muestra favorable al desarrollo y a la propagación del humanismo español, la imagen de los monarcas también se beneficia de la propaganda política a favor de la legitimidad regia de los textos de inspiración humanista.

Pero no se puede considerar que la *Compilación* de Almela es un texto que pertenece exclusivamente al paradigma humanista. Al lado de estas ideas, existe también una marcada tendencia mesiánica, que se concentra en las expectativas relacionadas con la persona de los Reyes Católicos. El mesianismo, tal como se define en el espacio hispano, es representado precisamente por esta actitud, la expectativa de toda la cristiandad hispana de con respecto al deber de los Reyes Católicos de llevar a fin la lucha contra los infieles, incluso en el Oriente. La *Compilación* nace en este contexto para legitimar la guerra y el poder de los Reyes Católicos y contribuye a la construcción de una propaganda política a favor de la realeza y de la finalización de la Reconquista.

I.2. La imagen de España en la Europa del siglo XV

Además de la nueva perspectiva que el reinado de los Reyes Católicos trae sobre el modo en que se percibía el humanismo italiano en la península Ibérica, la época de los reyes Fernando e Isabel de Castilla representa un momento esencial también para la configuración del concepto de España. Durante su reinado, la perspectiva sobre el ser español pasa por un período de importante aumentación y expansión notable de su uso[58]. El comercio contribuye al creciente poder económico

[57] S., SCHLELEIN *Vacilando entre Edad Media y Renacimiento*..., 2012, p. 96.
[58] R. ORELLANA CALDERÓN, *El concepto de España en el siglo XV. Perspectiva historiográfica*, en *Historia de la nación y del nacionalismo español* (dirs. A. DE BLAS GUERRERO, J. P. FUSI AIZPURÚA y A. MORALES MOYA), Madrid – Barcelona, Fundación Ortega-Marañón – Galaxia Gutenberg, Círculo de Lectores, 2013, p. 76.

del reino, y junto con su actual vitalidad política, hacen que el territorio hispano pase de ser "un reino peninsular acuciado por guerras intestinas a un reino con preeminencia política en la Península y presencia en la Europa de las *nationes*"[59].

Nieto Soria[60] distingue entre cinco usos frecuentes de este concepto en el siglo XV: el uso en sentido geográfico, histórico, político, eclesiástico y, finalmente, el uso etnográfico. En el dicho contexto del siglo XV una importancia especial la consigue el uso político del concepto de España. Sin embargo, no hay una delimitación muy estricta entre los cinco usos. Por lo tanto, desde punto de vista semántico, hay tanto una ampliación de su uso general, como también de los significados asociados a este, que empieza a esbozarse a partir del siglo XIII, llegando a culminar en el siglo XV.

Geográficamente, el concepto de España abarca en la época final de la Reconquista todo el territorio de la península Ibérica, sin hacer distinción entre los diversos reinos. Con este sentido, dicho concepto se utiliza también con el significado de nacionalidad, cuando se aplica a los habitantes de la península, presentados todos como los "naturales de España". Este matiz evidencia, además, la conexión existente entre el uso geográfico y el político del término[61]. San Isidoro de Sevilla comenta sobre este aspecto en su enciclopedia de las *Etimologías*, donde describe los límites del territorio hispano, de *España*, en la Edad Media, "límites heredados del mundo antiguo"[62]. Desde este punto de vista, el concepto de *Hispania* aparece en directa relación al espacio territorial ibérico, habitado por los *hispani*[63].

En una perspectiva política, el concepto de España está fuertemente vinculado a la imagen de los Reyes Católicos, vistos como "los salvadores de toda España"[64]. Y esto porque, durante su reinado, Isabel y Fernando emprendieron una acción política con el propósito de defender y promover un concepto político de España ante Europa, haciendo referencia también a la historia del país como elemento justificador de la perspectiva actual. Según comenta Nieto Soria, "una característica esencial de la época medieval en su conjunto es la imposibilidad de considerar lo político como un campo autónomo con significación propia por sí

---

[59] *Ibidem*.
[60] J. M. NIETO SORIA, *Conceptos de España en tiempos de los Reyes Católicos*, en *Norba. Revista de Historia*, vol. 19, 2006, pp. 105-123.
[61] *Idem.*, pp. 107-108.
[62] I. FERNÁNDEZ-ORDÓÑEZ HERNÁNDEZ, *Los fundamentos de la identidad española*, Lección inaugural en la Apertura del curso académico, Universidad Autónoma de Madrid, 2017, p. 5.
[63] *Ibidem*.
[64] J. M. NIETO SORIA, *Conceptos de España...*, 2006, p. 119.

mismo"[65]. Por el contrario, el elemento político se encuentra en estrechas relaciones con lo religioso y, junto a este, contribuye a la definición y a la expansión del concepto de España.

De este modo, España llega a compararse con Roma, o, mejor dicho, la continua ampliación del concepto de España hace que su actual fama sea comparable en la época con lo que Roma había significado para los siglos anteriores. Además, la vinculación al mundo italiano no para aquí, los italianos siendo los que no sólo que aceptan muy fácilmente la expansión del concepto de España, pero también contribuyen a su difusión e imposición como tal: "esta percepción del sentido político del concepto de España parece percibirse especialmente por los italianos, acaso por esta ausencia de proceso integrador observable en el caso italiano, lo que les podía convertir en más receptivos cuando este se producía en otro lugar"[66].

La contribución de los italianos en la difusión e imposición de dicho contexto se encuentra, además del área de lo político, al nivel eclesiástico. El pontificado de Roma tiene un papel esencial en la promoción de una imagen genérica de España como país unificado y de los Reyes Católicos como soberanos de este país. El medio pontificio de la península Itálica es, por consiguiente, el lugar donde "se afirma con más rotundidad el título de reyes de España"[67]. Aunque inicialmente Fernando e Isabel recibieron la titulación de "Reyes de las Españas Católicas" por parte del poder pontificio, esta denominación fue rechazada por el rey de Portugal, quien consideraba que tal título incluye en su significado también la sumisión de Portugal a los Reyes Católicos, como llegaron a ser llamados finalmente.

De este modo, el sintagma de "reyes de España" se justifica también desde una perspectiva histórica. Aunque rechazado en 1479 por el Consejo Real[68], el uso de tal título llegó a consagrarse. Una contribución significativa para la imposición de este título la tuvo Alonso de Cartagena, quien

> había llevado a cabo una notable actividad argumentativa que ya ponía de relieve su personal interés por enunciar una historia de España especialmente conectada con la

---

[65] J. M. NIETO SORIA, *Iglesia y orígenes del Estado moderno en la Castilla Trastámara*, en *Espacio, Tiempo y Forma, S. III, H.ª Medieval*, t. 4, 1991, p. 137.
[66] J. M. NIETO SORIA, *Conceptos de España...*, 2006, p. 119.
[67] *Idem.*, p. 115.
[68] *Ibidem.*

exposición de los avatares de lo que, desde su perspectiva, podían presentarse como reyes de España, como apelativo referible a épocas pretéritas muy diversas[69].

La perspectiva histórica está estrechamente ligada a la ideología humanista que se manifiesta en el siglo XV en España. Si el humanismo supone el regreso hacia el pasado de la antigüedad, en el dicho contexto la manifestación de esta corriente intelectual implica la identificación de lo "hispánico", de lo que podría considerarse como específicamente español, a partir de la misma historia del país. Se trata de algunos "caracteres nacionales"[70], caracteres considerados específicos del mundo hispánico, lo que muestra el inicio de un interés cada vez más fuerte hacia la identificación nacional.

La perspectiva historiográfica se refleja también en las obras de los autores que sitúan el concepto de España en el centro de sus narraciones, lo que contribuye también al éxito del uso histórico del concepto hacia el final del siglo XV, singlo en que hay una evidente necesidad de legitimidad del país. En plan literario, "el predominio de esta perspectiva humanística en la reivindicación de una España histórica propició el interés preferente de aquellos autores por la historia antigua hispánica, que situaba en el centro de sus pesquisas la historia de España dentro de la historia romana"[71]. España adquiere, por lo tanto, en la época del final de siglo XV el protagonismo en las obras históricas y literarias. Este tipo de textos "elegidos", con propósito justificador, "se instalan en el largo proceso de construcción del Estado moderno, que comienza a fraguarse en España con Alfonso X (1221-1284) y que puede darse por concluido con la muerte de la reina Isabel en 1504"[72]. La característica principal de estos relatos medievales de carácter historiográfico es precisamente su fuerte sentido ideológico y su función social "bien integrada con los valores de construcción y legitimación de la centralidad de la monarquía"[73] de la corte real castellana.

Algunos de los más utilizados argumentos de la legitimidad del concepto de España como concepto histórico se encuentran en un pasado muy lejano, o bien,

---

[69] *Idem.*, p. 109.

[70] *Idem.*, p. 121.

[71] *Ibidem.*

[72] Á. PONCELA GONZÁLEZ, *Derecho heredado, monarquía adquirida: Aportaciones del quinientos a la configuración del régimen político español*, en *Res publica*, nº 18, 2007, p. 428.

[73] V. MUÑOZ GÓMEZ, *La construcción de un modelo de liderazgo militar monárquico en la Castilla bajomedieval y su proyección americana*, en *Reti Medievali Rivista*, vol. 20, nº 2, Firenze University Press, 2019, p. 4.

son puras ficciones. Los promotores de esta visión se remontan hasta la época de la España visigoda para invocar los orígenes fabulosos del reino y su relación con el héroe mítico Hércules, como elemento de conexión entre la historia peninsular y el pasado remoto de la mitología greco-latina[74]. Una vez finalizada la Reconquista se puede considerar que la reparación de la pérdida es definitiva y que España vuelve con plena fuerza a situarse en el centro del panorama político y cultural europeo[75].

Aspectos modernos del estado

En la época medieval se sitúa también el origen del estado moderno, cuya característica esencial conecta con la fuerte implicación de la iglesia en la política profana. De hecho, a lo largo de la Edad Media, lo religioso y lo político conviven y se influencian mutuamente[76]. El monarca está visto como un "quasi-sacerdote", y suele intervenir en los asuntos de la iglesia, mientras que, como nos situamos todavía en un período en que la iglesia como poder espiritual se encuentra en la inmediata proximidad del poder profano y ejerce una innegable autoridad sobre el rey, esta tiene cierta influencia sobre el poder regio. Debido a la formación de hombres letrados de los que sirven a la Iglesia, estos tienen muchas más posibilidades de influir en la opinión pública para legitimar el poder real, por lo que la Iglesia tiene una ventaja en relación con el poder de los reyes, "en suma, lo religioso poseerá posibilidades incuestionables en un ámbito tan importante para la política como el de la propaganda y la legitimación"[77].

El siglo XV es definido, por lo tanto, como un período de negociación entre el poder eclesiástico y el poder regio, las relaciones existentes entre ambos son el punto de partida y el elemento esencial de la creación del estado centralizado[78]. En este espíritu se intenta fundar en este siglo una iglesia nacional, institución cuya denominación ilustra claramente la convivencia de los dos grandes poderes: por un lado, la iglesia como autoridad espiritual, por otro, la iglesia como factor de cohesión y de unidad social. La Iglesia de Estado está configurada de tal modo que permita al poder regio intervenir en todos los asuntos que tienen que ver con el

[74] M. CIOBA, *Originea regatului. Spațializări simbolice în istoriile regale castiliene din secolul al XIII-lea*, en *Revista istorică*, XXXI, nº 1–2, 2020, pp. 181–197.
[75] J. M. NIETO SORIA, *Conceptos de España...*, 2006, pp. 110-111.
[76] J. M. NIETO SORIA, *Iglesia y orígenes del Estado ...*, 1991, p. 137.
[77] *Idem.*, p. 138.
[78] *Idem.*, p. 140.

dicho lugar de culto y así asa se explica la expulsión de los judíos de 1492 y de los moros de 1506-1509. Que el control regio se manifiesta al nivel de las elecciones de las personas que ocuparán las principales funciones eclesiásticas ya es cosa sabida; pero en el caso de la Iglesia de Estado, la realeza, representada en el período del final del Medievo por los Reyes Católicos, consiguió también el derecho de retención de bulas, quedando así establecido de una vez por todas su patronato. Además, la construcción de la Capilla Real, iniciada durante el reinado de Sancho IV, en el siglo XIII, completa este fundamento de la Iglesia del Estado y tiene un papel esencial en la dinámica de las relaciones entre la monarquía y la iglesia[79].

En el caso del espacio español, esta dinámica de las relaciones entre lo político y lo religioso empieza a sentirse desde el siglo XIII, durante el reinado de Alfonso X, pero en todo caso el estado moderno no se crea hasta fines de la Edad Media[80]. Es característica para la época la intervención del monarca en el desarrollo de la vida eclesiástica, el propósito final de los soberanos siendo el de controlar las políticas de la iglesia, y en este sentido el siglo XV tiene una importancia esencial con respecto a dichas relaciones entre los dos poderes. Nos situamos en la última parte de la Edad Media, cuando la iglesia contribuye decisivamente a la configuración del nuevo estado, defendiendo a la monarquía en el conflicto que esta tiene con la nobleza.

Además, las figuras eclesiásticas llegarán a ocupar importantes cargos políticos o administrativos en el estado. Hay varias posiciones ocupadas por los representantes de la iglesia en el ámbito político, ya sea que se trate del cargo de notario o de canciller, ya de funciones todavía más cercanas al poder regio, como la de confesor real, "cargo de carácter eminentemente eclesiástico, pero de indudable proyección política"[81], a la que se añade la posibilidad de ser miembros del Consejo Real – que llega a ganar frente a Cortes en importancia política y administrativa – o de la Audiencia Real, donde tres de los miembros tenían que ser obligatoriamente prelados.

Los representantes de la iglesia tienen en el nuevo estado algunos privilegios, beneficiándose de la protección del poder regio. Apenas en el siglo XV se intenta integrar la justicia eclesiástica en la justicia regia. Hasta entonces la iglesia funciona según sus propias reglas y obedece únicamente a la institución de los tribunales

[79] *Idem.*, pp. 148-152.
[80] *Idem.*, p. 141.
[81] *Idem.*, p. 145.

eclesiásticos[82]. El medio religioso es también promotor de actividades legitimadoras y propagandísticas, los clérigos contribuyendo decisivamente en la configuración de una imagen del monarca. Por lo tanto, en la constitución del estado moderno español asistimos a la mutua interpenetración de la estructura eclesial en la estructura política y de la estructura política en la estructura eclesial. Acaso se podría hablar de una cierta forma de politización o, si se prefiere, de estatalización de la Iglesia castellana y de una «eclesiastización» de la monarquía trastámara, provocando así una mutua aportación a la configuración de la Iglesia hispana de comienzos de la modernidad y del Estado moderno hispánico[83].

I.3. Vida, pensamiento y obra de Alonso de Cartagena

Alonso de Cartagena tiene un papel esencial en la definición de lo que se conoce como el pensamiento español del siglo XV, como etapa primordial del encuentro entre la tradición intelectual medieval y los inicios del humanismo. Su pensamiento dominado por un patriotismo evidente hace que Cartagena sea un fiel defensor de la legitimidad de la monarquía española, actitud que llama la atención y gana la admiración de varios discípulos, entre los cuales también Diego Rodríguez de Almela, que lo considera su maestro y se convierte en un fiel promotor de sus ideas y de su estilo.

Los investigadores que han dedicado su empeño al estudio de esta compleja figura intelectual de la Edad Media reconocen en la ideología de Cartagena una mezcla de las nuevas ideas humanistas y del paradigma tradicional escolástico. Sin embargo, el obispo de Burgos no deja de ser el uno de los más notables representantes del humanismo español, aunque se trate de una reinterpretación de la corriente italiana y una adaptación al contexto político y cultural de España. En ocasiones Cartagena deja la impresión de que rechaza las ideas humanistas – tal como sucede en el caso de su famosa polémica con Bruni – y muestra su mayor fidelidad hacia el escolasticismo, pero esto se puede explicar a través de la visión peculiar que él tiene con respecto a los *studia humanitatis*, ya que para Cartagena "humanismo y escolasticismo representan ámbitos del saber complementarios, no enfrentados"[84].

---

[82] *Idem.*, p. 147.
[83] *Idem.*, p. 156.
[84] L. FERNÁNDEZ GALLARDO, *En torno a los "studia humanitatis" en la Castilla del Cuatrocientos. Alonso de Cartagena y los autores antiguos*, en *España Medieval*, nº 22, 1999, p. 246.

Vida

Alonso de Cartagena nace en 1385, en una familia de origen judío. Su padre, rabino judío convertido al cristianismo que toma el nombre de Pablo García de Santa María, fue uno de los intelectuales medievales que escribió sobre la historia peninsular. Fue consejero de Enrique el Doliente[85] y preceptor del infante don Fernando y llegó a ocupar la dignidad de obispo de Burgos. En este cargo le sucederá su hijo, quien se convierte al cristianismo en 1390, con apenas cinco años de edad. Sus raíces judías y su condición de cristiano nuevo harán que don Alonso sea uno de los defensores de la unidad cristiana, tal como lo muestran los argumentos expuestos en su obra *Defensorium*. Cartagena vive en una época en que el problema de la limpieza de sangre es un elemento todavía muy importante para los que aspiraban a ser parte de la élite y sobre todo para los cristianos viejos, por lo cual Cartagena, una vez "elevado a cargos religiosos y políticos destinados a la elite"[86], no dejará de confrontarse con este tipo de limitaciones o hasta interdicciones a causa de sus orígenes.

Cartagena estudia el derecho en la Universidad de Salamanca y obtiene en 1414 el título de doctor en leyes, convirtiéndose en "un erudito fiel al universo escolástico en el que se había educado"[87]. Su formación será por lo tanto definitoria para su actividad intelectual, sea como jurista y defensor de la patria, sea como hombre de letras o representante de la Iglesia. Debido a sus estudios, Cartagena destaca en primer lugar como jurista en el panorama intelectual de la época y forma parte del grupo de letrados "que no dudarán en considerarse caballeros sin armas"[88], dado que ha puesto siempre sus conocimientos tanto jurídicos como históricos o literarios al servicio de la monarquía y del rey.

Su formación se fundamenta, por lo tanto, en las ideas tradicionales características del mundo medieval y sólo años más tarde entra en contacto con la ideología humanista. Aunque al principio responde con admiración a las novedades humanistas, Cartagena mostrará ciertas reservas con respecto a la ideología italiana

---

[85] J. VILLA PRIETO, *La ideología goticista en los prehumanistas castellanos: Alonso de Cartagena y Rodrigo Sánchez de Arévalo. Sus consideraciones sobre la unidad hispanovisigoda y el reino astur-leonés*, en *Territorio, Sociedad y Poder*, nº 5, 2010, p. 130.

[86] F. CASTILLA URBANO, *Patriotismo y legitimación monárquica en el pensamiento de Alonso de Cartagena: los escritos de Basilea*, en *Revista española de filosofía medieval*, nº 19, 2012, p. 140.

[87] T. JIMÉNEZ CALVENTE, *Alfonso de Cartagena y el oficio de historiador: las semblanzas de príncipes antiguos y modernos en el Duodenarium*, en *Revista de poética medieval*, nº 32, 2018, p. 205.

[88] F., CASTILLA URBANO, *Patriotismo y legitimación monárquica ...*, 2012, p. 141.

y quedará dedicado al escolasticismo en que se había educado. Don Alonso hace uso de su rica cultura filosófica y teológica no "sólo para acumular cargos y acceder a los centros de poder religioso y político, sino también para enfrentarse sin complejos a las novedades del humanismo"[89]. Esta actitud de rechazo hacia las ideas humanistas será definitoria para las ideas de Cartagena, quien hasta el final de su vida "se muestra incapaz de asumir las aportaciones del humanismo en el ámbito de la exégesis de los textos sagrados – en la medida en que chocaban con los métodos tradicionales"[90]. Hay voces que piensan que esta actitud se podría deber también a la influencia de su padre, él mismo representante de la educación tradicional medieval, atada a la tradición y dominada por una "auténtica devoción"[91].

Considerado la figura intelectual más representativa de la primera mitad del siglo XV, Alonso de Cartagena ocupa varios cargos y se dedica a varias preocupaciones. Además de ser jurista y hombre de la iglesia, se define también como "diplomático, historiador, tratadista, educador y traductor de Cicerón y Séneca, y todo ello cuando en la política y, sobre todo, en la cultura castellana se está gestando un proceso renovador que permitirá su despegue en las décadas finales del siglo XV"[92]. Sin embargo, esta multitud y diversidad de actividades no se excluyeron una a otra, todo lo contrario, la carrera eclesiástica de Cartagena fue un apoyo para su dedicación política; además, esta amplia área de preocupaciones representó otro factor muy importante para el desarrollo de su pensamiento como figura significativa del panorama intelectual.

Además, Cartagena conoce la importancia de la educación de las nuevas generaciones y se dedica a la formación de una nueva élite cultural y política que representa el fundamento de una nueva época, moderna[93]. Castilla Urbano llama la atención sobre el hecho de que

> su pretensión fue siempre la de contribuir con su saber a la educación de quienes le rodeaban, las clases nobles y los príncipes o monarcas [...] con los que se relacionó

---

[89] *Ibidem.*
[90] L. FERNÁNDEZ GALLARDO, *Alonso de Cartagena y el humanismo*, en *La Corónica*, nº 37.1, 2008, p. 34.
[91] *Ibidem.*
[92] F. CASTILLA URBANO, *Patriotismo y legitimación monárquica ...*, 2012, p. 140.
[93] M. MORRÁS, *Alonso de Cartagena*, en *Diccionario Filológico de Literatura Medieval Española. Textos y transmisión* (coord. Carlos ALVAR, José Manuel LUCÍA MEGÍAS), Editorial Castalia, Madrid, 2002, p. 93.

> durante toda su vida, pero también futuros intelectuales como Alonso de Palencia, Rodrigo Sánchez de Arévalo, Diego Rodríguez de Almela o Diego de Valera, entre otros, agrupados en torno suyo en su palacio arzobispal de Burgos; una pretensión de utilidad que, paradójicamente, le aproxima al naciente humanismo[94].

Para todos estos jóvenes el obispo de Burgos será el maestro que seguirán con devoción y a quien se debe la rigurosa formación que recibirán.

En 1456, con el fallecimiento de Alonso de Cartagena, desaparece uno de los intelectuales más ilustres del medioevo hispánico. El cuerpo del obispo fue enterrado en la ciudad de Burgos, en la capilla de la Visitación que él mismo había fundado en la catedral burgalesa[95].

Pensamiento

Alonso de Cartagena es considerado, por un lado, uno de los más importantes promotores de la ideología y de la nueva cultura literaria humanista en España, mientras que otros[96] lo ven como defensor de la tradición escolástica en que había sido formado. Si es verdad que reconoce la importancia de la retórica humanista y admira inicialmente las traducciones de Bruni, don Alonso no deja de criticar las pretensiones humanistas de restaurar la pureza lingüística del latín o la importancia que los representantes de la nueva corriente dan a la forma del texto en detrimento del contenido. Esta doble identidad será definitoria para su personalidad literaria y se verá reflejada en su creación.

La aparente antítesis entre los dos conceptos, el mesianismo y humanismo, que se ven reunidos en la persona de Cartagena se puede explicar a través del significado que el hombre de letras le da al concepto de *studia humanitatis*, que abarca materias como la retórica, la gramática o la historia, y, sobre todo, el interés por el estudio y la recuperación de los textos clásicos de la antigüedad latina y griega[97]. Interesado él mismo en estas materias que constituyen la base de la nueva orientación cultural, que asume el racionalismo crítico en la interpretación de la historia, Cartagena es el primero que utiliza este concepto en España y el que

[94] F. CASTILLA URBANO, *Patriotismo y legitimación monárquica ...*, 2012, p. 141.
[95] J. TORRES FONTES, *Compilación de los milagros de Santiago de Diego Rodríguez de Almela,* Tip. Suc. De Noguês, Murcia, 1946, p. XXVIII.
[96] M. MORRÁS, *Sic et non: En torno a Alfonso de Cartagena y los "studia humanitatis"*, en *Euphrosine, Revista de filología clássica,* vol. XXIII, 1995, pp. 333-246.
[97] T. JIMÉNEZ CALVENTE, *Alfonso de Cartagena y el oficio de historiador...*, 2018, p. 202.

promueve su propia interpretación del mismo. Para el autor castellano *studia humanitatis* "representaban simplemente la dedicación al estudio de los autores antiguos, independientemente de la nueva metodología propuesta por los humanistas"[98] y la existencia "de un afán por explorar ámbitos inéditos del saber"[99]. A diferencia de los humanistas italianos, él no emplea dicha expresión para designar "una nueva forma de saber", sino que "para el obispo de Burgos los *studia humanitatis* abarcan cualquier tipo de actividad estudiosa"[100], incluso el estudio escolástico.

A partir de esta perspectiva, se puede decir que para Cartagena los *studia humanitatis* y el escolasticismo se definen más bien como conceptos complementarios, que se centran en fondo en la misma idea de la vocación por el estudio. Esta falta de contradicción entre las dos orientaciones aparentemente opuestas confirma el hecho de que el humanismo con el que se identificaba el obispo burgalés se aleja del humanismo italiano, "entendido como un programa pedagógico orientado a dar al hombre una formación cultural de tipo general mediante el estudio de las artes del lenguaje"[101]. Se puede hablar, por lo tanto, de una ideología humanista castellana que tiene características propias y que difiere de la corriente italiana, cuyo promotor es Alonso de Cartagena.

Su primer contacto con el humanismo italiano y sus autores se da durante un viaje diplomático a Portugal, cuando tiene la oportunidad de cambiar ideas con otros intelectuales europeos que muestran su admiración hacia la elocuencia de la nueva corriente y el profundo conocimiento que sus representantes tenían de las lenguas antiguas, el latín y el griego. Este el también el primer contacto de Cartagena con las traducciones de Bruni, uno de los más notables representantes del humanismo italiano. Aunque inicialmente recibe con admiración sobre todo la elocuencia de los trabajos del italiano, más tarde Cartagena se mostrará partidario de la antigua traducción de la *Ética* de Aristóteles. Así empieza una de las polémicas intelectuales más famosas de la época. Los dos hombres de letras discuten con ardor en torno a dicha traducción; por un lado, Bruni condena y desacredita por completo la versión antigua y propone su propia versión en conformidad con las ideas humanistas, mientras que el intelectual castellano apoya la traducción en clave

---

98 L. FERNÁNDEZ GALLARDO, *En torno a los "studia humanitatis"* ..., 1999, p. 234.
99 *Idem.*, pp. 235-246.
100 *Idem.*, p. 244.
101 M. MORRÁS, *Sic et non: En torno a Alfonso de Cartagena* ..., 1995, p. 337.

medieval y condena las soluciones del traductor italiano, que perjudican en su opinión el contenido de la obra original. Se trata, en efecto, de la oposición entre la elegancia excesiva, cuyo adepto es Bruni, y la exactitud de la traducción promovida por Cartagena.

Este conflicto se desarrolla en el período en que Cartagena, como representante diplomático de la monarquía española, participa en el concilio de Basilea, entre 1434 y 1439. La experiencia resultará esencial para el desarrollo de su ideología, dado que tiene ahora la oportunidad de conocer desde cerca las ideas humanistas y de entrar en relación con los más importantes representantes de la nueva corriente literaria, relaciones que "van a constituir un importante impulso en la recepción castellana de las novedades literarias de Italia"[102].

La visión que Cartagena tendrá sobre el humanismo será claramente marcada tanto por su formación escolástica, como por su devoción hacia la monarquía y la iglesia católica. Así, si el humanismo en su totalidad significa volver a las obras de los autores antiguos de las culturas clásicas griega y latina, Cartagena vuelve a un pasado nacional, el pasado antiguo del territorio de la península, en concordancia con su ideal patriótico de legitimación de la monarquía.

De hecho, "el desarrollo del patriotismo y de una incipiente conciencia nacional"[103] caracterizan la mayoría de las obras escritas de la Edad Media española y los textos de Cartagena no hacen excepción. Su ideología con respecto a la patria se ve definida por el orgullo nacional que domina el pensamiento de los intelectuales del siglo XV, y que para Cartagena se caracteriza por la promoción de la monarquía como forma de gobernación. En su perspectiva la patria es la entidad más importante de la vida de la gente, al lado de la religión, y el monarca no solamente es el centro de esta entidad, sino que hasta se identifica con ella.

Nos encontramos en un momento de transición entre la Edad Media tardía y el inicio de la nueva época humanista, cuando se redescubren los textos de los escritores clásicos, como Aristóteles. A partir de las ideas de los clásicos, Cartagena se familiariza con la metáfora organicista que considera la sociedad, el rey y el estado "un todo orgánico"[104] y propone a su vez la identidad metafórica entre el rey, la patria o el pueblo y la tierra. Se esboza, a partir de esta triple identidad, también

[102] L. FERNÁNDEZ GALLARDO, *Alonso de Cartagena ...*, 2008, p. 18.
[103] F. CASTILLA URBANO, *Patriotismo y legitimación monárquica ...*, 2012, p. 143.
[104] F. CASTILLA URBANO, *La función de la metáfora organicista en la obra de Alonso de Cartagena*, en *INGENIUM. Revista de historia del pensamiento moderno*, nº 5, 2011, p. 84.

una justificación indirecta de la guerra contra los moros, tema tan actual en el contexto de la época, dado que, al expulsar a los árabes de la península, los españoles defienden y recuperan sus tierras, pero defender la tierra significa también defender al rey y también al pueblo o a la patria, o sea, a ellos mismos como parte de esta patria.

Según la observación de Castilla Urbano, esta "mezcla de patriotismo y legitimación de la institución monárquica"[105] está presente en todas las obras de Cartagena, como parte de un discurso que adquiere una evidente dimensión política. En este sentido el autor defiende la patria y los intereses nacionales, destacando la superioridad de España frente a otros países del occidente europeo, como Inglaterra o Portugal. Los argumentos formulados por Cartagena tienen que ver tanto con la antigüedad del reino, como también con las virtudes de su monarca, que son automáticamente transferidas a la tierra que ocupa su reino, ya que hay una identidad entre las dos entidades.

El monarca es, por lo tanto, otra faceta del estado, y sus virtudes son también virtudes de la patria, lo que constituye en los discursos de Cartagena un argumento válido para la justificación de la superioridad española. Por otro lado, pero en el mismo espíritu de la legitimidad del monarca, este se identifica también con el "ministro de Dios" o "el alma de la república"[106], estando su poder por cima de cualquier otro poder terrenal. Así, el monarca se convierte en un intermediario de la comunicación entre el pueblo y la divinidad, oficio que le confiere el poder de actuar en nombre de Dios, para el bien de su patria.

La idea de la antigüedad del reino como argumento justificador ante otras naciones es trasladada también en el ámbito religioso. De este modo, en el contexto histórico de la guerra contra los invasores árabes, Cartagena invoca la antigüedad de la fe cristiana en tierras hispanas y llama la atención sobre el hecho de que los príncipes cristianos del reino de España contribuyeron a la difusión de la fe católica en las regiones conquistadas por los moros, luchando contra ellos y contra la fe musulmana. España tiene, a diferencia de otros reinos, una "misión sobrenatural", aquella de luchar en el nombre de Dios y de su fe cristiana.

Para Cartagena es muy importante debatir la legitimidad de la guerra. La explicación ofrecida como hombre de la Iglesia y, al mismo tiempo, como jurista y

---

[105] F. CASTILLA URBANO, *Patriotismo y legitimación monárquica* ..., 2012, p. 144.
[106] F. CASTILLA URBANO, *La función de la metáfora organicista* ..., 2011, p. 88.

diplomático, remite a la conexión fundamental entre lo religioso y lo político que caracteriza el pensamiento de los intelectuales de la época medieval, dado que "concedió a la lucha contra el infiel que ocupaba tiránicamente el suelo hispano un lugar destacado dentro de su concepción de la misión y las obligaciones de los reyes de Castilla"[107]. Según el pensamiento del obispo de Burgos, la guerra es legítima a partir de una perspectiva eclesiástica porque se trata de luchar contra los enemigos de la fe católica, y la llama hasta "guerra justa, santa o divina". Por otro lado, ganar la guerra y reconquistar los territorios ocupados por los moros significaría retomar posesión sobre las tierras que por derecho pertenecían al reino de España y restaurar el bien general de la sociedad, por lo cual es una guerra justa también desde un punto de vista político.

Por último, el sabio español entra también en el campo de la geografía en búsqueda de razones justificadoras para la legitimidad de su reino y llega a la conclusión de que la misma posición geográfica de España es un argumento de la superioridad de la misma, ya que ocupa un lugar central en Europa. Pero esta observación será rechazada por los humanistas italianos más insignes, entre ellos Leonardo Bruni, quien responde otra vez polémicamente a la afirmación de Cartagena, argumentando que, entre todos los países europeos, Italia se situaba de hecho en el centro, siendo "la propia corte pontificia la que ocupaba el centro del mundo mientras que los hispanos se situaba en el extremo"[108].

Obra

Esta ideología, que reúne patriotismo y sentimiento religioso, tendencias de apego a la orientación humanista y al mismo tiempo fidelidad hacia el escolasticismo medieval, se ve reflejada también en las obras de Alonso de Cartagena. Sea que se trate de obras originales o de traducciones, todas ellas se caracterizan por el carácter circunstancial y la pretensión de utilidad, de servir para educar[109], ya que se nota siempre "una preocupación pedagógica y moral al servicio de un público que no es otro que algunos nobles o príncipes que aspiraban a adquirir una cierta cultura"[110]. Sus obras pretenden educar a la nueva generación de intelectuales, que toman como modelo sus ideas y su forma de pensar.

---

[107] L. FERNÁNDEZ GALLARDO, *Guerra justa y guerra santa en la obra de Alonso de Cartagena*, en *eHumanista*, vol. 24, 2013, p. 345.
[108] F. CASTILLA URBANO, *Patriotismo y legitimación monárquica ...*, 2012, p. 149.
[109] M. MORRÁS, *Alonso de Cartagena…*, 2002, p, 93.
[110] F. CASTILLA URBANO, *Patriotismo y legitimación monárquica...*, 2012, p. 142.

Cartagena asume la iniciativa de promover mediante sus obras el prestigio de la monarquía española y consigue hacerlo con la ayuda de los instrumentos de propaganda propios de la retórica humanista[111]. Como parte del grupo de los intelectuales humanistas de la época, Cartagena reconoce por un lado la importancia de la elocuencia humanista como instrumento de propaganda política, pero tiene también la oportunidad de observar la actividad de los representantes de la nueva ideología, lo que le hace pensar en cuestiones fundamentales con respecto a la naturaleza de la obra literaria o a la función del escritor[112].

Dedicado a su deseo de educar a su público a través de sus obras, don Alonso rechaza la ficción, que, en su opinión, no obedece al "imperativo moral de honestidad que ha de poseer el ocio empleado en menesteres literarios"[113]. Su rechazo hacia la ficción se enmarca en los límites de la ideología humanista, que destaca la función social de la literatura y que llama la atención sobre la incompatibilidad de este género literario y lo que se conoce como la "exigencia ética del cultivo de las letras"[114].

La literatura del obispo burgalés tiene, por tanto, un fin específico, representado por una determinada orientación política y ética en que pretende formar a su público de letrados y nobles[115]. Una característica especial de sus obras está representada por el hecho de que el autor, que tiene indudablemente una vasta cultura, entrelaza referencias cultas de orden filosófico, jurídico o teológico – sus principales áreas de preocupación – con datos y ejemplos prácticos de su propia experiencia de vida. Esta mezcla de teoría y práctica corresponde a su ideal educativo, ya que sus aprendices necesitan también de un modelo práctico de conducta que refleje las consideraciones teóricas expuestas.

La lengua en que escribía, la forma, el contenido o el género también dependían de las circunstancias de la creación de cada una de sus obras. La mayoría de su producción literaria se debía a los requerimientos de nobles o de representantes de la familia real, incluso el mismo monarca[116], o a peticiones de

---

[111] L. FERNÁNDEZ GALLARDO, *Alonso de Cartagena y la escritura humanística: epístola y diálogo*, en *Revista de poética medieval*, nº 19, 2007, p. 51.
[112] *Idem.*, p. 52.
[113] *Idem.*, p. 58.
[114] *Ibidem.*
[115] M. MORRÁS, *Alonso de Cartagena…*, 2002, p. 93.
[116] L. FERNÁNDEZ GALLARDO, *Autotraducción y literatura devocional: la Apología sobre el salmo "Iudica me, Deus" de Alonso de Cartagena*, en *eHumanista*, nº 28, 2014, p. 576.

amigos, por lo cual las características del destinatario o del peticionario eran definitorias para el estilo de la obra. Cartagena sabía adaptar su lengua y su estilo a las necesidades y a las posibilidades intelectuales de su público, con el fin de que sus obras alcanzaran con éxito el objetivo de su creación. Erudito que domina tanto el latín, como el castellano, trata esta diglosia característica de la Edad Media desde una perspectiva social y elige para sus obras una u otra lengua en función de criterios de naturaleza social, de modo que "a partir del inexcusable referente de la representación tripartita que modeló la conciencia que tenía de sí la sociedad medieval, Cartagena asignó al guerrero, al *bellator*, el uso de la lengua vernácula y al sacerdote, al *orator*, el del latín"[117].

Las primeras obras de don Alonso son traducciones de los autores antiguos, entre las cuales destacan las de Cicerón o Séneca. Su carrera literaria comienza de hecho con la traducción de las obras de Cicerón. Como respuesta a la petición de su amigo, Juan Alfonso de Zamora, Cartagena traduce en 1422, *De senectute* y *De officiis*. Años más tarde, entre 1428 y 1434, se ocupa al requerimiento de Juan II de la traducción de algunos títulos de Séneca: *Compilación de algunos dichos de Séneca*, *Libro de la providencia de Dios, Libro de la clemencia, Libro de la providencia divinal, Libro de las siete artes liberales*, *Libro de la vida bienaventurada, Libro contra las adversidades de la fortuna*, *Libro de las declamaciones*, *Libro de los amonestamientos y doctrinas* y *Título de la amistanza o del amigo*[118], obras que acompaña también de vastos comentarios que tienen el papel de orientar la lectura del texto antiguo. Por lo tanto, su labor de traductor no se limita a la mera conversión lingüística, sino que hace también una "amplia reflexión sobre el quehacer traductor, la función social del saber y el estatuto epistémico de la elocuencia"[119].

En cuanto a su obra original, esta tiene como temas centrales la ética y la condición de la sociedad castellana del siglo XV. Cartagena escribe su primer texto original en Portugal, a la solicitud del príncipe don Duarte, entre 1421 y 1422 según

[117] *Ibidem.*
[118] M. MORRÁS, *Alonso de Cartagena...*, 2002, pp. 93-94.
[119] L. FERNÁNDEZ GALLARDO, *La obra historiográfica de dos conversos ilustres, don Pablo de Santa María y don Alonso de Cartagena*, en *Espacio, Tiempo y Forma*, Serie III, H.ª Medieval, t. 6, 1993, p. 251.

unos autores[120], mientras que otros fechan su creación hacia 1425[121]. Sea cual sea la fecha, *Memoriale virtutum* representa sin duda alguna "el resultado de esta primera incursión en el ámbito literario"[122] de Alonso de Cartagena. El título enmarca el texto en el ámbito didáctico, ya que el término *memoriale* "designa una suerte de cuaderno de notas y apuntes de la lección magistral"[123]. Esta obra se presenta como un compendio en el que se exponen y se comentan las virtudes que Aristóteles menciona en su *Ética*, pero en un orden distinto, que se conforma a las coordenadas de la fe cristiana. El autor se define de este modo como promotor de la doctrina ética aristotélica, doctrina moral que preocupaba a los nobles castellanos de la época y que "proporcionaba una respuesta racional a la necesidad de reordenar los valores ideológicos de la nobleza y la institución monárquica"[124].

A partir de aquí, la obra de Cartagena reunirá traducciones y textos originales, entre los cuales cabe mencionar títulos muy importantes como *Declamationes super translatione Ethicorum Aristotelis* y *Duodenarium*. Según habíamos mencionado antes, Cartagena conoce la labor de traducción de Leonardo Bruni y condena su actitud despreciadora hacia la versión tradicional medieval de la *Ética a Nicómaco*. A diferencia de la mayoría de sus obras, *Declamaciones* fue escrita a su propia iniciativa y representa de hecho la respuesta de Cartagena a las reclamaciones de Bruni y "la primera reacción coherente y rigurosamente formulada en España ante las realizaciones humanísticas"[125].

A través de este texto de carácter polémico concebido en 1430, el obispo de Burgos contradice todos los argumentos del humanista italiano en contra de la antigua traducción, pero no disminuye los méritos de Bruni con respecto a su elegancia textual y la elocuencia, "a la vez que censuró las libertades que el traductor se tomaba y que afectaban al contenido mismo"[126]. Aunque reconoce la importancia de la retórica humanista, para Cartagena la elocuencia ocupa apenas una posición marginal y el contenido es el que se tiene que transmitir sin falta mediante la traducción y la obra literaria en general, aunque sea en el detrimento de

---

[120] L. FERNÁNDEZ GALLARDO, *Legitimación monárquica y nobiliaria en el "Memoriale virtutum" de Alonso de Cartagena (ca. 1425)*, en *Historia. Instituciones. Documentos*, nº 28, 2001, p. 92.
[121] L. FERNÁNDEZ GALLARDO, *Alonso de Cartagena y el humanismo…*, 2008, p. 5.
[122] T. JIMÉNEZ CALVENTE, *Alonso de Cartagena ...*, 2015, p. 133.
[123] L. FERNÁNDEZ GALLARDO, *Alonso de Cartagena y el humanismo…*, 2008, p. 5.
[124] L. FERNÁNDEZ GALLARDO, *Legitimación monárquica y nobiliaria...*, 2001, p. 94.
[125] L. FERNÁNDEZ GALLARDO, *Alonso de Cartagena y el humanismo…*, 2008, p. 14.
[126] *Ibidem.*

la forma. Para Cartagena es más importante que el mensaje de la obra llegue al público y se opone al propósito de los humanistas, incluso de Bruni, de restaurar la lengua latina clásica en su forma más pura, ya que "considera esta lengua como viva y en constante evolución gracias a la introducción de préstamos no solo provenientes del griego, sino también de las lenguas vulgares"[127].

En 1442 bajo la pluma de Cartagena nace una obra original, *Duodenarium*, que constituye la respuesta que el obispo ofrece a las doce preguntas de un amigo, Pérez de Guzmán. Los temas tratados en detalle a lo largo de la obra tienen que ver en primer lugar con "asuntos políticos, el debate sobre la mujer y el problema de la lengua: tales eran las inquietudes intelectuales de los ambientes cortesanos, en las que se observa una cierta sensibilidad hacia las cuestiones propias del humanismo, que habrá que atribuir a la influencia de las novedades italianas"[128]. Lo que resulta es una obra "que contiene la más elaborada valoración de la dignidad del castellano"[129] y que debate los temas propuestos a través de una muy sólida argumentación. Aunque el tono de la obra es más familiar, ya que se trata de una respuesta ofrecida a un amigo, "los contenidos, de carácter marcadamente erudito, reflejan los usos y modos propios del método escolástico"[130] que se encuentra a la base de la formación de Cartagena. Sin embargo, el texto queda incompleto. El autor consigue ofrecer solamente las respuestas a las primeras cuatro cuestiones y un amplio prólogo en forma epistolar, según era la costumbre de sus obras. Esta forma de organizar el texto se nota también en las obras de sus discípulos, que toman como ejemplo a su maestro, entre los cuales Almela, cuya Compilación empieza del mismo modo, con un prólogo de carácter epistolar.

Aunque su fama como hombre de letras sea incontestable, Cartagena muestra siempre modestia con respecto a su creación literaria y hasta en ocasiones deja los códices de sus obras sin firmar. No sólo no busca el reconocimiento de sus méritos, también se niega a considerarse autor y afirma con humildad que es simplemente un *scriptor*[131]. Según la mención que hace en la obra *Memoriale virtutum*, el autor es en su concepción el que concibe enteramente el contenido textual, pero considera

---

127 M. MORRÁS, *El debate entre Leonardo Bruni y Alonso de Cartagena: las razones de una polémica*, en *Quaderns. Revista de traducció*, nº 7, 2002, p. 38.

128 L. FERNÁNDEZ GALLARDO, *Alonso de Cartagena y el humanismo…*, 2008, p. 28.

129 L. FERNÁNDEZ GALLARDO, *Alonso de Cartagena y la literatura castellana del siglo XV. La consciencia de un clasicismo*, en *Juan de Mena. Tiempo y memoria* (ed. Cristina MOYA GARCÍA), Editorial Sílex, Madrid, 2016, p. 204.

130 T. JIMÉNEZ CALVENTE, *Alonso de Cartagena ...*, 2015, p. 136.

131 L. FERNÁNDEZ GALLARDO, *Alonso de Cartagena y la escritura ...*, 2007, p. 53.

que su aporte personal es muchas veces limitado. Años más tarde, en *Duodenarium*, utiliza el término *scriptor* para designar la

> "idea de la creación literaria concebida como acto de escritura, volcada a la palabra escrita. Ese desplazamiento del núcleo de interés desde la consideración relativa a la jerarquía epistémica de quien produce el texto hacia la creación verbal tal y como se plasma en su materialidad escrita vendría a ser sintomático de una reflexión sobre la naturaleza del autor en la que prima el acto de escritura"[132].

Cartagena no escribe simplemente por escribir, sino que utiliza sus obras como medios de promover la imagen de los señores gracias a los cuales había recibido tantas dignidades y también una ideología que viene en el apoyo de la legitimación de la monarquía y de la patria española. La devoción por la monarquía y el rey está compartida también por su padre, quien le insufla el ideal de legitimidad de la guerra en contra de los morros y "la idea de Reconquista como uno de los principios básicos del ideario de la realeza castellana"[133]. A través de sus obras la devoción monárquica y el ideal patriótico de la reconquista de las tierras cristianas de la Península serán transmitidos también a sus discípulos, también a Diego Rodríguez de Almela, quien, debido a su *Compilación*, tiene un papel esencial en el inicio de la guerra de Granada.

Defensor de la monarquía española y de su vocación universal, el maestre Rodríguez de Almela escribe hacia el final de su vida una obra con carácter histórico, cuyo objetivo principal es el de demostrar "la preeminencia de Castilla sobre las restantes monarquías peninsulares y su importancia en el contexto de la Cristiandad"[134] mediante argumentos que remiten a la antigüedad del dicho reino. La *Genealogía de los reyes de España* (o *Liber Genealogie regum Hispaniae*), conocida tardíamente también como *Anacephaleosis,* es una obra historiográfica escrita en latín que se finalizó en 1456 y es considerada un "breve compendio" que se propone presentar sucintamente la historia de la Península Ibérica y de los reyes de España, hasta Enrique IV de Castilla. La obra fue dedicada inicialmente a Juan II, pero después de su muerte, el autor deja el texto sin finalizarlo. Una vez retomado el proyecto, meses más tarde, Cartagena se propone contar los hechos con mayor

[132] *Idem.*, p. 54.
[133] L. FERNÁNDEZ GALLARDO, *Guerra justa y guerra santa ...*, 2013, p. 345.
[134] D. NOGALES RINCÓN, *La "Genealogía de los reyes de España" de Alonso de Cartagena: linaje e imagen regia en la Castilla del cuatrocientos*, en *Revista de poética medieval*, nº 30, 2016, p. 235.

brevedad y cambia el destinatario. Sin embargo, el hecho de que sea dirigida al cabildo catedralicio de Burgos no cambia la orientación inicial de la obra, que sigue siendo un tipo de "manual histórico" que, además, se conforma al ideal del autor de transmitir a su público ejemplos de conducta moral.

Fiel a su papel de defensor de la legitimidad española e intelectual con una sólida formación jurídica, Cartagena es también el autor de dos tratados en latín que fueron presentados ante el concilio de Basilea. Se trata del *Discurso sobre la preeminencia del rey de Castilla sobre el de Inglaterra* de 1434 y *Allegationes super conquista insularum Canarie contra Portugalenses* de 1436, textos jurídicos en que el diplomático ya familiarizado con los problemas nacionales defiende los intereses de Castilla y de Juan II.

El jurista invoca argumentos que hacen referencia a la antigüedad del reino de Castilla, sobre todo a su pasado visigótico, a la nobleza del linaje del rey y su independencia frente a otros reinos de Europa. En su *Discurso* las raíces visigodas y el parentesco con las consagradas culturas griega y romana "se van a erigir en razones definitivas para hacer valer la reivindicación de su señor el Rey sobre el monarca inglés"[135]. Estos argumentos vienen a apoyar la superioridad de España frente a los otros reinos del contexto europeo occidental – Inglaterra o Portugal – y también justifican el derecho de libertad de la Corona del país, entendiendo por esto la independencia del reino español frente a cualquier otro poder que lo pudiera someter. Como resultado, las razones invocadas por Cartagena, que lo recomiendan como uno de los intelectuales más devotos a los intereses del país del siglo XV, no quedarán sin respuesta y serán aceptadas por el Concilio de Basilea.

Además de la habilidad de Cartagena para construir un discurso jurídico con una rigurosa estructura argumentativa, lo que interesa más en estas obras desde un punto de vista ideológico es "esa mezcla de patriotismo y defensa de la institución monárquica que caracteriza su pensamiento y que iba a erigirse en los siglos siguientes en base del sentimiento nacional dinástico español"[136]. Importante para su visión con respecto a la monarquía es la imagen que tiene sobre el monarca, imagen que corresponde de hecho al pensamiento político medieval. Así, se da en ambas obras la distinción entre la persona del monarca "como ejecutor temporal del poder" y el monarca "como encarnación intemporal del reino", una doble condición "en la que habría de verse el embrión de la noción de Estado"[137].

---

[135] F. CASTILLA URBANO, *Patriotismo y legitimación monárquica ...*, 2012, p. 147.
[136] *Idem.*, p. 145.
[137] *Idem.*, p. 146.

Además de su habilidad para la creación de textos de carácter histórico, jurídico o moral, Cartagena es además hombre de la iglesia y autor también de obras de carácter religioso. Una de las más notables es el *Defensorium Unitatis Christianae,* obra en que se defiende la unidad de todos los cristianos y que surge como respuesta a la revuelta popular de Toledo de 1449. Él mismo cristiano converso de origen judío, elabora en 1450 un texto que "nació en un clima de persecución y hostilidad con respecto al fenómeno converso"[138] para poner fin al conflicto entre cristianos viejos y nuevos. El tratado, escrito en latín y dirigido al rey Juan II, es una exposición de argumentos teológicos, filosóficos y éticos que vienen en contra de la división entre los cristianos y responden a la desconfianza de los cristianos viejos, que necesitan una justificación convincente de la conversión. Por lo tanto, Cartagena construye a través de su texto "un vínculo de comunicación entre los preceptos cardinales de la teología judía y el cumplimiento del cristianismo como respuesta a la pregunta sobre la naturaleza verdadera de Dios"[139] y promueve la unidad de la Iglesia cristiana en contra de las amenazas que existían en una época marcada por el ideal de la guerra contra los moros, los verdaderos enemigos de la fe cristiana.

Se nota, por tanto, que sus obras originales son de carácter muy diverso – histórico, político, religioso – y se someten a varios fines específicos, escritas en contextos diferentes, muchas veces como respuesta a la solicitud de distintas personas, por lo cual se podría decir que no hay unidad dentro de su creación. Sin embargo, a pesar de su diversidad, los investigadores descubren que "es posible apreciar coincidencias y repeticiones que muestran las convicciones ideológicas más arraigadas del autor"[140], ilustradas mediante temas recurrentes como por ejemplo el patriotismo, la promoción de la monarquía española y de la iglesia cristiana o la pretensión de educar y de ofrecer ejemplos morales a las nuevas generaciones de intelectuales.

Las obras de Cartagena tuvieron una difusión bastante limitada, por causa, en primer lugar, de la forma manuscrita en que fueron redactadas. Además, el carácter manuscrito de sus textos ponía siempre en cuestión la completitud de sus obras o

---

[138] J. CÁRDENAS DÍAZ, E., TORREGROZA LARA, *La filosofía política de Alonso de Cartagena en su Defensorium Unitatis Christianae*, en *Revista de Hispanismo filosófico, Historia del pensamiento iberoamericano*, nº 16, 2011, p. 11.
[139] *Idem.*, p. 13.
[140] F. CASTILLA URBANO, *Patriotismo y legitimación monárquica ...*, 2012, p. 143.

las intervenciones hechas por los copistas. Apenas después de la muerte del obispo apareció la imprenta. Sus discípulos se dedicaron a publicar sus obras, pero aun así algunos de sus textos más importantes nunca llegaron a la imprenta. Diego Rodríguez de Almela es responsable de la primera edición impresa de un libro de Cartagena, que contenía tres obras: el *Oracional*, la *Apología sobre el psalmo «Iudica me, Deus»* y la *Declaración sobre un tratado de San Juan Crisóstomo*[141]. Más tarde, en Burgos, se publicó *Doctrinal de los caballeros*, que diez años más tarde disfrutó de una segunda edición impresa. También se imprimieron sus traducciones de Cicerón y de Séneca, y hasta la *Genealogía de los reyes de España*, que, sin embargo, se publicó sin su aparato icónico.

Alonso de Cartagena es indudablemente una de las figuras eruditas más importantes del siglo XV. La época en que el obispo de Burgos manifiesta sus ideas mediante sus discursos y sus obras escritas coincide con un período de transición entre la mentalidad medieval ilustrada a través de los estudios tradicionales escolásticos y las primeras manifestaciones de la corriente humanista italiana en el panorama literario europeo. Sus obras se enmarcan, por consiguiente, en el pensamiento humanista, sin dejar de mostrar apego a las ideas escolásticas medievales. Promotor del patriotismo y defensor de la monarquía, Cartagena es uno de los autores que a través de sus obras esboza las coordenadas de la conciencia nacional en una épica en que su necesidad se hace más evidente que nunca, y que reúne en su pensamiento "el derecho común, la escolástica, la escuela moral aristotélica tomista, la retórica teológica bíblica y un platonismo vivo que resplandece en el desarrollo de sus trabajos"[142].

Su pensamiento representa una síntesis ideológica, en la que se incluyen otros intelectuales, de menor envergadura, entre los cuales Diego Rodríguez de Almela. El pensamiento y el estilo del cronista murciano se verá fuertemente influenciado por las enseñanzas y las obras de su maestro. Almela admite, de hecho, que entre las principales fuentes de inspiración y de documentación de sus crónicas se encuentran también los textos de Cartagena, una prueba más de que el discípulo es fiel al sistema ideológico del maestre.

---

[141] L. FERNÁNDEZ GALLARDO, *Imprenta y humanismo castellano del siglo XV: el caso de Alonso de Cartagena*, en *Medievalismo en Extremadura. Estudios sobre literatura y culturas hispánicas de la Edad Media* (eds. J. CAÑAS MURILLO, F. J. GRANDE QUEJIGO, J. ROSO DÍAZ), Universidad de Extremadura, Cáceres, 2010, p. 46.

[142] J. CÁRDENAS DÍAZ, E., TORREGROZA LARA, *La filosofía política de Alonso de Cartagena ...*, 2011, p. 12.

II. DIEGO RODRÍGUEZ DE ALMELA – FIGURA INTELECTUAL DE LA SEGUNDA MITAD DEL SIGLO XV

II.1. La vida

Diego Rodríguez de Almela es uno de los escritores de la última mitad del siglo XV, menos conocido en la actualidad, pero muy influente en la época. A través de su obra, contribuye de manera indirecta, pero decisiva al inicio de la campaña de reconquista de Granada, guerra que representó el último paso para alcanzar el ideal político y religioso de los hispanos cristianos de recuperar la Península Ibérica.

Almela nace en una ilustre y acomodada familia de origen gallego[143], alrededor del año 1426. Su provincia natal, Murcia, aparece varias veces evocada en sus obras, uno de los más importantes testimonios con respecto a su proveniencia. Fue considerado una de las figuras más significativas de su época, un erudito que destaca en el panorama literario e histórico de la Castilla medieval como parte del grupo de intelectuales consagrados a los ideales políticos de los Reyes Católicos, por un lado, y dedicados, al mismo tiempo, a la promoción de la Iglesia Cristiana Católica en el territorio de la Península Ibérica.

La devoción a los Reyes Católicos y al ideal de reconquistar la Península es compartida, de hecho, por toda su familia. Uno de sus hermanos, Alonso, aparece mencionado como uno de los combatientes de la guerra de reconquista de Granada, y más tarde se sabe que él mismo le entrega a la reina Isabel una crónica manuscrita, regalo que viene a ser como una confirmación más de la devoción de la familia Almela a la corona de Castilla[144]. A su vez, los Reyes Católicos muestran su agradecimiento por la devoción y el servicio prestado por los dos hermanos en una carta escrita en 1496, en la cual afirman: “acatando vuestra abilidad y suficiencia y los servicios que vos avedes hecho”[145].

Junto a su devoción a los Reyes Católicos, Almela destaca por la seriedad de sus estudios teológicos, que marcarán su vida y contribuirán a su definición como figura histórica y cultural.

---

143 J. TORRES FONTES, *Compilación de los milagros...*, 1946, p. XXI.
144 *Ibidem.*
145 *Ibidem.*

El autor se dedica a la carrera eclesiástica, inicialmente porque la considera una carrera más fácil de seguir, pero también por la influencia que su maestro, Alonso de Cartagena, tiene sobre él durante sus estudios teológicos bajo su dirección en la Escuela Capitular de Burgos[146]. Su ascenso en la carrera eclesiástica es rápido. Así, en 1451, apenas ingresado en el sacerdocio, llega a obtener el título de archidiácono y cuatro años después se le confiaría la catedral de Burgos. Posteriormente, hacia 1464, fue nombrado canónigo de la Catedral de su Murcia natal, cargo que le otorgaría el privilegio de servir en la Capilla Real[147].

Como representante de la Iglesia Católica realiza diversos viajes fuera de la diócesis de Murcia, entre ellos a Roma, ciudad considerada el centro del catolicismo, donde conoce de cerca el auge de la ideología humanista, corriente que despertará su interés. Debido a los conocimientos adquiridos mientras estaba en Roma, Almela viene a ocupar un importante lugar entre los autores que contribuyeron al mayor desarrollo del movimiento conocido como Renacimiento. En 1843 pidió otra vez permiso para volver a salir del Episcopado, esta vez para asistir a una reunión a la que había sido invitado por los Reyes Católicos, a los que había demostrado reiteradamente su devoción.

Almela pasó los últimos años de su vida en Murcia. Con respecto al momento de su muerte, los historiadores que han estudiado su vida y obra no han llegado a un consenso. Así, Fernández Gallardo afirma en un artículo de 2015 que Almela murió hacia 1489[148], idea apoyada también por Torres Fontes en la introducción de su edición de la obra *Compilación de los milagros de Santiago,* escrita por el autor murciano[149]. Según los datos aportados por Torres Fontes, es muy probable que Almela falleciera a mediados de 1489, y como prueba que apoya esta fecha se encuentra un documento de septiembre de ese mismo año, que demuestra que las propiedades del autor fueron devueltas al cabildo catedralicio tras su muerte. Sin embargo, en otro artículo suyo, publicado solo un año después del primero mencionado[150], Fernández Gallardo afirma, aunque con algunas reservas, que el año de la muerte de Almela fue en realidad 1496.

---

[146] *Idem.*, p. XXII.

[147] L. FERNÁNDEZ GALLARDO, *Tradiciones jacobeas en la Castilla del siglo XV: Intertextualidades (de Vicente de Beauvais a Rodríguez de Almela)*, en *Revista de Literatura Medieval*, vol. XXVIII, 2016, p. 185.

[148] L. FERNÁNDEZ GALLARDO, *Exaltación cruzada y devoción jacobea en el Compendio de Almela*, en *Estudios de literatura medieval en la Península Ibérica*, San Millán de la Cogolla, Cilengua, 2015, pp. 537-558.

[149] J. TORRES FONTES, *Compilación de los milagros ...*, 1946, p. XXVII.

[150] L. FERNÁNDEZ GALLARDO, *Tradiciones jacobeas ...*, 2016, pp. 177-202.

En cuanto al lugar donde fue enterrado su cuerpo, los historiadores mencionan la provincia de Murcia, más precisamente, la capilla que había establecido durante su vida para este fin, llamada Capilla de la Visitación. La capilla fue restaurada a principios del siglo XIX y los dos escudos tallados de la familia de Almela se perdieron como consecuencia de las obras de restauración. Sin embargo, posteriormente se añadió una placa conmemorativa en homenaje a la memoria del cronista, placa en la que aparece mencionado 1496 como año de la muerte de Almela[151]. Los historiadores señalan otro aspecto importante, que ilustra la estrecha vinculación y, al mismo tiempo, la indudable influencia que su maestro Cartagena tuvo en Almela. Se trata del hecho de que el maestro Cartagena, llegado el momento de su muerte, también había sido enterrado en la capilla que él mismo había erigido, en la Catedral de Burgos, "como si hasta el último suspiro quisiera seguir las huellas del que le crió y favoreció"[152], según concluye Torres Fontes en su introducción.

II.2. Diego Rodríguez de Almela – discípulo de Alonso de Cartagena

Almela conoce a Alonso de Cartagena en la juventud. En 1440, con apenas 14 años de edad, acepta la invitación del caballero santiaguista y lo acompaña a la ciudad de Burgos. Allí, gracias a su maestro tiene la oportunidad de entrar en contacto con la famosa corte literaria del rey Juan II de Castilla, donde descubre su interés y su vocación por el conocimiento histórico y literario[153]. Así, el autor consiguió acceso también a la famosa y muy rica biblioteca de Alonso de Cartagena, intelectual cuyo pensamiento y cuyas ideas son seguidas por varios discípulos. Pero la edad muy temprana no representó un impedimento para que el joven cronista se convirtiera en el discípulo más devoto de su maestro, que lo tomó como principal ejemplo tanto en la vida, como en sus futuras obras. Con la ayuda de Cartagena, el adolescente murciano "adquirió una sólida formación, que abarcaba la erudición bíblica, la lectura de los clásicos y un amplio conocimiento de la literatura historiográfica"[154].

Según la observación de Castilla Urbano, el maestro Cartagena dedica su tiempo a la educación de quienes le rodeaban, las clases nobles y los príncipes o monarcas [...] con los que se relacionó durante toda su vida, pero también futuros

---

[151] J. TORRES FONTES, *Compilación de los milagros...*, 1946, p. XXVIII.
[152] *Ibidem.*
[153] *Idem.*, p. XXII.
[154] L. FERNÁNDEZ GALLARDO, *Tradiciones jacobeas ...*, 2016, p. 186.

intelectuales como Alonso de Palencia, Rodrigo Sánchez de Arévalo, Diego Rodríguez de Almela o Diego de Valera, entre otros, agrupados en torno suyo en su palacio arzobispal de Burgos[155].

Gracias a su contribución, Almela recibió una formación erudita ejemplar, "que abarcaba la erudición bíblica, la lectura de los clásicos y un amplio conocimiento de la literatura historiográfica"[156]. Con la ayuda de don Alonso, Almela tiene la oportunidad de consultar una bibliografía muy vasta y de hacer una documentación rigurosa que representará el fundamento de sus crónicas. Sin embargo, aunque el cronista conoce la obra de tantos intelectuales, su principal fuente de inspiración y de documentación sigue siendo Cartagena, cuya influencia destaca en algunas de las principales obras del murciano, como el *Valerio de las historias escolásticas de España,* el *Tratado de la guerra* o el *Compendio historial de las Crónicas de España.*

J. Torres Fontes menciona otro detalle importante que subraya la importancia que tuvo para Almela su relación con Cartagena y destaca la devoción del discípulo, aun después de la muerte de su maestro. Muchos nobles e intelectuales formados por el obispo de Burgos y numerosos conocidos de su entorno se dedicaron después de la aparición de la imprenta a la difusión de sus principales obras[157]. Asimismo, antes de publicar cualquiera de sus propias crónicas, Almela toma en 1487 la iniciativa de realizar la primera edición impresa de algunas de las obras fundamentales de su maestro, respectivamente *Oracional*, apología al *Salmo Judica me Deus* y una glosa para la obra de San Juan Crisóstomo. Se trata, de hecho, del primer volumen impreso en Murcia y de una de las más importantes contribuciones para la difusión de la obra de Cartagena, que de este modo pudo llegar a un público más numeroso[158].

Posteriormente, Almela mandará a la imprenta también dos de sus propias obras, que el autor considera las más importantes y dignas de llegar al conocimiento de un número tan grande de lectores, particularmente las *Batallas Campales* y el *Valerio de las Historias Escolásticas*. Sin embargo, tal como comenta J. Torres Fontes, "el que Almela mandara imprimir antes que sus obras, el Oracional de don Alonso, es una muestra de gratitud y admiración"[159], una muestra de devoción que sigue viva aún después de la muerte de su maestro.

---

[155] F. CASTILLA URBANO, *Patriotismo y legitimación monárquica* ..., 2012, p. 141.
[156] L. FERNÁNDEZ GALLARDO, *Tradiciones jacobeas* ..., 2016, p. 186.
[157] M. MORRÁS, *Alonso de Cartagena*…, 2002, p. 98.
[158] J. TORRES FONTES, *Compilación de los milagros* ..., 1946, p. XXVII.
[159] *Ibidem.*

II.3. La obra

La obra de Diego Rodríguez de Almela se encuentra bajo el signo de su dedicación a la Orden de Santiago y, sobre todo, bajo la influencia de Cartagena. Ante la posibilidad de examinar la biblioteca de su maestro, Rodríguez de Almela siente una atracción mayor hacia las obras históricas, sea que se trate de obras de orden religioso – tal como la Biblia – o simplemente de obras que tienen un carácter histórico y político, como es el caso de las diversas crónicas de los reyes e historias de España que consulta.

Además, el hecho de ser uno de los discípulos más devotos de Cartagena le dará la oportunidad de documentarse en su rica biblioteca y así Almela descubre su interés por las obras históricas. Tanto si se trata de obras históricas de carácter religioso, como si se trata de obras en las que el elemento histórico se compagina con la política, tal como ocurre en las diversas crónicas de los reyes de España o en los volúmenes de historia que consulta, bajo la guía de Cartagena, Rodríguez de Almela llega a cultivar él mismo el género historiográfico. Esta dirección no sorprende, dado que, según Fernández Gallardo nota en uno de sus trabajos, "la índole de su talento literario no era especialmente creativa. Sus aptitudes eran más bien las propias de un compilador diligente"[160].

No debemos olvidar que Almela se deja guiar en su actividad literaria por Cartagena y que sigue su ejemplo. Esta es probablemente la razón por la que algunos críticos notan la dualidad del autor[161], que reúne en sus obras el pensamiento medieval de la época y la ideología humanista con la que entra en contacto gracias a su maestro. Por un lado, Almela es considerado un típico escritor medieval, ya que sus obras ilustran que "en Almela se distinguen sus sentimientos religiosos completamente medievales"[162], pero, por otro lado, podemos hablar de lo que Torres Fontes llama "la perfección del Humanismo renascentista"[163].

Al lado de sus inquietudes literarias y teológicas, Diego Rodríguez de Almela muestra una gran devoción al apóstol Santiago y esta inclinación tendrá una gran

---

[160] L. FERNÁNDEZ GALLARDO, *Tradiciones jacobeas ...*, 2016, p. 186.
[161] J. TORRES FONTES, *Compilación de los milagros ...*, 1946, p. XX.
[162] *Ibidem.*
[163] *Ibidem.*

influencia en sus obras. El ideal de la Guerra Santa, de reconquistar la Península Ibérica y restaurar la unidad de la religión cristiana, es compartido por todos los miembros de la Orden, y domina, de hecho, el pensamiento de los hispanos a lo largo de la Edad Media. Este ideal se hizo aún más fuerte a finales del siglo XV, cuando Almela se dedicó a la actividad literaria, y esto se verá reflejado en sus obras.

Pronto llegará a hacerse conocido en los círculos intelectuales próximos a la corona de Castilla del siglo XV como una de las figuras eruditas dotadas de numerosos conocimientos en el campo de la historia y, especialmente, en el de la historia medieval del espacio hispánico. Las obras que lo hacen famoso son en primer lugar sus recopilaciones, entre las que se pueden mencionar títulos como el *Tratado de la guerra*, el *Valerio de las historias escolásticas de España*, el *Compendio historial de las Crónicas de España*, o la *Compilación de los milagros de Santiago*.

Aunque hay elementos comunes en estos que contribuyen a la definición de Almela como escritora, cada uno tiene sus propias peculiaridades.

Tratado de la guerra

Una de las obras fundamentales del autor, el *Tratado de la guerra*, se conserva actualmente en un único manuscrito en España, en la Biblioteca del Monasterio de San Lorenzo de El Escorial. El texto, escrito en 1482, demuestra una vez más la devoción de Almela por su maestro, a quien el cronista toma como ejemplo. La influencia de Cartagena es evidente, dado que la obra de su discípulo es una copia casi fiel, con muy pequeñas modificaciones, de un texto llamado *Doctrinal de los caballeros* que Alonso de Cartagena había escrito en 1437.

Valerio de las historias escolásticas y de España

Considerado la obra más importante de Almela[164], *Valerio de las historias escolásticas y de España* es un texto moralista compuesto por nueve "libros" que ofrecen epígrafes morales que contienen ejemplos históricos, bíblicos o nacionales y que ayudaron a comprender la idiosincrasia de una sociedad en los albores de la

---

[164] S. GUTIÉRREZ GARCÍA, S. LÓPEZ MARTÍNEZ-MORÁS, *Motivos jacobeos y perspectivas políticas en la Compilación de Rodríguez de Almela*, en *El culto jacobeo y peregrinación a Santiago a finales de la Edad Media* (coords. Santiago GUTIÉRREZ GARCÍA, Santiago LÓPEZ MARTÍNEZ-MORÁS), Universidade de Santiago de Compostela, Santiago de Compostela, 2018, p. 88.

modernidad[165]. Además del carácter moralista, se nota en la obra también un marcado carácter político. El estilo de Almela supone la inclusión en el texto de detalles políticos relacionados con las anécdotas narradas, detalles importantes para la comprensión de varios hechos históricos, como es el caso de la rebelión de los nobles que debe afrontar el rey Alfonso X en los últimos años de su reinado[166].

Escrita entre 1462 y 1481, esta compilación se considera de hecho la primera obra de Almela. Una vez accesible la imprenta, el *Valerio* es una de las obras elegidas por el autor para ser impresa. Como resultado, el texto se hizo conocido por un número cada vez mayor de lectores y se publicó en un notable número de dieciséis ediciones impresas. Cabe destacar el hecho de que se trata de una compilación en la que, otra vez, se hace evidente la influencia de Alonso de Cartagena, influencia que se nota en toda la actividad literaria de Almela. Fernández Gallardo analiza la obra de Almela y concluye que "la memoria del maestro está en la base de la actividad cultural y literaria de Almela, tanto en su faceta de editor – promotor más bien de ediciones impresas – como en la de escritor, ejerciendo una suerte de estímulo creativo"[167].

Compendio historial de las Crónicas de España

Se trata de otra obra que pertenece al género historiográfico y que se ha conservado hasta el día de hoy en siete copias manuscritas, incluida la versión original, en Madrid. Estudios especializados también llaman la atención sobre la influencia de Cartagena, que no se limita a que sus textos sean la principal fuente de documentación de Almela. Este hecho es evidente a partir de la orientación humanística de la obra, en la que "curiosamente se entremezclan el tiempo viejo de la propia temática de su obra con una cierta curiosidad por saber, característica del humanismo que por estas fechas estaba dando en Castilla sus primeros pasos"[168].

Almela no se limita en su obra a simplemente reproducir alguna información recogida en las fuentes bibliográficas, sino que aporta cambios significativos que

---

[165] E. CAETANO ÁLVAREZ, *La imagen de Alfonso X en torno a finales del XV. La visión de Diego Rodríguez de Almela,* en *Los reinos peninsulares en el siglo XV. De lo vivido a lo narrado. Encuentro de investigadores: En homenaje a Michel García* (coord. Francisco TORO CEBALLOS, dir. Cristina MOYA GARCÍA), Ayuntamiento de Andújar, Andújar, 2015, p. 36.
[166] *Idem.*, p. 38.
[167] L. FERNÁNDEZ GALLARDO, *Tradiciones jacobeas...*, 2016, p. 186.
[168] M. GONZÁLEZ JIMÉNEZ, *Sobre el Compendio Historial de Diego Rodríguez de Almela*, en *Murgetana*, nº 105, 2001, p. 15.

dan una nota de originalidad. Característica del autor es la combinación de los elementos de la historia relacionados con los de la época en que él mismo vive. Se trata de una conexión permanente con la actualidad, ilustrada en el Compendio historial cuando, hablando de la construcción de las catedrales de Toledo y Burgos, Almela las compara con la de Sevilla, cuya construcción se estaba realizando en su época[169]. Sin embargo, esta tendencia del cronista lleva a veces a la aparición de evidentes anacronismos. Su originalidad se debe a los numerosos elementos que hacen referencia a la provincia natal, Murcia, mencionada de hecho también en otras obras suyas.

En cuanto a los datos sobre el año en el que Rodríguez de Almela escribe *el Compendio historial de las Crónicas de España*, las informaciones son bastante imprecisas. Hay autores que consideran que el texto se inició hacia 1462, pero que Almela trabajó en su obra, tratando de perfeccionarla, hasta finales del siglo XV[170]. Torres Fontes llama la atención sobre el hecho de que la fecha mayoritariamente aceptada es ciertamente falsa, porque los documentos de la época aportan evidencia de que Almela ya no estaba en vida en 1491.

Las discusiones sobre este tema no parecen haber alcanzado un consenso todavía, pero los investigadores parecen coincidir en que este trabajo se estaba desarrollando casi simultáneamente con la *Compilación de los milagros de Santiago*, una de las obras más importantes del autor. Sí se sabe que este último se publicó en 1481, y entonces se puede deducir el hecho de que el *Compendio historial* debe haberse completado aproximadamente en el mismo período. S. Gutiérrez García y S. López Martínez-Morás identifican además muchas similitudes entre los dos textos escritos por Almela, a partir de la consulta de las mismas fuentes bibliográficas. No sólo que fueron elaboradas casi simultáneamente, sino que también tienen un contenido similar, que resulta del hecho de que para ambas el autor utiliza los mismos materiales. Sin embargo, los dos autores concluyen que los dos textos, a pesar de las similitudes evidentes que existen entre ellos, no podrían ser considerados de ninguna manera como obras idénticas y justifican su observación con que

> el *Compendio* se concibe antes, nace con voluntad de constituir una historia de Castilla a partir de una serie de elementos heredados, y la *Compilación* se plantea a

[169] *Idem.*, p. 12.
[170] *Idem.*, p. 9.

partir de una abreviación de los mismos con una finalidad más precisa, lo que supone en teoría una mayor implicación ideológica del autor[171].

En otro trabajo posterior, de 2018, los autores vuelven a este aspecto e insisten en la idea de que *Compendio historial* y *Compilación* nacieron "de un único esfuerzo intelectual"[172]. Aunque sostienen además que el texto de la *Compilación* es más bien un resumen de los materiales que subyacen a la redacción del otro texto, siendo de menor tamaño y escrito con un propósito mejor definido, agregan en una nota un detalle sorprendente: el hecho de que el *Compendio historial* se publicó apenas en 1484, tres años después de *Compilación.*

Compilación de los milagros de Santiago

Considerado el texto fundamental de la historiografía de la Orden del Apóstol Santiago[173] y una obra mixta, la *Compilación* se perfila desde el principio como una obra tanto de carácter histórico como religioso. Aunque se ha dicho que no es un texto muy detallado y, por lo tanto, no ilustra muy bien y de forma exhaustiva la imagen histórica del mito del Apóstol Santiago a finales del siglo XV, todavía se considera uno de los textos básicos de la Orden de Santiago, definitorio para la historia de la Orden.

Sin embargo, la *Compilación* de Almela fue considerada incompleta por el maestre de la Orden de Santiago. Además, después del peregrinaje de los Reyes Católicos a Compostela en 1486, el texto fue superado por el curso de los eventos y fue considerado anticuado, dado que se había cumplido su principal propósito, que era el de ofrecer a los monarcas una síntesis de la gloriosa historia del apóstol y de la Orden. Por estas razones el maestre Cárdenas pide en 1485 la elaboración de una nueva historia completa de la Orden de Santiago, cargo que será llevado a cabo por Pedro de Orozco y Juan de la Parra, comendadores de la Orden. La *Primera historia de la Orden de Santiago* será finalizada por los dos autores en 1488 y fue considerada más completa desde una perspectiva historiográfica que la obra anterior de Almela. No obstante, los dos textos coexistieron y juntos

[171] S. GUTIÉRREZ GARCÍA, S. LÓPEZ MARTÍNEZ-MORÁS, *La vocación jacobea de Diego Rodríguez de Almela,* en *Ad Limina,* vol. IV, nº 4, Santiago de Compostela, 2013, p. 42.
[172] S. GUTIÉRREZ GARCÍA, S. LÓPEZ MARTÍNEZ-MORÁS, *Motivos jacobeos y perspectivas políticas ...*, 2018, p. 89.
[173] *Ibidem.*

contribuyeron a la realización de un discurso sintético de la Orden mediante el cual esta entidad justificaba sus acciones militares y, sobre todo, la ideología que las había inspirado[174].

Aunque la Orden de Santiago había existido desde el siglo XII, ya que fue instituida en el año 1170, la necesidad de un tal discurso justificador se siente cada vez más fuertemente hacia el final del siglo XV, cuando, según se ha visto, los Reyes de Castilla usan su autoridad para tomar posesión del poder administrativo de la Orden. Por mandamiento de los Reyes se llega a la ejecución de algunos de los maestres de la Orden, eventos que hacen que dicha institución pase por un período de crisis durante algunas décadas. Dado este contexto, la creación de una historia completa de la Orden de Santiago se hace imperiosa y tiene el papel de justificar la posición de la misma en relación a la monarquía y a la guerra de la reconquista de Granada.

En reconocimiento a su síntesis de la historiografía hispánica titulada *Compendio historial de las Crónicas de España*, Diego Rodríguez de Almela es nombrado cronista oficial de los Reyes Católicos, a quien dedicará el resto de sus escritos, como prueba de su devoción a la corona. Los Reyes Católicos, a su vez, juegan un papel importante en la promoción de las obras del cronista, obras que pasan a formar parte de la Biblioteca Real. Almela es un representante de la Iglesia cristiana, pero, como muchos intelectuales de su época, también es un impulsor de la ideología monárquica, y sus crónicas pasan a ser consideradas verdaderos objetos de legitimación y propaganda política[175].

Aunque actualmente es una figura literaria poco conocida, Almela ha dejado su huella en la historia. Es, por tanto, uno de los autores que juegan un papel fundamental en los acontecimientos de finales del siglo XV. Sus crónicas, escritas bajo la influencia del ideal de reconquista de la Península y restauración del cristianismo, contribuyen significativamente a la promoción de esta ideología de la "guerra santa". Por otra parte, la invitación indirecta dirigida a los Reyes Católicos en la *Compilación de los milagros de Santiago* de ir a Santiago de Compostela a pedir ayuda al Apóstol para ganar la guerra de reconquista de Granada recibe una respuesta positiva de la realeza y así Almela contribuye de manera decisiva, a través de su trabajo compilatorio, a la finalización de la Reconquista.

---

[174] *Ibidem.*

[175] E. CAETANO ÁLVAREZ, *La imagen de Alfonso X ...*, 2015, pp. 41-42.

III. EL MITO JACOBEO

El Apóstol Santiago, como figura mítica, ocupa una posición central en la historia tanto política, como religiosa del siglo XV. Su presencia en la península ibérica y, sobre todo, en las tierras españolas, contribuye en gran medida a la justificación de la posición de España como núcleo central de la cristiandad, cuya fama e importancia sobrepasan, según ciertos autores, la de ciudades como Jerusalén o Roma, ciudades símbolos para el mundo cristiano, sobre todo en el occidente, donde "nada puede hacer sombra a Compostela y su apóstol"[176]. El mito jacobeo se extiende, por lo tanto, más allá de la península y del mundo hispánico, y se impone en la época en todo el mundo cristiano como punto de apoyo de un fenómeno devocional de gran complejidad. Tanto la corte real, como los altos eclesiásticos ayudaron a la difusión del mito de Santiago por diversas vías, dado que la presencia milagrosa de sus restos en Galicia servía a los intereses políticos y a la prosperidad de las tierras hispanas. Una de las principales vías de difusión es la literatura, entendida como "un conjunto muy plural de obras, por cuanto en la Edad Media [...] ni los autores ni el público distinguen entre los conceptos de valor y arte puro, didactismo o ficción, tradición u originalidad, de manera que por «literatura» se entiende el conjunto de «materia escrita»"[177].

El mito jacobeo alcanza su máximo florecimiento durante la Edad Media, cuando hay numerosos testimonios de los milagros del santo, sobre todo de los milagros bélicos, tan frecuentes en el período de la Reconquista. Desde el inicio del mito hasta el final de la Reconquista la imagen del Apóstol Santiago está asociada a lo milagroso, empezando por la milagrosa *translatio* del cuerpo del Apóstol hasta las tierras hispánicas. La ayuda que este santo apóstol ofrecía a los cristianos, tanto como santo curador y protector de los peregrinos, en las fases iniciales del mito, como también en el campo de batalla, justifica su sobrenombre de El Matamoros.

---

[176] M. C. DÍAZ Y DÍAZ, *Las tres grandes peregrinaciones vistas desde Santiago*, en *Santiago, Roma, Jerusalén. Actas del 111 Congreso Internacional de Estudios Jacobeos* (coord. Paolo CAUCCI VON SAUCKEN), Xunta de Galicia, Santiago de Compostela, 1999, p. 82.

[177] N. SALVADOR MIGUEL, *Entre el mito, la historia y la literatura en la Edad Media: el caso de Santiago guerrero*, en *Memoria, mito y realidad en la historia medieval [XIII Semana de estudios medievales. Nájera 2002]* (coord. J. I. de la IGLESIA DUARTE), Gobierno de La Rioja/Instituto de estudios riojanos, Logroño, 2003, p. 216.

Por lo tanto, la gente no necesitaba de ninguna prueba más, y tomó por verdades indiscutibles las historias que ilustraban los hechos del Apóstol y que el hombre moderno sabe que no dejan de ser más que unas leyendas sin un fundamento histórico anclado en la realidad. Tal como nota Juan Goytisolo en el prólogo que escribe para la obra de Márquez Villanueva, "el mito no necesita pruebas históricas avaladas por el conocimiento de los hechos: es autosuficiente. Ahondar en él obliga a prescindir de datos empíricos y a moverse, ya sea en el campo de la creencia ciega, ya de la antropología"[178].

De hecho, el mito no busca la verdad histórica y no se propone contar la realidad de los hechos. Un mito no es historia, todo lo contrario,

> un mito surge justo para volver la espalda a lo real a favor de otro orden de cosas de alto valor emocional a la vez que pragmático, pero no racionalmente asequible fuera de sus propios términos. La única «verdad» es allí entonces la de sus razones para haber sido creado y mantenerse luego en pie[179].

Lo mismo acontece también en el caso del mito jacobeo, que en sus fases iniciales no necesita de ninguna muestra concreta de realidad para llegar a ser abrazado por el mundo cristiano. Así, los cristianos del siglo XV precisan del mito para tener un punto de apoyo en la lucha contra los musulmanes, tal como el mito precisa de la creencia de todos ellos para poder existir y sobrevivir. Creado por y para la gente cristiana, "el mito incluye además un elemento de creación colectiva afín a la de una materia poética y la tarea de su estudio se centra en gran parte sobre una compleja y matizada lectura de símbolos"[180]. Además, "todo mito es literatura y debe ser considerado como una creación estética de la imaginación humana"[181], según nota Márquez Villanueva al referirse al mito jacobeo que ha creado en su torno y ha constituido la inspiración para una verdadera corola de textos literales.

Sin embargo, una vez dada por concluida la Reconquista, la el mito jacobeo queda sin su propósito principal, ya que las guerras contra los árabes acaban en la península. Desde el siglo XVI, por consiguiente, se puede hablar de un declive del mito, en la opinión de Márquez Villanueva. La importancia de la imagen del Apóstol Santiago, desprovista poco a poco de su aura milagrosa, se manifiesta cada

---

[178] J. GOYTOSOLO, *Prólogo a Francisco Márquez Villanueva, "Santiago: Trayectoria de un mito"*, Edicions Bellaterra, Barcelona, 2004, p. 14.
[179] F. MÁRQUEZ VILLANUEVA, *Santiago: Trayectoria de un mito*, Edicions Bellaterra, Barcelona, 2004, p. 44.
[180] *Idem.*, p. 33.
[181] *Idem.*, p. 58.

vez menos dentro del área de lo religioso y se va moviendo hacia lo político y lo económico, surgiendo las polémicas en torno al voto de la Orden de Santiago, voto que "cimentó el enorme poder económico de la Iglesia compostelana y transmutó por segunda vez al Apóstol – primero pescador benigno y luego jinete cortacabezas – en mero emblema de la estatalización administrativa del mito"[182].

Aunque su decadencia empieza ya desde la época del Renacimiento, el mito llega a ver su última fase apenas en el siglo XVIII y, una vez abolido también el voto de Santiago algunos años después, en 1812, el mito jacobeo se encuentra frente a su final.

III.1. El origen de la leyenda hispánica de Santiago. El mito jacobeo

Para poder hablar del inicio del mito jacobeo hay que volver, por lo visto, siglos atrás. Si durante el período dominado todavía por las tradiciones eclesiásticas visigodas el mito jacobeo se vio ignorado, el mundo medieval asiste después a un cambio de paradigma con respecto a la imagen del Apóstol Santiago. Hay una entera serie de hechos milagrosos considerados verdaderos por los historiadores medievales, pero situados por la modernidad en el área de lo fabuloso y lo legendario que contribuyen al nacimiento de un mito que sobrevivirá durante siglos y que será conocido por todo el mundo cristiano.

Unas de las primeras preguntas que los investigadores del mito jacobeo se plantean tienen que ver con la llegada del Apóstol Santiago a la península Ibérica. ¿Sería verdad que el Apóstol había predicado en España? ¿Y por qué precisamente en España? Si, tal como concluyeron las investigaciones al respecto, el asunto de la predicación en tierras ibéricas queda en el terreno de la leyenda, interviene un nuevo problema: el de la translación de su cuerpo. ¿Cómo llegó en realidad el cuerpo del Apóstol a las tierras hispánicas? O, aún más, ¿será verdad que la tumba encontrada en Galicia pertenece al Apóstol Santiago?

Tal como era de esperar, estas preguntas encontraron su respuesta a lo largo del tiempo, y hoy se sabe que la *translatio* del Apóstol y su predicación por tierras de Hispania deben ser consideradas simples leyendas. Pero para la mentalidad de la Edad Media, dominada por creencias en lo milagroso y lo sobrenatural, estas leyendas representaron un impulso hacia la creación del mito jacobeo. La supuesta

---

[182] J. GOYTOSOLO, *Prólogo a Francisco Márquez Villanueva...*, 2004, p. 19.

existencia de los restos del apóstol en las tierras hispanas se convierte de este modo en el fundamento de un "mito que se hace pasar como historia y cuyo madrugador y vigoroso arraigo se debe al efecto de comunión que suscita toda relación mítica, [...] a costa de manipular la verdad y la memoria"[183], por lo cual en los primeros siglos de existencia del mito no se busca ninguna respuesta para justificar su existencia. Para la mayoría de la gente no importaba mucho si los restos de la tumba supuestamente de Santiago pertenecían en verdad al Apóstol, lo que hizo que el "milagro" de la translación tal como lo presentan los documentos de la época fuera muy fácilmente aceptado. No obstante, hubo también en la época medieval gente más escéptica y reservada con respecto al mito jacobeo, que no había "aceptado de un modo unánime", "contra la común opinión acerca de la ingenuidad con que en la Edad Media se daba crédito a cualquier patraña"[184].

Aunque no se sepa exactamente cómo se realizó la translación, existen noticias sobre el sepulcro del santo apóstol que parece haber sido documentado por la primera vez al inicio del siglo IX. Sin embargo, "de siempre (es decir, desde el siglo IV) ha sido éste atribuido a Santiago, aunque la falta de evidencia confirmatoria haga temeraria la afirmación"[185]. A finales del siglo XI se habla por la primera vez del descubrimiento de la tumba del apóstol, después de un episodio considerado milagroso, en que un pastor "vio luces encima de un bosque", justo donde se encontraba el dicho sepulcro. Pero lo que hay que tener en cuenta es el hecho de que en la tumba no se descubrió ninguna inscripción o ninguna prueba explícita de la existencia de los restos de Santiago en aquel lugar, "pero supieron, ante esa sepultura, les fue «revelado» que era la del apóstol de España"[186].

Poco después del descubrimiento de la tumba de Santiago, en el mismo siglo IX, empezaron a elaborarse también los primeros relatos de la translación, que se encuentran en el tercer libro del *Codex Calixtinus*[187]. La historia de la translación del cuerpo del apóstol, vista por algunos como milagrosa, por otros como real, representa otro pilón importante en el que se apoya la existencia del mito de Santiago. Esta encontró a lo largo del tiempo numerosas variantes y fue recogida en varios textos que la cuentan. Márquez Villanueva habla de una "amplia

---

183 N. SALVADOR MIGUEL, *Entre el mito, la historia y la literatura ...*, 2003, p. 216.
184 F. MÁRQUEZ VILLANUEVA, *Santiago: Trayectoria...*, 2004, p. 40.
185 *Ibidem.*
186 A. RUCQUOI, *Trece siglos por los caminos de Santiago*, en *Revista Chilena de Estudios Medievales,* nº 4, 2013, p. 97.
187 *Idem.,* p. 96.

repercusión histórico-legendaria"[188] del fenómeno de la *translatio* que ha sido mencionado y retomado en tantos documentos hasta el día de hoy que todavía no se puede considerar con toda la certeza que se haya agotado el estudio del tema.

Los investigadores consideran que el elemento decisivo para el nacimiento de las leyendas jacobeas está representado precisamente por la *translatio*, ya que este primer milagro centrado en la figura del santo Apóstol es uno de los más impresionantes. Aunque no hay ninguna documentación escrita de la predicación de Santiago por Galicia y tampoco hay testimonios de la translación de su cuerpo a Hispania, con la ayuda de sus discípulos, "puesto que ambas creencias no surgen hasta la Alta Edad Media"[189], el mundo medieval no pone en duda la veracidad de la existencia milagrosa del santo. Una de las leyendas que cuentan la translación del cuerpo de Santiago hasta tierras hispánicas data del siglo XII y aparece mencionada en varios documentos, entre los cuales el más famoso es el *Liber Sancti Jacobi*. Según cuenta esta variante de la historia, en el tercer libro del *Liber Sancti Jacobi* el cuerpo del santo fue transportado a España por mar desde Palestina en un barco de piedra, acompañado por los discípulos del santo[190].

Sin embargo, la translación de su cuerpo en un barco representa un hecho bastante anclado en la realidad, ya que el autor del cuento se propone reducir los elementos que salen de los límites de lo natural, considerando todas las otras versiones como apócrifas. Pero hay variantes de la historia mucho más atadas al área sobrenatural. Así, existe una versión de la *translatio* en la cual el cuerpo del Apóstol llega desde Jerusalén a Galicia por el aire, flotando y acompañado por ángeles, mientras que las variantes posteriores renuncian al elemento angélico y consideran que el cuerpo de Santiago llegó por sí mismo a las tierras hispanas, sea flotando en el aire, sea por el mar, en algún medio de transporte que podría ser un barco de cristal, o hasta un simple peñasco[191].

La principal fuente para la historia de la translación como parte del mito jacobeo está representada por el *Codex Calixtinus*. El Códice, compuesto por cinco libros, fue realizado probablemente entre 1130 y 1140 y sigue un tema jacobeo. En el inicio del Códice se pueden leer las siguientes palabras, que ocupan el lugar del

[188] F. MÁRQUEZ VILLANUEVA, *Santiago: Trayectoria ...*, 2004, p. 135.
[189] N. SALVADOR MIGUEL, *Entre el mito, la historia y la literatura ...*, 2003, p. 215.
[190] F. MÁRQUEZ VILLANUEVA, *Santiago: Trayectoria ...*, 2004, p. 167.
[191] *Idem.*, p. 232.

título: *Iacobus liber iste vocatur*, o sea, "este libro se llama Santiago"[192]. El nombre que le fue designado se debe al hecho de que su prólogo, escrito en forma de carta introductoria a la obra, pertenece supuestamente al Papa Calisto II (1050 – 1124).

El primer libro es el libro de las liturgias (*Anthologia liturgica*), el más amplio, que ocupa la mayor parte del *Codex*. Según se puede anticipar a partir de su título, este libro contiene textos litúrgicos, que ofrecen al lector también una representación de la vida y de los hechos del apóstol Santiago, sermones y formularios para la liturgia, a los que se añade la exposición de la simbología de la peregrinación, incluso los peligros que el peregrino tiene que enfrentar[193]. El fragmento del capítulo XVII sobre los símbolos del peregrino destaca por su gran valor cultural, de fundamental importancia para el "fenómeno" del Camino de Santiago.

El segundo es el libro de los milagros (*De miraculis sancti Jacobi*), que contiene 22 milagros del apóstol Santiago. Con respecto al temario de los milagros, el autor del Códice se centra en intercesiones milagrosas del santo realizadas en distintos lugares de Europa, pero, a diferencia de la *Compilación* de Almela, hay aquí una selección que pone de relieve la peregrinación[194], más que los milagros bélicos.

El tercer libro es el que más interesa en este estudio, dado que trata sobre la translación del cuerpo del apóstol Santiago (*Liber de translatione corporis sancti Jacobi ad Compostellam*). El relato de la translación que el *Codex* propone en el segundo capítulo de este libro se sitúa más cerca del realismo, a diferencia de la versión del primer libro, capítulo XVII, donde se nota la presencia de varios elementos maravillosos, que proyectan el episodio en el área de lo fantástico[195]. El cuarto (*Historia Caroli Magni et Rotholandi*) trata sobre la historia del Pseudo-Turpín, que cuenta episodios de la vida y de las conquistas de Carlomagno, pero las pone en relación al Camino de Santiago y a la lucha de los cristianos contra el infiel. La presencia de Carlomagno en el Camino y la aparición de Santiago para encomendarle una misión al gran rey hacen que la Historia Turpini I sea sin duda la más significativa parte del Códice para el fenómeno jacobeo, dado que "sirve para animar a la cruzada en España a imitación del gran rey Carlomagno que es presentado como su iniciador"[196].

---

[192] F. LILLO REDONET, *El Códice Calixtino: un tesoro medieval para el aula de latín en bachillerato y universidad*, en *Thamyris*, nº 3, 2012, p. 139.
[193] *Ibidem.*
[194] *Idem,* p. 141.
[195] *Idem,* p. 142.
[196] *Idem,* p. 143.

El último libro del *Codex Calixtinus* es una guía del peregrino (*Iter pro peregrinis ad Compostellam*), dedicado especialmente a los peregrinos compostelanos, dado que el segundo capítulo presenta las etapas del Camino de Santiago y el capítulo VII contiene una descripción de las principales características de la gente que iba por el Camino[197].

Si el *Codex* se muestra partidario del realismo en la redacción del episodio de la *translatio*, hay otras versiones de la leyenda que se sitúan aún más en el ámbito de lo milagroso, entre las cuales también la que está considerada su formulación más antigua que, añade Márquez Villanueva, data de la primera mitad del siglo XI y se encuentra en una carta escrita supuestamente por un patriarca "que dice haberse informado de boca de los apóstoles"[198]. Aunque los estudios sacaron a luz el hecho de que tal patriarca nunca había existido, la leyenda de la translación, tal como la cuenta la carta, sobrevivió a lo largo de los siglos y llegó hasta nuestros días la leyenda según la cual

> a Santiago ni siquiera hubo necesidad de «trasladarlo» porque lo hizo Dios mismo, en un periplo conducido por mano sobrenatural hasta un puerto de elección en el remoto litoral gallego (Padrón). Tras su desembarco, en una segunda etapa del portentoso viaje, el cuerpo fue llevado por un rayo de sol o esfera de fuego hasta lo alto del cielo y de allí a su definitivo lugar de reposo, en nuevo prodigio que no tuvo esta vez fortuna posterior. Y era justo este póstumo y complicado viaje hasta el fin del mundo el que por sí contribuía a conferirle un espontáneo carisma de supremo y antonomástico peregrino[199].

Destacan en la leyenda de su *translatio* dos elementos esenciales para el mito del Apóstol Santiago. Por un lado, hay una referencia evidente a su imagen de santo peregrino, por otro se proyecta su capacidad taumatúrgica, dado que su misma llegada en España se sitúa en el ámbito de lo milagroso. Como santo peregrino, Santiago tiene el papel de curador y protector de los peregrinos que van en romería por el Camino de Santiago, pero su poder taumatúrgico no se limita solamente a estos. Dado que en la Edad Media era bastante difícil viajar de un lugar para otro, sobre todo para los enfermos que necesitaban de la ayuda milagrosa del santo

---

[197] *Idem*, pp. 145-146.
[198] F. MÁRQUEZ VILLANUEVA, *Santiago: Trayectoria ...*, 2004, p. 135.
[199] *Idem.*, pp. 135-136.

apóstol, "su advocación taumatúrgica no era nosológica sino universal" y "el don salutífero solía concentrarse de preferencia en muchos otros santuarios geográficamente dispersos y, por tanto, de más fácil acceso regional"[200].

Por tanto, desde el inicio de su mito, el Apóstol Santiago es visto como un santo dotado de un poder sobrenatural, utilizado para el beneficio de los fieles. Pero su poder milagroso no se limita solamente a curar a los enfermos y a proteger a la gente del daño, sino que se extiende también en el área de lo militar. El mito militar de Santiago tiene sus orígenes en el pasado lejano del siglo IX, en el contexto de la batalla de Clavijo. Igual que en el caso de la *translatio,* "que carece del más mínimo fundamento histórico, por más que apenas nadie osara ponerla en duda durante siglos"[201], sobre la batalla de Clavijo también se sabe hoy en día que fue sólo un invento y una pura creación legendaria. Aun así, la mayoría de los investigadores del mito jacobeo la presentan como el punto de partida de la militarización del mito, ya que

> la creencia en las virtudes bélicas del Apóstol remontaría al siglo IX: documentos reales de los años 893, 895 y 898 indicarían la fe en la protección de Santiago frente a los enemigos de la Cristiandad, con lo que se podría suponer que el grito de guerra «¡Santiago!» remontaría a fines del siglo IX[202].

A continuación, Fernández Gallardo añade una observación interesante para el contexto inicial del mito jacobeo, observación compartida también por otros investigadores. Se trata del hecho de que, en la fase inicial de su leyenda, Santiago, como santo guerrero, no interviene "físicamente" en las batallas, y su poder milagroso se expresa no en la presencia efectiva del Apóstol como combatiente en el campo de batalla contra los moros, sino en la simple intercesión[203]. Sin embargo, en el caso de la batalla de Clavijo parece que, según cuenta la leyenda, su intercesión milagrosa fue seguida por la intervención efectiva en la batalla, detalle que contribuye a la desacreditación de la pretensión de verdad histórica de este evento, considerado hoy unánimemente ficticio.

---

[200] *Idem.*, p. 105.
[201] N. SALVADOR MIGUEL, *Entre el mito, la historia y la literatura ...*, 2003, p. 215.
[202] L. FERNÁNDEZ GALLARDO, *Santiago Matamoros en la historiografía hispanomedieval: origen y desarrollo de un mito nacional*, en *La monarquía como conflicto en la corona castellano-leonesa (1230-1504)* (ed. José Manuel NIETO SORIA), Sílex, Madrid, 2006, pp. 147-148.
[203] *Ibidem.*

Lo que cuenta, por lo tanto, la leyenda de la batalla de Clavijo, es la intercesión milagrosa que consiste en el hecho de que el Apóstol Santiago se aparece al rey leonés Ramiro I, que decide combatir contra los infieles para rescatar las cien doncellas vendidas a los árabes para asegurar la paz. Su milagrosa aparición tiene lugar en Clavijo, donde los cristianos se retiraron para ponerse a salvo frente a las enormes huestes árabes. El rey cuenta supuestamente "cómo hallándose en una situación militarmente desesperada, son salvados él y los suyos por la presencia material del Apóstol, cabalgando espada en mano sobre un caballo blanco"[204], vestido con ropa de peregrino[205].

Además de representar el nacimiento del mito militar de Santiago Matamoros, el episodio de la batalla de Clavijo representa también la justificación principal para la existencia del largamente debatido "privilegio falsificado" del voto de Santiago[206]. Este es también el momento en que Santiago es proclamado el "patrón de España", por su intervención milagrosa en la ayuda de los cristianos de la hueste del rey Ramiro. Al final del siglo IX e inicio del X, aparece ya mencionado el nombre del santo como "patrono" no solamente de los peregrinos, sino también de España[207]. De allí en adelante sus intervenciones milagrosas en las batallas contra los moros serán decisivas para la reconquista de las tierras de España, siendo el protector de los cristianos y asegurando la victoria de estos contra los infieles invasores.

Sin embargo, la observación de Fernández Gallardo según la cual en el inicio del mito jacobeo Santiago no interviene efectivamente en la batalla, sino que intercede en la victoria, está sostenida por otros episodios ejemplares de la leyenda del apóstol. La historia de la toma de Coímbra, historia que data del siglo XI, cuenta, a diferencia de la leyenda de la batalla de Clavijo, con la etiqueta de verdad histórica y fue aceptada como un episodio real de la historia española. Se trata de la decisión

[204] F. MÁRQUEZ VILLANUEVA, *Santiago: Trayectoria ...*, 2004, p. 189.

[205] M. SENSI, *Santi Patroni dei pellegrinaggi*, en *Santiago, Roma, Jerusalén. Actas del 111 Congreso Internacional de Estudios Jacobeos* (coord. Paolo CAUCCI VON SAUCKEN), Xunta de Galicia, Santiago de Compostela, 1999, p. 324.

[206] K. HERBERS, *Las órdenes militares ¿lazo espiritual entre Tierra Santa, Roma y la Península Ibérica? El ejemplo de la Orden de Santiago*, en *Santiago, Roma, Jerusalén. Actas del 111 Congreso Internacional de Estudios Jacobeos* (coord. Paolo CAUCCI VON SAUCKEN), Xunta de Galicia, Santiago de Compostela, 1999, p. 166.

[207] M. SENSI, *Santi Patroni ...*, 1999, p. 312.

del rey Fernando I de imponer la fe cristiana en la ciudad de Coímbra, siendo esta la mayor ciudad del occidente de la península. Un detalle importante para la milagrosa sumisión de la ciudad es el hecho de que antes de comprometerse con tal acción, el rey se fue de romería a Santiago para pedir la ayuda del santo apóstol, donde se quedó tres días para hacer sus oraciones, costumbre que será mantenida a lo largo de los siglos como una acción obligatoria por parte de los reyes cristianos que querían pedir la ayuda del Apóstol en la lucha contra los moros.

Según cuenta la historia, "se hallaba a la sazón en Compostela un griego algo pobre de espíritu llegado de Jerusalén, que veneraba día y noche ante el sepulcro y llegó a maravillarse de que los naturales llamaran al Apóstol «bonum militem» o «buen caballero», cosa para él extraña dado que no lo fue ni montara nunca a caballo"[208]. Si en las historias posteriores el Apóstol aparece en general en las visiones de los reyes cristianos de España, en el caso de la toma de Coímbra Santiago se muestra milagrosamente frente al griego, llevando unas llaves en la mano: "se apareció también a las puertas un caballo de gran estatura, cuya nívea claridad iluminaba todo el templo. Santiago montó en este con las llaves, al tiempo que anunciaba cómo entregaría con ellas la ciudad al rey cristiano a la hora de tercia del día siguiente"[209]. Sin embargo, lo que parece que se mantiene como un elemento constante de todas las apariciones de Santiago Matamoros es su aspecto caballeresco, que lo recomienda como santo caballero.

Como en el caso de todos los episodios milagrosos protagonizados por el Apóstol, su promesa fue cumplida y la historia de la toma de Coímbra quedó como una de las primeras pruebas de las intervenciones bélicas de Santiago y como un punto de partida del mito militar jacobeo, junto a la ficticia batalla de Clavijo. Interesante de notar es el hecho de que, en esta fase inicial del mito jacobeo, Santiago todavía no aparece con la espada en la mano, dado que no combate efectivamente contra los enemigos, porque "a principios del siglo XII está, pues, preparada la nueva etapa del mito, pero no se ha iniciado aún la acción"[210]. Y esta nueva etapa anticipada por Márquez Villanueva es sugerida por la presencia de otro símbolo esencial de la figura mítica del santo, el caballo blanco que sería retomado por toda la tradición iconográfica del caballero Santiago Matamoros.

---

208 F. MÁRQUEZ VILLANUEVA, *Santiago: Trayectoria ...*, 2004, p. 187.

209 *Ibidem*.

210 *Idem*., p. 188.

III.2. La peregrinación y el Camino de Santiago

En el contexto del siglo XV surge un nuevo tipo de institución monárquica, una nueva ideología del poder, que tiene como objetivo legitimar a España como uno de los grandes poderes europeos, como líder del mundo cristiano. En una época en que el territorio del país está dividido entre los cristianos y los árabes, pero tan cerca de conseguir la finalización de la reconquista de la península, la propaganda monárquica alimenta un fuerte sentimiento nacionalista y cualquier motivo que pudiera justificar la superioridad y la legitimidad del estado español se convierte en una prueba ante el mundo.

Así, el mismo Apóstol Santiago se convierte en una figura invocada para legitimar España, el país donde un santo – capaz de tales prodigios y considerado, además, el hermano del mismo Cristo – decide reposar su cuerpo para la eternidad. Además, Santiago se convierte en el patrono del país y utiliza sus poderes sobrenaturales para proteger a los españoles y para devolverles el territorio de las manos de los árabes. Sin embrago, en la época, Roma era la ciudad asociada a la idea de liderazgo religioso y vista como destino de multitud de peregrinos que la visitan cada año. Además, se trata también de la superioridad económica de la ciudad italiana, el gran número de peregrinos contribuye al enriquecimiento de la ciudad. España, y sobre todo su Compostela, tenían que enfrentarse a este consagrado poder para conseguir la supremacía en plan religioso que le serviría para su legitimidad como nación unida y homogénea.

Pero ¿cómo podría Compostela competir con la Ciudad Eterna y con la tradición eclesiástica asociada a esta? La respuesta la ofrece el complejo fenómeno social y religioso de la devoción a Santiago que imprime un carácter especial a la Edad Media peninsular. Su existencia en la península, sea en vida, como santo predicador, pero sobre todo después de su muerte, como una presencia prodigiosa sobrenatural, representa un punto esencial de partida para la legitimidad de España. La leyenda – considerada, por lo tanto, verdadera – de su *translatio* es tal vez el milagro más impresionante del Apóstol, que llevó al mismo nacimiento del culto jacobeo y cuyos detalles fueron largamente debatidos en la literatura del Medievo: "la leyenda jacobea hablaba en términos bastante claros a la mentalidad medieval, como prueban las variantes más que intencionadas que, para la objetivación de la superioridad compostelana, no dejaron de relanzarse hasta fechas bastante tardías"[211]. Pero, dejando de lado los detalles de tal fenómeno milagroso, una cosa es cierta: Santiago había elegido reposar su cuerpo en Galicia, en España, y no en Roma.

A partir de esta leyenda de la *translatio* nació la leyenda jacobea y la gente llegó a oír varios relatos sobre los poderes milagrosos del santo Apóstol. El Camino de Santiago comenzó a ser frecuentado por peregrinos de toda Europa – y, sobre todo, de Francia – que querían hacer sus oraciones ante el sepulcro del Apóstol Santiago, pero sus razones no se limitaban solamente a esto. Algunos venían para pedirle algún favor al santo, otros para cumplir votos, o había otros que simplemente eran curiosos de ir en pos de una aventura y la recompensa recibida por el peregrino era representada por los "beneficios físicos y espirituales, la sanación de su cuerpo y el perdón de sus faltas"[212].

Sin embargo, había también gente que iba en romería a Compostela por imposición ajena, como en el caso de los que iban por penitencia impuesta, ya que "durante los siglos XIV y XV la visita a Compostela fue también impuesta en el norte de Europa como pena civil para ciertos graves delitos"[213] No obstante, la peregrinación no debería ser "nunca un mandamiento impuesto (como en el islam) a la totalidad de los fieles" y "constituía por ello una de las decisiones más trascendentales en la vida del cristiano medieval"[214], siendo en primer lugar el cumplimiento de un deseo interior del peregrino, realizado con devoción. Para conseguir una "profunda renovación espiritual", era necesario ir en romería en algún lugar de difícil acceso, donde se encontraban "reliquias de un especial poder taumatúrgico"[215].

En cuanto a la imagen típica del peregrino, este debía tener un aspecto muy humilde, despojado de cualquier tipo de galas. Sus posesiones se ven reducidas a un "amplio sombrero contra el sol e inclemencias del tiempo, una esclavina o medio manto para lo mismo, túnica corta y desceñida para la comodidad de la marcha, bolsa o zurrón para objetos o alimentos indispensables, la calabaza para el agua y un firme bordón ferrado en la contera"[216], que representa la pieza central de su imagen. Para el peregrino jacobeo toda esta ascesis representaba el "renacer

---

[211] F. MÁRQUEZ VILLANUEVA, *Santiago: Trayectoria ...*, 2004, p. 231.
[212] R. LAZCANO, *El Camino de Santiago: realidad, leyenda y actualidad*, en *Compostellanum: revista de la Archidiócesis de Santiago de Compostela*, vol. 62, nº. 3-4, 2017, pp. 402-403.
[213] F. MÁRQUEZ VILLANUEVA, *Santiago: Trayectoria ...*, 2004, p. 84.
[214] *Idem.*, p. 87.
[215] *Ibidem.*
[216] *Idem.*, p. 91.

simbólico", y sólo al llegar al lugar de culto desvestía la modesta ropa sucia que había llevado a lo largo del camino, se lavaba en lugares especialmente creados para este propósito, "igual que los de Jerusalén se bañaban en el Jordán bajo figura de un segundo bautismo"[217], y solamente después de toda esta procesión se ponía ropa nueva y limpia que llevaba al presentarse ante el santo Apóstol. Al hablar del retrato psicológico del peregrino, este es visto como una "persona curiosa, observadora y atenta a la realidad", que "admira y asimila cuanto encuentra a su paso durante el viaje: canciones, cuentos, leyendas, anécdotas, modos de vida, técnicas de trabajo, expresiones artísticas, religiosas y espirituales"[218], contribuyendo de este modo a la difusión de estos aspectos culturales de un lugar para otro.

El santuario del Apóstol Santiago era visitado por varios peregrinos, pertenecientes a todas las clases sociales, romeros que querían vigilar el santo sepulcro y orar. Alrededor del año 930 aparece también una mención sobre el primer peregrino extranjero, un clérigo alemán ciego, que viene en romería ante la tumba del Apóstol Santiago y recobra milagrosamente la vista[219]. Había en la tradición la idea de que "el peregrino se convertía en otro Santiago y llevaba en adelante consigo un aura en tanto que admitida, aunque no declarada antesala de santidad. A su regreso solía incorporarse con frecuencia a la hermandad local del Apóstol, perpetuadas algunas de ellas hasta bien entrado el siglo XIX"[220]. Pero, aunque el templo del Apóstol fuera abierto para toda la gente, había significativamente menos mujeres que hombres entre los peregrinos jacobeos. La explicación viene del hecho de que en la época era muy peligroso viajar, al lado de los peligros "naturales" situándose también la amenaza de los bandidos encontrados en el camino, que además de los robos, violaban a las mujeres solitarias – acto convertido en el motivo literario de la "romera violada", frecuentemente presente en obras literarias hasta el Siglo de Oro[221].

Además de las los milagros operados por el santo, los romeros jacobeos eran también beneficiarios de algunas garantías legales que les ponían a salvo los bienes a lo largo del viaje. Una vez llegados a Santiago, recibían la protección de la iglesia y también de los poderes civiles de la ciudad. Estos beneficios hicieron que el

---

217 *Idem.*, p. 92.
218 R. LAZCANO, *El Camino de Santiago...*, 2017, p. 403.
219 *Idem.*, p. 406.
220 F. MÁRQUEZ VILLANUEVA, *Santiago: Trayectoria ...*, 2004, p. 94.
221 *Idem.*, p. 95.

número de los que tomaban el Camino de Santiago creciera cada vez más, en el siglo XII hablándose ya del florecimiento de la peregrinación jacobea. El Camino de Santiago se convierte en este periodo en una verdadera "vía de enlace y comunicación del Noroeste de Hispania con Europa"[222] y la fama de los milagros del Apóstol llega a Europa.

A este florecimiento contribuyen también las mismas condiciones existentes en el camino. Los reinos del Occidente trabajaron para mejorar el camino y las condiciones de viajar y parece que alrededor del año 1000 habían resuelto gran parte de los problemas existentes. Para hacerlo más seguro y accesible, la ruta del camino había cambiado a lo largo del tiempo. El camino costero que unía Bilbao, Oviedo y Compostela fue considerado demasiado peligroso, sobre todo a causa de las condiciones climáticas y de las zonas muy pobres por las que pasaba. Otro intento de mejorar el viaje de los peregrinos fue representado por el camino que atravesaba las montañas de León, pero apenas en el inicio del siglo XI se empezó a utilizar el camino actual, aunque más largo, mucho más fácil de recorrer por la falta de las montañas.

Además, para facilitar el viaje de los peregrinos se desarrolló también un "programa creador de estructuras eclesiásticas, asistenciales y económicas de notable complejidad"[223] a lo largo del camino, siendo movilizados en este enfoque tanto reyes, como arzobispos y, por supuesto, voluntarios que se ofrecieron a contribuir a la construcción de tales verdaderas "maravillas" para la época. Se podría considerar, por lo tanto, que "el Camino de Santiago representa de este modo uno de los mayores logros de la civilización medieval en la cumbre de su madurez"[224].

Una vez que la Iglesia de Santiago se convirtió en un lugar consagrado en cuanto al rito de la peregrinación y conocido por toda Europa, ciertos elementos o símbolos de los peregrinos jacobeos fueron configurados. De este modo, la "concha o vieira" se convierte en un símbolo que sirve como "testimonio de la realización del Camino de Santiago"[225]. La concha específica del Camino de Santiago, "elaborada tanto por artesanos de la ciudad como por la propia institución eclesiástica compostelana"[226], y también las estrellas (o los hitos santos) llegan a ser elementos simbólicos que "conducen a la meta de Santiago de Compostela,

[222] R. LAZCANO, *El Camino de Santiago...*, 2017, p. 406.
[223] F., MÁRQUEZ VILLANUEVA, *Santiago: Trayectoria ...*, 2004, p. 98.
[224] *Idem.*, p. 99.
[225] X. M., SÁNCHEZ SÁNCHEZ, *La peregrinación a Santiago de Compostela y el poder pontificio entre los siglos XII y XV*, en *Ad Limina*, vol. 1, nº 1, Santiago de Compostela, 2010, p. 192.
[226] *Ibidem.*

tercera Ciudad Santa de la cristiandad junto a Roma y Jerusalén por albergar los restos de un apóstol"[227].

III.3. Santiago de Compostela – ¿centro de la cristiandad?

Compostela vs Roma

Para obtener el poder religioso e implícitamente económico que podría contribuir a la legitimidad de España como estado unitario, la iglesia compostelana establece una relación de rivalidad implícita con el centro más importante del poder eclesiástico de Occidente en aquel tiempo, la Ciudad Eterna de Roma. El paso decisivo para la imposición de Compostela como lugar de culto y de peregrinación de igual o hasta de mayor importancia que Roma lo tuvo precisamente el descubrimiento – o, mejor dicho, la invención – del sepulcro de Santiago:

> La primera y última razón de toda peregrinación en la antigüedad, los siglos medievales y la Edad Moderna era la fe, la piedad y el deseo de venerar la tumba salvífica en la trilogía de lugares santos: Jerusalén, Roma y Compostela. En efecto, el espíritu religioso impulsa al hombre medieval a visitar sepulcros de santos, mártires y confesores, pero de modo singular tres tumbas santas: el Santo Sepulcro de Cristo, en Jerusalén; las tumbas de los apóstoles Pedro y Pablo, en Roma; y el sepulcro del apóstol Santiago, en Compostela[228].

Volviendo a la misma importantísima idea de la *translatio* del Apóstol Santiago, los documentos del tiempo cuentan varias versiones de cómo su cuerpo llegó hasta Galicia, pero en ningún momento se menciona que el cuerpo del Apóstol pasara por Roma durante su translación. Tampoco hay que olvidar el hecho de que para la época medieval el culto de las reliquias representaba "una de las facetas más características de la religiosidad"[229] Por otro lado, el santo representativo de Roma, san Pedro, aunque tenga también poderes taumatúrgicos, no puede competir con el mismo "hermano" de Cristo.

---

[227] R. C., LOIS GONZÁLEZ, L., LOPEZ, *El Camino de Santiago: una aproximación a su carácter polisémico desde la geografía cultural y el turismo*, en *Documents d'Anàlisi Geogràfica*, vol. 58(3), 2012, p. 423.

[228] R. LAZCANO, *El Camino de Santiago...*, 2017, p. 417.

[229] L. FERNÁNDEZ GALLARDO, *Un relato de translación de reliquias en la castilla del siglo XV: la obra de Alonso de Cartagena*, en *Hispania Sacra*, vol. LXIX, 2017, p. 521.

También los pontífices de Roma mantuvieron cierta distancia frente al fenómeno jacobeo y a la ciudad de Compostela. La rivalidad entre las dos ciudades es explicable también si pensamos en el hecho de que el momento de máximo florecimiento de la peregrinación compostelana coincide con el momento crítico de la peregrinación romana. Frente al camino de muy difícil acceso que tomaban los romeros para llegar a Roma, atravesando los Alpes, el Camino de Santiago parecía una alternativa preferible para la mayoría.

Sin embargo, Roma no se quedó por mucho tiempo en la sombra de Compostela. El momento decisivo para la resurrección del peregrinaje romano lo representó la introducción de las indulgencias en el siglo XIII. Las indulgencias del poder pontificio de Roma llegaron pronto a representar

> uno de los pilares de la política pontificia en su curso hacia los tiempos modernos [...]. El beneficio espiritual prometido a los participantes por devoción (no por aventura o lucro) era el mismo que un peregrinaje a Jerusalén y solo era aplicable a penitencias debidas por pecados cometidos anteriormente. Las indulgencias no perdonaban, pues, los pecados, pero sí paliaban las consecuencias de estos...[230]

A partir de aquí, Roma recupera lentamente su posición como "imán de peregrinos", ya que sus indulgencias incluían hasta la promesa de un equivalente a una peregrinación en la Tierra Santa de Jerusalén, donde, evidentemente, se llegaba con mucha más dificultad que a Roma. En el siglo XIV, el mundo medieval es ya testigo del fenómeno inverso: el nuevo florecimiento de la romería a la Ciudad Eterna simultánea al declive del peregrinaje a Compostela.

Compostela vs Toledo

Con la creciente fama de la catedral de Compostela, estalla dentro de la península un significativo conflicto entre Compostela y Toledo, como principales centros eclesiásticos. El inicio de la rivalidad entre los cabildos de Santiago y de Toledo se sitúa en la época de florecimiento de la última en tanto que centro político de la monarquía visigoda, en el siglo VI, cuando fue considerada el "centro de unidad nacional"[231] y no le resulta fácil aceptar las pretensiones de Compostela de "gozar de una plausible independencia de la sede metropolitana de Toledo, en el

[230] F. MÁRQUEZ VILLANUEVA, *Santiago: Trayectoria ...*, 2004, p. 264.
[231] *Idem.*, p. 255.

marco de la época medieval"[232], y, además, de ser vista como el más importante centro eclesiástico de la península, o hasta del mundo cristiano.

Para asegurarse la preeminencia, Toledo apela a un poder mayor, y en el siglo XII el mismo poder pontificio ordenó a Compostela a someterse a Toledo. Tal como era de esperar, el arzobispo de la ciudad de Santiago se negó a hacerlo, y evocó como principal razón el hecho de que "siendo su Iglesia posesora del cuerpo de Santiago convenía que no fuera sometida a tal dependencia"[233]. Y este episodio no es la única ocasión en la cual el pontificado apoya a Toledo, de modo que tanto los pontífices, como la Corona son indudables defensores de la ciudad asociada a la "completa restauración de un único poder peninsular"[234].

Empieza así la confrontación de los dos centros del poder eclesiástico, ambos vistos como importantes promotores de sendas versiones de concepto nacional en la península. La principal justificación de la supremacía de Compostela en este conflicto era el hecho de que en Toledo no había ningún tipo de reliquia que pudiera competir con la presencia del sepulcro de un santo apóstol con poderes taumatúrgicos, "pues no en vano decía poseer reliquias apostólicas, junto con Jerusalén y Roma"[235]. Por esta causa, se consideraba que las peregrinaciones a Toledo no eran de índole religiosa como en el caso de Santiago, sino más bien de orden laico. Sin embargo, Toledo era una ciudad rica en tradición y cuya importancia política no podía ser reducida. De hecho, el momento en que la ciudad fue reconquistada, en el siglo XI, es de una importancia crucial para la historia del país, según la remarca de Márquez Villanueva quien piensa que "la Reconquista estuvo psicológicamente ganada desde el momento de la toma de Toledo en 1085, sin duda la fecha más decisiva de toda la Edad Media española"[236].

---

[232] R. LAZCANO, *El Camino de Santiago...*, 2017, p. 406.
[233] *Idem.*, p. 258.
[234] *Idem.*, p. 259.
[235] R. LAZCANO, *El Camino de Santiago...*, 2017, p. 406.
[236] F. MÁRQUEZ VILLANUEVA, *Santiago: Trayectoria ...*, 2004, p. 259.

IV. LA ORDEN DE SANTIAGO – HISTORIA Y PROBLEMAS DEL SIGLO XV

Para llegar a los orígenes de la Orden de Santiago es necesario un regreso hacia el año 1170, cuando se da una primera noticia de su fundación como orden militar[237]. Durante el reinado de Fernando II de León, se reúne un grupo de solamente trece caballeros, cuyo propósito era el de defender la ciudad de Cáceres, motivo por el cual serían conocidos como los "Frailes o *Fratres* de Cáceres"[238]. Obligados a abandonar la ciudad conquistada por los musulmanes, los caballeros se dedicaron a defender a los peregrinos que se dirigían a Compostela para visitar el sepulcro del Apóstol y se asociaron a la iglesia compostelana. El mismo arzobispo de la iglesia en aquel tiempo, don Pedro, aceptó recibirlos en su Orden, ofreciéndoles el estandarte del Apóstol y la oportunidad de participar en la vida económica de la iglesia y de la ciudad de Compostela. Queda así fundada en 1170 la Orden de Santiago que se extiende rápidamente en toda la península, pero también en otros países de la Europa occidental.

La fundación como orden religiosa remonta al mismo siglo XII. Empezando por el año 1175 en el reinado del rey Alfonso VIII de Castilla, a través de la aprobación de la bula papal otorgada por el papa Alejando III[239], los miembros de la Orden llegan a ser conocidos como los Caballeros de Santiago, cuya misión era la de actuar en el nombre de Dios para defender la fe cristiana. Si en la bula fundacional de 1175 se hace mención al hecho de que los caballeros santiaguistas "debían dedicar especial atención a los pobres y a los huéspedes", la bula del1187 viene con una obligación más, la de liberar cautivos[240]. Evidentemente, el nombre

---

237 P. A. PORRAS ARBOLEDAS, *La Orden de Santiago en el siglo XV: la Provincia de Castilla*, Dykinson, Madrid, 1997, p. 116.

238 A. RODRÍGUEZ GONZÁLEZ, *Las órdenes militares y la villa de Cáceres: identificación de posibles 'encomiendas' urbanas (ss. XIII-XV)*, en Las Órdenes Militares en Extremadura. Actas del I Congreso Nacional (coords. B. MIRANDA, R. SEGOVIA), [Garrovillas de Alconétar]: Federación Extremadura Histórica, 2015, p. 179.

239 Á. PÁEZ AYALA, *La Orden de Santiago: liturgia y música (ss. XV-XVII)*, trabajo de fin de carrera no publicado, defendido públicamente en Salamanca, Conservatorio Superior de Música de Salamanca, 2012 (consultado en formato electrónico a 10.08.2021), p. 14.

240 Á. MADRID MEDINA, *Los orígenes de la presencia de la Orden de Santiago en el Campo de*

del Apóstol fue elegido como parte de la titulación como símbolo de la devoción que los caballeros de la Orden – y, de hecho, toda la España cristiana – tuvieron al Apóstol Santiago, su patrono y santo protector. En cuanto a los miembros de la Orden, en el siglo XIII se menciona el hecho de que estos tenían que ser necesariamente hidalgos caballeros. Su número creció significativamente a lo largo de los años, mostrando los datos que al inicio del siglo XIV la Orden contaba ya con mil jinetes dedicados a la guerra en el nombre de la cristiandad[241].

La Orden de Santiago no es por sí misma una institución original, ya que tiene antecedentes en las otras Órdenes militares existentes en la época, con las que comparte evidentes similitudes, sobre todo con respecto a su organización y estructura. La tres "obligaciones estrictas" de la Orden – la obediencia, el vivir sin lo propio, o sea, renunciar a los bienes terrenales, y la castidad – eran esenciales para cada organización de este tipo[242]. Sin embargo, en el caso de la Orden de Santiago aparece una diferencia fundamental en cuanto a la última obligación; mientras que por lo general los freires de la Órdenes son obligados a vivir devotos a una "castidad celibataria", en el caso particular de la Orden de Santiago se admite el casamiento de los caballeros, incluso del maestre.

En el período en que escribe Almela su *Compilación de los milagros de Santiago* el maestre de la Orden era Alonso de Cárdenas (maestre por la segunda vez entre 1477-1493), pero Almela nunca llegó a tener esta función. El maestre de Santiago es la persona más importante de la Orden, el que mantiene la conexión de la Orden con la autoridad del papado de Roma, y llega hasta representar en el siglo XV el personaje político más importante del reino, después del rey mismo. Se consideraba que el maestre tenía "el poder absoluto", y que su único límite era "el bien de la Orden"[243]. Además, su poder no se limitaba solamente al mundo eclesiástico, sino que influía también en la vida política, económica o cultural del país, y llegaba hasta la altura del monarca: "todopoderosos y rodeados de cortes más propias de monarcas, algunos maestres tuvieron como mecenas una brillante proyección sobre el mundo de la cultura"[244].

Montiel, en *Revista de Estudios del Campo de Montiel (Extra 1),* 2015, p. 58.

[241] P. A. PORRAS ARBOLEDAS, *La Orden de Santiago en el siglo XV...*, 1997, p. 30.

[242] *Idem.,* p. 136.

[243] D. RODRÍGUEZ BLANCO, *La organización institucional de la Orden de Santiago en la Edad Media*, en *Historia. Instituciones. Documentos*, nº 12, Sevilla, 1985, p. 176.

[244] F. MÁRQUEZ VILLANUEVA, *Santiago: Trayectoria ...*, 2004, p. 220.

No es de extrañar, por lo tanto, que los reyes quieran obtener ellos mismos este poder ilimitado, por lo cual la Corona interviene cada vez que tiene la ocasión para ejercer su influencia en las elecciones del maestre a su favor. Se llega así a una situación bastante difícil para la Orden de Santiago, que, sobre todo en el siglo XV, se ve "invadida" por los representantes de la Corona. Durante todo el siglo, el maestrazgo de la Orden fue asumido en repetidas ocasiones por el poder regio, empezando por el rey Juan II, en 1453, el rey Enrique IV, entre 1454-1462, situación que se complica aún más en la segunda mitad del siglo, cuando los Reyes Católicos llegan a ocupar la posición de maestres en dos ocasiones: primero, en 1476-1477, y después en el año 1494, año después del cual el título de maestre de la Orden de Santiago queda para siempre en el dominio del poder regio[245].

Aunque las fechas no parecen concordar exactamente, porque otros investigadores mencionan el año 1493 para el segundo maestrazgo de los Reyes Católicos, no hay ninguna divergencia de opiniones con respecto a lo que representó uno de los más importantes problemas de la Orden en el siglo XV y al mismo tiempo un fenómeno muy significativo políticamente, respectivamente el hecho de que "los reyes no pueden dejar fuera de su campo de acción un poder tan importante, [...] el paso final y lógico es incorporar el poder maestral a la Corona. Eso es lo que hacen Isabel y Fernando, administradores desde 1493. La fusión definitiva correrá a cargo de su nieto Carlos en 1523"[246].

IV.1. La imagen bélica del Apóstol Santiago en el siglo XV – la actualidad y la actualización del mito jacobeo

El Apóstol Santiago es conocido en la historiografía española mediante sus dos imágenes: el santo peregrino y El Matamoros. Si su postura de santo peregrino que usa sus poderes taumatúrgicos para proteger a los romeros del Camino de Santiago y a la gente que le pide la ayuda para curarse de diversas dolencias es más frecuente en la primera etapa del mito, su imagen bélica se configura sobre todo en el contexto de la *Reconquista*. El mismo sobrenombre del Apóstol, el Matamoros, sitúa su imagen bélica en este mismo contexto de las luchas contra el islam.

A partir de estas breves consideraciones, no se puede negar el hecho de que, durante el siglo XV, el último siglo de la *Reconquista*, cuando la ayuda del santo

[245] P. A. PORRAS ARBOLEDAS, *La Orden de Santiago en el siglo XV...*, 1997, p. 20.
[246] D. RODRÍGUEZ BLANCO, *La organización institucional ...*, 1985, p. 178.

era imprescindible para ganar, de una vez por todas, España a los moros, el mito jacobeo llega a su apogeo. La imagen de Santiago Matamoros está muy presente y es de mucha actualidad en la literatura del siglo, la conversión del santo en figura militar siendo uno de los "motivos literarios típicamente santiaguistas que se extendieron a lo largo de la Edad Media"[247].

Ciertos investigadores[248] consideran que "el primer testimonio historiográfico de las virtudes bélicas del apóstol Santiago" data desde el siglo XIII, mientras que otros[249] opinan que su imagen bélica ha sido invocada varias veces por varios autores empezando en el siglo IX. Aunque los inicios de su figura bélica son tan antiguos, "el aparato iconográfico de la leyenda" sigue siendo uno bastante sencillo[250]. Todos los testimonios escritos de las virtudes militares del Santiago Matamoros siguen más o menos el mismo esquema con respecto a su caracterización, destacando los mismos detalles que consagraron la imagen del santo. Destaca en la imagen de Santiago su "rostro alegre y vivo" y su "aspecto angelical y celestial"[251], en oposición a la falta de piedad que lo caracteriza en las intervenciones bélicas en contra de los infieles moros.

El santo protector de los peregrinos de Compostela se va convirtiendo hacia el siglo XV en un verdadero caballero combatiente – considerado hasta el caballero de Cristo por autores del final del siglo, como Diego Rodríguez de Almela – y, como todo caballero, Santiago aparece en el campo de batalla en su caballo. Al caballo se le dedica una iconografía bastante rica en detalles, pero el detalle que nunca falta es su color blanco, siendo su blancura varias veces acentuada por medio de hipérboles[252]. Además, todo caballero lucha con sus armas, estas también "claras y hermosas", y esto porque, aunque ahora su imagen está asociada a la guerra contra los enemigos, Santiago sigue siendo una figura angelical, y todos sus "instrumentos" de batalla muestran las mismas características de puridad y belleza divinal. Otros autores, entre los cuales también Rodríguez de Almela, añaden en la descripción de la presencia militar de Santiago otro detalle: la bandera blanca con una cruz roja llevada en una mano, igual que la capa blanca que lleva en los hombros, mientras que en la otra mano tiene su espada.

---

[247] N. SALVADOR MIGUEL, *Entre el mito, la historia y la literatura ...*, 2003, p. 217.
[248] L. FERNÁNDEZ GALLARDO, *Santiago Matamoros en la historiografía...*, 2006, pp. 139-174.
[249] N. SALVADOR MIGUEL, *Entre el mito, la historia y la literatura ...*, 2003, pp. 214-232.
[250] L. FERNÁNDEZ GALLARDO, *Santiago Matamoros en la historiografía ...*, 2006, pp. 139-141.
[251] N. SALVADOR MIGUEL, *Entre el mito, la historia y la literatura ...*, 2003, p. 220.
[252] *Ibidem*.

Los textos del siglo XV siguen la tradición jacobea según la cual el santo apóstol ofrece su ayuda milagrosa a las huestes cristianas después de ser invocado por los cristianos. Sin embargo, la invocación no se dirige en general solamente a él, sino que su nombre es pronunciado al lado del nombre de Dios o de la Virgen. En muy pocas ocasiones se trata de una invocación sólo del Apóstol Santiago, y esto acontece sobre todo en un período cronológicamente posterior a las invocaciones colectivas. Después de ser invocado por los cristianos, el Apóstol Santiago aparece milagrosamente en el campo de batalla, sin traer consigo otros seres sobrenaturales como ayuda según la mayoría de los testimonios. En la visión de Diego Rodríguez de Almela, sin embargo, el apóstol está acompañado sea por una "compaña de ángeles", sea, en otra ocasión, por una "gran caballería" que lucha a su lado para vencer a las huestes de los árabes[253].

Está promocionada, por lo tanto, en la literatura del siglo XV una imagen del Apóstol bien distinta a la figura del peregrino inocente que dominaba al inicio del mito jacobeo. Santiago se convierte a lo largo de la *Reconquista* en el caballero de Cristo – el *miles Christi* –, idea que se impuso no solamente en el ámbito de la península ibérica, sino también en otros lugares de la Europa occidental, tal como es el ejemplo de Francia. Los franceses, igual que los españoles, aceptan y adoptan la nueva figura bélica del santo, desarrollando "una nueva ideología caballeresca y un concepto novedoso del caballero, al que se atribuye una nueva serie de valores militares, ético-religiosos y culturales"[254].

IV.2. El fin del mito jacobeo – contextos del siglo XVI

Una vez acabada la *Reconquista* a principios del siglo XVI, la paulatina imposición del ideario renacentista y el cambio de paradigma cultural y devocional coincide también con el inicio del declinar del mito jacobeo. La principal causa de este declive jacobeo se debe a la misma razón por la cual el mito había empezado su existencia siglos atrás. Santiago el Matamoros había nacido para ayudar a los cristianos a extinguir el poder árabe y la fe musulmana de la península, pero una vez cumplido este propósito, el Apóstol se queda sin una guerra en que pueda intervenir milagrosamente y el mito se encuentra en un callejón sin salida.

---

[253] *Idem.*, pp. 223-224.
[254] *Idem.*, p. 227.

Márquez Villanueva llama la atención sobre el hecho de que todos los mitos que tienen sus raíces en lo sobrenatural y fascinan por esto en cierto momento, "se hallan condenados a un lento proceso diacrónico de desrealización o agotamiento interior"[255]. Y este es también el caso del mito jacobeo, que "acarreaba consigo el germen de su propia destrucción, pues quedaba vacío de sentido y clausuraba su lógico ciclo vital al extinguirse el poder islámico en la península"[256]. Paradójicamente, la victoria de los cristianos en la *Reconquista* traía consigo la destrucción del mito del Apóstol que había contribuido por sus intervenciones milagrosas a la victoria de los cristianos.

La decadencia del mito se refleja sobre todos los elementos relacionados con este y así pasa que el culto a las reliquias y las peregrinaciones también se ven afectadas a partir del siglo XVI. Si los poderes milagrosos del santo Apóstol son descreditados en la época, tampoco tenía sentido ir a visitar su tumba para pedirle algún favor. Además, la tradición de las peregrinaciones se confronta también con otras dificultades, de orden puramente político y externas al mito. Una de las más importantes está representada por "los continuos conflictos internacionales en los que se vio envuelta la Corona de Castilla en los siglos XVI y XVII, en especial con el vecino Reino de Francia"[257], conflictos que contribuyeron a la decadencia y hasta la desaparición de los peregrinos de España. Por causa de las guerras el acceso a Compostela se vio dificultado mucho y los cristianos que deseaban sin embargo ir en romería se dirigían otra vez hacia la Ciudad Eterna, que volvió a florecer en el siglo XVI como centro del cristianismo.

Lo que en cierto momento fascinaba, despertando la devoción por el mito, empieza ahora a ser visto desde una nueva perspectiva, más científica, y se intenta buscar explicaciones lógicas o pruebas para los actos milagrosos que durante la Edad Media habían sido aceptados como tales. El mundo se encuentra ahora en la época de las ciencias eclesiásticas, que nacen precisamente para sacar a la luz la verdad de hechos milagrosos como la translación del cuerpo del Apóstol a España, que fue considerada de carácter apócrifo. En el siglo XVII se tenía ya la certeza de que el mito jacobeo no se basa en una historia verosímil y "la desautorización oficial de las tradiciones jacobeas fue acogida en los medios oficiales como una pública

[255] F. MÁRQUEZ VILLANUEVA, *Santiago: Trayectoria ...*, 2004, p. 271.
[256] *Idem.*, p. 272.
[257] R. C. LOIS GONZÁLEZ, L., LOPEZ, *El Camino de Santiago: una aproximación ...*, 2012, p. 464.

afrenta, que era preciso atajar a toda costa y contra la cual se movilizaron las más altas esferas civiles y eclesiásticas"[258].

Pero, dando un paso atrás, volvemos al siglo XVI, cuando se propone también una nueva reinterpretación de lo que significa el concepto de "sacro" y se niega la interpretación tradicional del mismo. La sacralidad de las reliquias no solamente es puesta en duda, pero también se ve ridiculizada por los humanistas[259]. Y lo mismo pasa también con las peregrinaciones y hasta con la figura del Apóstol Santiago, llamado irónicamente en la literatura del nuevo siglo y de la nueva ideología "don Santiago Matamoros".

Aunque, a diferencia de la devoción a las reliquias y al concepto de "cruzada", el rito de las peregrinaciones no llega a caer en ridículo y sigue siendo válido, es considerado ahora innecesario. Lutero condena las peregrinaciones "como incursas de idolatría", ya que "sólo la caridad conduce a Dios"[260]. Hasta en la literatura del Barroco del siglo XVI aparece una imagen irónica del peregrino, personaje que va en peregrinaje sin tener como meta algún santo santuario, sino que camina en silencio sin rumbo, en un "callado aprendizaje ascético"[261]. El golpe recibido por las peregrinaciones tiene tal vez el mayor impacto en el caso de España, porque su Compostela llega a perder sus peregrinos, y con estos también su poder eclesiástica o económica.

Las condiciones del voto a Santiago se ven también afectadas por la decadencia del mito jacobeo. El voto, cuyos orígenes se encuentran en el contexto de la batalla de Clavijo, batalla considerada ahora apócrifa, se extiende después de la reconquista de Granada en todo el reino, pero se ve desprovisto poco a poco de la dimensión religiosa, que se queda reducida a un simple pretexto. La extensión del voto, impuesto como obligatorio de todo el reino, lleva a un proceso de "estatalización administrativa" del mismo mito jacobeo[262]. La imposición de la renta en toda la península aumenta mucho el poder económico de Compostela, pero sin el apoyo del mito el voto la gente empieza a cuestionar la justificación del voto e intenta encontrar razones para liberarse de su pago, destacando en el siglo XVI sobre todo los aspectos más negativos del voto de Santiago.

---

258 F. MÁRQUEZ VILLANUEVA, *Santiago: Trayectoria ...*, 2004, p. 317.
259 *Idem.*, p. 276.
260 *Idem.*, p. 275.
261 *Idem.*, p. 278.
262 *Idem.*, p. 282.

Hubo, sin embargo, intentos de reavivar el mito jacobeo, intentando encontrar otras guerras en las cuales Santiago podría ayudar a las huestes españolas con sus intervenciones milagrosas. Pero, en el combate contra Inglaterra, los españoles pidieron en vano el auxilio del Apóstol, y la batalla de Inglaterra de 1588 quedó en la historia de España como un fracaso silencioso del que nadie se quiere acordar[263]. Los documentos de la época dan dos tipos de explicaciones: o bien el poder sobrenatural del Apóstol se manifestaba, según lo sugiere su sobrenombre de Matamoros, solamente en contra de los árabes y de la fe musulmana, o bien las victorias de los españoles no eran de hecho debidas a ninguna fuerza sobrenatural, a ninguna intervención divina:

> ¿Es que acaso el esfuerzo bélico de los españoles no seguía siendo eminentemente "divinal"? [...] El mito jacobeo no funcionaba fuera de su almo contexto anti-islámico y el famoso caballo blanco, tan hecho a machacar cráneos musulmanes sobre cálidos terrones, no entendía de encuentros navales en los mares de los herejes septentrionales[264].

En el primer caso, los poderes de Santiago se ven limitados – inexplicablemente – a un único contexto, lo que hace evidente el hecho de que "el mito jacobeo no funcionaba fuera de su almo contexto anti-islámico y el famoso caballo blanco, tan hecho a machacar cráneos musulmanes sobre cálidos terrones, no entendía de encuentros navales en los mares"[265]. La segunda explicación es todavía más radical, dado que se trata de una desacreditación completa del mito, y que pone en tela de juicio su misma base existencial.

Santiago había entrado, por lo tanto, en una guerra por la misma existencia de su mito, y parecía perderla. Hasta su condición como patrono de España fue amenazada por el culto a otros santos, preferibles como protectores del país después del siglo XV. Así, se propuso "la proclamación de santa Teresa como patrona de las Españas"[266], patronato que fue votado y aceptado en 1617, con la única protesta del arzobispo de Santiago. Pocos años después, en 1643, se propone al arcángel san Miguel como patrono de España, alegándose su superioridad como ser divinal

[263] *Idem.,* p. 285.
[264] *Idem.*, pp. 285-286.
[265] *Idem.*, p. 286.
[266] *Idem.*, p. 337.

frente a la condición humana de Santiago: "el patronato jacobeo es de derecho humano, ganado por méritos de guerra en Clavijo, mientras que el del otro es de derecho divino"[267]. Esta vez las voces de los eclesiásticos de Compostela apenas protestaron, pues era claro para todo el mundo que Santiago había de salir el gran perdedor en esta "guerra", quedando confirmado el hecho de que el mito jacobeo había llegado por ahora a su fin.

[267] *Idem.*, p. 369.

V. LA COMPILACIÓN DE LOS MILAGROS DE SANTIAGO DE DIEGO RODRÍGUEZ DE ALMELA

V.1. Contexto político y religioso de la creación del texto

El título de la *Compilación de los milagros de Santiago* de Rodríguez de Almela nos sitúa desde el inicio en el ámbito de la cultura devocional de los siglos medievales y adelanta al mismo tiempo una serie de preguntas: ¿de qué milagros se trata y de qué fuentes proceden? Y ¿cuál fue el criterio de selección de los mismos?, ¿por qué solamente los milagros?, finalmente, ¿por qué se escribe tal obra precisamente en esta época? Además, es evidente que se trata de una obra de carácter histórico y religioso y no de una pura ficción literaria, y entonces ¿se podría considerar que el autor la escribió simplemente para entretener a los lectores o es que su compilación tiene en realidad un claro propósito de edificación moral o política? Y si fuera así, ¿cuál sería, de hecho, este propósito? A todas estas preguntas intentaremos ofrecer una respuesta a continuación y para cumplir con tal objetivo hay que empezar por el inicio. Veremos en lo siguiente que Almela selecciona de hecho sus milagros teniendo en cuenta varios criterios que tienen que ver en primer lugar con el contexto político y religioso en el que se crea el texto.

La *Compilación de los milagros de Santiago* nació a instancias de Fernando de Pineda, caballero de la Orden del Apóstol Santiago. Consciente de las posibilidades de Almela de consultar diversas fuentes documentales, Pineda le pidió a Almela que compusiera una compilación muy extensa y completa de los milagros del Apóstol[268]. El texto tendría que servir de guía a los miembros de la Orden y les tendría que ayudar a interiorizar los valores que dicha institución promovía. Sin embargo, Almela se toma la libertad de cambiar el propósito de su obra, y así la *Compilación* logra jugar un papel decisivo en el desarrollo de los hechos históricos de finales del siglo XV[269]. El contexto político y religioso de la época dejará su huella en la finalidad del texto, siendo el período final de la Reconquista, cuando todos los cristianos de la Península, y especialmente los miembros de la Orden, están unidos por el mismo ideal de la "guerra santa".

[268] S. GUTIÉRREZ GARCÍA, S. LÓPEZ MARTÍNEZ-MORÁS, *Motivos jacobeos y perspectivas políticas ...*, 2018, p. 89.
[269] *Idem.*, p. 90.

Sin embargo, inicialmente, no era este el propósito fundamental de la *Compilación de los milagros de Santiago*. Tal como había pensado Pineda dicha obra, esta debería ser una compilación muy extensa y completa que reuniera los milagros del Apóstol Santiago y que sirviera de allí en adelante a los caballeros de la Orden apostólica para adquirir los valores de la Orden, para educarse en la tradición jacobea. En este sentido, lo que más le interesaba a Pineda era la dimensión bélica del culto jacobeo, por lo cual le pide a Almela que se limite solamente a los milagros que ilustran la ayuda ofrecida por el Apóstol a los reyes de Castilla en la lucha contra los enemigos de la fe cristiana, sin que el autor mencione también los milagros relacionados con la peregrinación[270].

Pero, tal como se puede notar al leer la *Compilación*, Almela no respeta fielmente la exigencia de Pineda. Un papel decisivo para este cambio de perspectiva lo tiene precisamente el período histórico en el que se concibe el texto, es decir, los últimos años de la Reconquista. Este contexto configurado en función de dinámicas más bien políticas que religiosas tendrá una influencia muy evidente y decisiva sobre el espíritu de la obra. Se trata de una época en la que, bajo el reinado de los Reyes Católicos, se produce una innovación conceptual del mismo concepto político de España, "que se ofrece como presente y tangible por quienes lo reivindican. [...] Este sentido político quedara estrechamente conectado con la idea de reparación de la pérdida de España"[271]. Tanto Pineda como Almela intervienen para enfatizar este proceso de recontextualización histórica de la leyenda y de los milagros, pero mientras que el primero insiste en la formación de los caballeros, el otro le da una dimensión política y nacional, que deriva del ideal de una España única y homogénea, ideal que puede lograrse solamente a través de la finalización de la Reconquista. En ambas actitudes hay una dimensión medieval y una pragmático-humanista.

Hay, por lo tanto, en la época un ideal de recuperar las tierras de España, de reunificar el país conquistado y dividido por la invasión árabe, ideal compartido también por los miembros de la Orden de Santiago[272], ya que el mismo maestre de la Orden de aquellos años, Alonso de Cárdenas, pide a los reyes de Castilla el permiso de luchar contra los moros que aún ocupaban el sur de la península, pero cuya petición fue rechazada. El texto de la *Compilación de los milagros de Santiago*

[270] S. GUTIÉRREZ GARCÍA, S. LÓPEZ MARTÍNEZ-MORÁS, *La vocación jacobea ...*, 2013, p. 44.
[271] J. M. NIETO SORIA, *Conceptos de España ...*, 2006, p. 116.
[272] S. GUTIÉRREZ GARCÍA, S. LÓPEZ MARTÍNEZ-MORÁS, *La vocación jacobea ...*, 2013, p. 43.

será realizado, por consiguiente, bajo la influencia de este ideal de "guerra santa" compartido por los miembros de la Orden – y, junto a ellos, por toda la gente cristiana de España – y representaría el último estímulo, decisivo para el inicio de la guerra emprendida para la reconquista de Granda.

Para cumplir con su nuevo propósito, Almela se aleja del plan de la obra, tal como lo había propuesto Pineda, y añade junto a los milagros bélicos otros que tienen que ver con la peregrinación, limitándose, no obstante, a la peregrinación de los reyes, príncipes o, en ocasiones, de algunos héroes cristianos – como es el caso del famoso Cid. De este modo, cambia de manera significativa la obra, en la medida en que al acento cae simultáneamente en la presencia del Apóstol en el campo de batalla para ayudar a las huestes cristianas y en la presentación de las virtudes de la peregrinación. A partir de este momento el objetivo de la obra será el de incentivar a los Reyes Católicos a que vayan en romería a Santiago de Compostela para que el Apóstol les ayude a iniciar la reconquista de Granada y, sobre todo, a salir victoriosos de esta última guerra que habría de concluir la gran Reconquista española[273].

Incluso la dedicatoria de la obra de Almela cambia[274] cuando el autor decide dirigirla al maestre de la Orden de Santiago, Alonso de Cárdenas, a quien quería pedirle la ayuda de encauzar el texto hacia sus verdaderos destinatarios, los Reyes Católicos, considerados los herederos del trono imperial de Bizancio y de la idea de cruzada cristiana en el Oriente. Los reyes actúan según el consejo indirecto de Almela, y, además, contribuyen a la difusión de su obra, que llega incluso a formar parte del fondo de la capilla real de la biblioteca regia[275].

El ideal de ver finalmente España reunificada bajo los mismos reyes y bajo la misma fe cristiana caracteriza la época y se expresa, además del contexto político, también al nivel eclesiástico. En este sentido, en el siglo XV hay un incremento significativo de las relaciones de España con el pontificado de Roma, que contribuye a la difusión del concepto unificado de España, concepto que abarcaba en el discurso del pontífice todas las cosas pertenecientes a la península Ibérica. El poder eclesiástico de Roma apoya la concretización del ideal español, por el hecho de que

> la propia cura pontificia contribuye decisivamente a favorecer una amplificación de la identificación de Isabel y Fernando como reyes de España y titulares de la

---

[273] *Idem*, p. 46.
[274] J. M. NIETO SORIA, *Conceptos de España ...*, 2006, p. 110.
[275] L. FERNÁNDEZ GALLARDO,*Exaltación cruzada y devoción jacobea ...*, 2015, p. 558.

monarquía de España, de lo que se dio expresión de los medios más variados, desde los ceremoniales y festivos, hasta aquellos literarios de contenido más culto[276].

V.2. Presentación de la obra

Testimonios

Con respecto a la obra propiamente dicha, hay que recordar el hecho de que esta fue redactada en la segunda mitad del siglo XV en forma manuscrita por su autor. El manuscrito original de 87 páginas se ha conservado a lo largo del tiempo y hoy en día se consulta en la sala Cervantes de la Biblioteca Nacional de España de Madrid, con la signatura 1302.

Se puede notar que al lado del texto original hay también algunas adiciones ulteriores, como es el caso de las que se encuentran en los folios 18 (folio verso [f. 18vº]), 55 (folio recto [f. 55rº]) o 65 (folio verso [f. 65vº]). También, en las últimas páginas del manuscrito aparece añadido (indiscutiblemente por otra mano) un "Index de las cosas en este libro contenidas" que reúne los títulos de todos los capítulos del libro de Almela.

Sin embargo, aunque en la actualidad el manuscrito de Rodríguez de Almela se conoce y puede ser consultado, este fue descubierto solamente después de la recuperación de su apógrafo tardío, que se encuentra actualmente en la Biblioteca de El Escorial, bajo la signatura h-III-15. Esta copia ha sido atribuida a Juan de Ortega, obispo de Coria entre los años 1479 y 1485, está redactada en cursiva de libros de finales del siglo XV y contiene 129 páginas. Como la copia de Ortega fue descubierta antes que el original, esta constituyó el texto-base para la edición realizada por Juan Torres Fontes en 1946.

Un tercer testimonio manuscrito que se ha conservado hasta el siglo presente se encuentra hoy en la Biblioteca de la Universidad de Salamanca y tiene el número de registro 1933. No obstante, este es de menor interés por comparación al testimonio de El Escorial, ya que es una copia incompleta y aún más tardía, que data del siglo XVI.

Fuentes de la obra

El texto base del estudio, la *Compilación* de Almela del manuscrito 1302 de la Biblioteca Nacional de España, contiene 22 capítulos, pero según notan también

---

[276] J. M. NIETO SORIA, *Conceptos de España ...*, 2006, p. 120.

Santiago Gutiérrez García y Santiago López Martínez-Morás[277] no se atiene a un determinado orden temático, alternando intervenciones guerreras y milagros de conversión, con otras informaciones recogidas de la rica bibliografía que Almela podría haber consultado al respecto.

Entre las fuentes del texto destacan tres obras importantísimas, que tienen un papel decisivo para la creación de la *Compilación*. Las primeras dos son, por supuesto, textos escritos por el maestro de Almela, Alonso de Cartagena, siendo otra vez evidente la influencia que este intelectual del inicio del siglo XV tiene sobre la trayectoria literaria de su discípulo. La tercera pertenece al teólogo y maestro francés Pedro Coméstor, una de las figuras más insignes del pensamiento teológico del s. XII[278].

La primera obra es el libro llamado *De preeminentia* de Alonso de Cartagena, que representa la fuente de inspiración de Almela cuando este presenta en su obra el origen del culto al Apóstol Santiago. El autor de la *Compilación* adopta la perspectiva de Cartagena expuesta en su texto, según la cual el apostolado de Santiago es invocado como argumento „de la mayor antigüedad de Castilla en la recepción de la fe cristiana"[279]. Almela sigue muy cerca el texto de su maestro, pero cuando encuentra informaciones que están presentadas de modo más completo por otras fuentes prefiere completar las ideas expuestas por Cartagena[280].

Un ejemplo de este tipo sería la narración del milagro del traslado del cuerpo del Apóstol a España, conocido como *translatio*, que no se menciona en *De preeminentia*, pero Almela especifica que en este caso tuvo como modelo la obra, *Speculum historiale*, de Vicente de Beauvais, intelectual dominico y el autor de una de las enciclopedias medievales más autorizadas después de la de Isidoro de Sevilla[281]. El nombre de Vicente de Beauvais aparece evocado también en *De preeminentia*, y esta puede ser una razón más por la cual Almela prefiere completar la referencia de su maestre con otras referencias de esta fuente, "para reunir toda la información conocida sobre la vida y martirio de Santiago y la translación de sus restos a Galicia, y establecer de este modo fundamentos sólidos para la devoción jacobea de la Orden de Santiago"[282].

---

[277] S. GUTIÉRREZ GARCÍA, S. LÓPEZ MARTÍNEZ-MORÁS, *La vocación jacobea ...*, 2013, p. 45.
[278] L. FERNÁNDEZ GALLARDO, *Tradiciones jacobeas ...*, 2016, p. 186.
[279] *Idem.*, p. 189.
[280] *Ibidem.*
[281] *Idem.*, p. 192.
[282] *Ibidem.*

Además, Rodríguez de Almela añade elementos originales, tal como pasa en el caso del episodio de la llegada del Apóstol Santiago a España. Este episodio aparece en su *Compilación* acompañado por varios detalles, inexistentes en el texto fuente de Cartagena, como, por ejemplo, el hecho de que su cuerpo llegó a las orillas de Galicia en una nave, o la mención de que llegó precisamente a Galicia. Sin embargo, los elementos relacionados con la translación del cuerpo del santo Apóstol a España están inspirados más bien, según menciona Almela mismo, en el *Speculum historiale*, pero el cronista añade también detalles inexistentes en la obra fuente u omite en ocasiones detalles que le parecen redundantes. En esta categoría se inscribe la mención exacta del año del martirio de Santiago, completando la historia original con informaciones obtenidas de las mismas fuentes utilizadas por su maestro Cartagena en otras obras suyas[283].

La tercera fuente importante, que el mismo Almela "exhibe en lugar preeminente, como aval de su dominio de la literatura historiográfica, que le capacitaba para componer de modo idóneo la compilación solicitada"[284], es el texto del siglo XII, *Historia Scholastica* de Pedro Coméstor. Como se trata de una obra que gozaba de autoridad en la época medieval, Almela no podía no incluirla en su bibliografía como texto base para la creación de su propia *Compilación*, dado que nadie dudaba de la veracidad de las historias contadas por ella.

Los Milagros

Aunque, tal como acabamos de constatar, Rodríguez de Almela no se guía en la creación de su *Compilación* por un orden temático específico, los cuentos contenidos en los 22 capítulos podrían ser divididos y organizados en cinco grandes categorías. Así, hay capítulos que hablan sobre los milagros fundacionales, relacionados por lo tanto con el origen de la Orden y del voto de Santiago, milagros asociados a Fernán González; siguen los milagros cidianos, que tienen como personaje principal al Cid, los milagros que tiene como protagonistas a los reyes de Castilla y, finalmente, el autor añade una lista de los maestres de la Orden de Santiago, pero no antes de presentar una breve historia del nacimiento de las órdenes militares y de las Cruzadas[285].

---

283 *Ibidem*.
284 *Idem*., p. 195.
285 S. GUTIÉRREZ GARCÍA, S. LÓPEZ MARTÍNEZ-MORÁS, *La vocación jacobea ...*, 2013, p. 48.

Pero, antes de presentar brevemente cada una de las categorías destacadas por Gutiérrez García y López Martínez-Morás, ¿cómo podría ser definido un milagro? O, mejor dicho, ¿qué sería considerado un milagro según la mentalidad medieval? La respuesta a estas preguntas la ofrece Márquez Villanueva en su libro: "Milagro era, simplemente, todo cuanto quedaba admitido como tal"[286]. Esto quiere decir que en la época medieval no existía una definición exacta del milagro. Los hechos milagrosos eran designados como tal por las figuras eclesiásticas, que usaban su autoridad frente al pueblo para instituir como milagro cualquier hecho que, en su visión, salía de los límites de lo natural.

Considerados como "favores sobrenaturales" de los santos, los milagros son asociados frecuentemente con las reliquias, y el poder taumatúrgico de Santiago se inscribe en dicha categoría. La gente necesitaba creer en la existencia de los milagros y por eso "toda reliquia que realizaba un milagro era sin más considerada auténtica y Santiago desde luego los hacía por simple reciprocidad lógica"[287]. Además, una prueba más del hecho de que los milagros eran un elemento significativo, presente en determinadas ocasiones críticas en la vida de la gente del Medioevo, es la existencia del así llamado *Liber Miraculorum*, un catálogo encontrado en todos los santuarios, donde se anotaban los milagros realizados por el patrono del dicho santuario.

En el caso concreto del Apóstol Santiago, sus milagros tenían como principales beneficiarios la baja y media nobleza, mientras que las demás categorías sociales solamente venían involucradas en el proceso. También, el santo parece preferir los hombres como beneficiarios de sus prodigios, ya que las mujeres sólo en rarísimas ocasiones recibían los favores del Apóstol. Sorprendente, añade Márquez Villanueva[288], para la tradición jacobea es el hecho de que los milagros del santo no se realizaban de preferencia junto a su sepulcro o su santuario, sino que es muy frecuente que Santiago ejercite su poder taumatúrgico en diferentes lugares, a distancia de Compostela. En este caso basta la presencia de una simple reliquia, como por ejemplo de una concha traída de Compostela, para poder efectuarse el milagro. Sin embargo, los milagros más conocidos e impresionantes son los que tienen como protagonistas a peregrinos en su camino. Al revés, la fama de los

---

[286] F. MÁRQUEZ VILLANUEVA, *Santiago: Trayectoria ...*, 2004, p. 103.
[287] *Idem.*, p. 102.
[288] F. MÁRQUEZ VILLANUEVA, *Santiago: Trayectoria ...*, 2004.

milagros de Santiago se debe también justamente a los peregrinos, que contaban en el camino los milagros del santo, contribuyendo de tal modo a su difusión y enriquecimiento en detalles.

Volviendo al caso particular de los milagros de Santiago, tal como estos aparecen presentados en la *Compilación* de Almela, Fernández Gallardo destaca la evidente "distancia entre el prestigioso título, con sus marcadas resonancias humanísticas y el modesto y limitado alcance creativo de la presente obra de Almela"[289]. Para seguir la clasificación de Gutiérrez García y López Martínez-Morás[290], creada a partir del texto ofrecido por la edición realizada por Torres Fontes en el siglo pasado, la primera categoría que se ofrece al análisis es la de los milagros fundacionales.

Estos milagros siguen la consagrada tradición histórica y religiosa en cuanto a la creación del culto al Apóstol Santiago, "ellos explican todo el discurso ideológico santiaguista posterior y, desde el punto de vista estructural, permiten justificar más adelante la reformulación del mito a través de las alusiones a la Orden militar"[291]. Se trata en concreto de tres principales relatos que cuentan milagros que pertenecen a esta clase: la translación del Apóstol, la fundación de la iglesia de Santiago y la peregrinación del rey Ramiro.

Para el relato de la translación, tan debatido en la época, Almela apela a fuentes diversas, pero tampoco faltan los elementos originales añadidos por el autor que tienen que ver tanto con los criterios de organización como con el propio contenido del episodio. Además, al mencionar sus fuentes, Almela evoca el discurso de su maestro Cartagena en el Concilio de Basilea, quien se sirvió del ejemplo de la predicación del Apóstol en tierras ibéricas como prueba justificadora de la superioridad de España sobre Inglaterra:

> E sobre este paso dize el muy reuerendo e vyrtuosimo prelado don Alfonso de Cartagena, obispo de Burgos, dean que fue de Santiago, mi señor, que aya santa gloria, en un tractado que fizo en el conçilio de Basilea sobre la preminençia de las sillas que tyenen los reyes de Castilla e de Leon a los reyes de Ynglaterra, que estos ofiçios e letura es de dar fee, pues se catan publica mente en la eglesia. E son tornadas en comun opiñon e çetera[292].

---

[289] L. FERNÁNDEZ GALLARDO, *Exaltación cruzada y devoción jacobea ...*, 2015, p. 539.
[290] S. GUTIÉRREZ GARCÍA, S. LÓPEZ MARTÍNEZ-MORÁS, *Motivos jacobeos y perspectivas políticas ...*, 2018, p. 90.
[291] S. GUTIÉRREZ GARCÍA, S. LÓPEZ MARTÍNEZ-MORÁS, *La vocación jacobea ...*, 2013, p. 48.
[292] *Compilación...*, cap. I, fols. 19vº-20rº.

Este detalle es importante en el contexto en que Almela también incluye tal alusión para destacar el vínculo entre la fundación del culto jacobeo y la monarquía española del siglo XV y su papel, o sea, "presenta el culto de Santiago como una cuestión indisociablemente ligada a la política interior y exterior del reino de Castilla"[293].

El segundo cuento, que se refiere a los inicios de la iglesia de Santiago, hace referencia sobre todo a los reyes de Castilla como benefactores de la iglesia compostelana. Aunque la cronología no se respeta, dado que Almela se propone concentrar en el mismo cuento tanto la creación, como también el auge y el florecimiento del dicho monumento religioso, las intervenciones de los reyes son esenciales en tal contexto, para destacar otra vez la estrecha relación existente entre el lugar de culto de Santiago y el poder regio[294].

El tercer milagro fundacional, que no podría faltar, ya que es el que justifica la existencia del voto de Santiago, pero también de la imagen guerrera de Santiago Matamoros, se refiere a la bien conocida batalla de Clavijo y a la victoria milagrosa del rey Ramiro II. Sigue un capítulo dedicado a la peregrinación que el rey hace para agradecer al Apóstol por la victoria, episodio que se presenta como un mito justificador para la existencia de la Orden de Santiago[295].

Seguidamente, la segunda categoría está representada por el milagro que tiene como protagonista a Fernán González. Según la tradición cronística, en este caso el Apóstol Santiago se muestra en visión frente a un héroe castellano y no frente a un rey, como en la mayoría de los relatos presentes en la Compilación de Almela. Así, el poder taumatúrgico del Apóstol interviene en el contexto del enfrentamiento entre Fernán González y los árabes liderados por Almanzor, a lo que se añade la intervención indirecta del santo que tiene que ver con el saqueo de su sepulcro, que cierra el relato protagonizado por el héroe castellano. Esta última intervención tiene un papel esencial para la unidad ideológica de los capítulos, dado que esta acontece en el mismo lugar de culto de Compostela donde se encuentran los restos del Apóstol. Según añaden Gutiérrez García y López Martínez-Morás,

> lejos de ser gratuita, esta adición aporta un mensaje político muy específico del que carecía la leyenda épica e historiográfica original sobre el conde: Santiago de

[293] *Idem.*, p. 49.
[294] *Ibidem.*
[295] S. GUTIÉRREZ GARCÍA, S. LÓPEZ MARTÍNEZ-MORÁS, *Motivos jacobeos y perspectivas políticas ...*, 2018, pp. 91-92.

> Compostela, centro espiritual de primer orden desde el nacimiento mismo de Castilla es, al tiempo, escenario de una de las acciones apostólicas más brillantes contra el infiel, coronada, además, por la acción de Fernando III siglos después[296]

Al concebir el discurso historiográfico en sus obras *Anacephaleosis* y *Memorial de virtudes* Alonso de Cartagena acude a la figura legendaria del Cid Campeador[297]. No es sorprendente, por tanto, el hecho de que la tercera clase de milagros de la *Compilación* de Almela tenga también como protagonista al Cid, según el ejemplo de su maestre. La originalidad del discípulo se expresa en la elección de los tres milagros presentes en el libro: el del gafo, la conquista de Coímbra y la victoria sobre Búcar.

En el caso del episodio del gafo, el Apóstol no interviene directamente, quedando ausente de la narración, pero el milagro acontece en el Camino de Santiago. Aquí el acento cae sobre las virtudes del Cid y el auxilio que este ofrece a los enfermos, "pues el episodio del gafo constituía elemento esencial de la dimensión piadosa que fue adquiriendo la figura del Cid en el desarrollo de su leyenda"[298].

El segundo milagro cidiano, relacionado con la toma de Coímbra, es considerado por Gutiérrez García y López Martínez-Morás el milagro menos original de toda la obra de Almela, ya que el autor reformula el milagro tal como este aparece presentado en el *Liber Sancti Jacobi*. Más interesante resulta, por consiguiente, el tercer milagro, que tiene que ver con la victoria sobre Búcar. Los investigadores ponen este episodio en paralelo al cuento del gafo[299], pero en este último episodio "no se establece un vínculo directo entre peregrinación e intervención de Santiago en apoyo de las huestes del Cid"[300]. Para apoyar las huestes cristianas, es necesaria esta vez la aparición efectiva de Santiago en el campo de batalla, y en la obra de Almela destaca en toda la escena un detalle sumamente importante para el mensaje justificador para la existencia de la Orden de Santiago y también para el patronazgo del santo en España:

> ...cabe observar el esfuerzo del compilador por atraer su relato a la órbita de los intereses de la Orden de Santiago. Efectivamente, Almela sigue fielmente el relato de la fuente, mas al

[296] S. GUTIÉRREZ GARCÍA, S. LÓPEZ MARTÍNEZ-MORÁS, *La vocación jacobea ...*, 2013, p. 54.
[297] *Ibidem*.
[298] L. FERNÁNDEZ GALLARDO, *Exaltación cruzada y devoción jacobea ...*, 2015, p. 550.
[299] S. GUTIÉRREZ GARCÍA, S. LÓPEZ MARTÍNEZ-MORÁS, *La vocación jacobea ...*, 2013, pp. 57-58 y L. FERNÁNDEZ GALLARDO, *Exaltación cruzada y devoción jacobea ...*, 2015, p. 550.
[300] L. FERNÁNDEZ GALLARDO, *Exaltación cruzada y devoción jacobea ...*, 2015, p. 550.

describir la estampa bélica del Apóstol añade un detalle sumamente significativo, la cruz bermeja, icono de la orden. De este modo, la interpolación viene a destacar la identidad del Apóstol como patrono de la orden, cuya acción benéfica se retrotrae al pasado heroico hispano[301].

Finalmente, la última categoría de milagros tiene como protagonista a los reyes cristianos de Castilla, y está formada por episodios que, al contrario de lo que pasa en el caso del milagro cidiano de la victoria sobre Búcar, presentan una evidente relación entre el acto de la peregrinación y la victoria contra los moros. Esta clase de milagros implica algunas limitaciones en la manifestación del poder taumatúrgico del Apóstol: los beneficiarios son siempre los reyes de Castilla, que combaten siempre en tierras andaluzas, aunque el Apóstol aparece algunas veces también en visión a algunos dignatarios extranjeros.

Como regla general, el milagro de la victoria acontece siempre, con o sin la aparición efectiva del Apóstol en el campo de batalla, después de la peregrinación de los reyes a Santiago de Compostela con el fin de pedirle ayuda al Apóstol. Así, la peregrinación se convierte en la causa efectiva de la victoria, lo que hace otra vez evidente el propósito principal de Almela de convencer a los Reyes Católicos que vayan en romería a Santiago para pedirle la ayuda en la reconquista de Granada. Para tal propósito, Almela apela también a su imaginación en ocasiones, inventando la peregrinación de Fernando III, que en realidad solamente va a Santiago para visitar el sepulcro de su padre, el rey Alfonso IX. Sin embargo, para obedecer tal vez a la "necesidad de justificar la aparición de Santiago en la Cabalgada de Jerez, narrada en ese mismo capítulo" y porque "era poco menos que obligado atribuirle una peregrinación a Santiago, a la vista de los enormes éxitos bélicos que obtuvo en su vida, consagrada a la lucha contra el infiel"[302], Almela convierte tal hecho histórico en la romería del rey Fernando III.

Maestres de la Orden de Santiago

Según se ha visto, la última parte del manuscrito de Almela está compuesta por la lista de los maestres de la Orden de Santiago, concluyendo su obra con una referencia clara a la Orden de Santiago, cuyos miembros eran de hecho el destinatario inicial de la *Compilación* – convertidos por Almela en destinatario

---

301 *Idem.*, pp. 550-551.
302 *Idem.*, p. 552.

secundario, después de los Reyes Católicos. Para introducir esta parte final de su obra, el autor comienza por presentar el contexto histórico de la creación de la Orden de Santiago, y vuelve con ello algunos siglos atrás, al siglo XII y al espacio de las cruzadas orientales – época y lugar en que nacen las órdenes militares de los Templarios y de los caballeros de San Juan de Jerusalén. Esta perspectiva amplia se restringe luego, para concentrarse en la institución de la Orden de Santiago, con el propósito de integrar su existencia en el contexto global de la lucha contra el infiel.

Después de esta introducción justificadora para la existencia de la Orden de Santiago, sigue finalmente la lista de sus maestres, pero Almela interrumpe la enumeración de los nombres, seguidos por muy breves resúmenes de las vidas – y, sobre todo, de las muertes – de los maestres en el año 1387, aunque, tal como mencionamos antes, la *Compilación* fue finalizada en 1481. Los investigadores trataron de encontrar una explicación para esta interrupción repentina de la historia de los maestres, siendo una primera hipótesis el hecho de que tal vez al autor le faltase el conocimiento completo de dicha historia[303]. Sin embargo, esta explicación no parece justificarse si se toma en cuenta la amplia cultura historiográfica de Almela y la vasta bibliografía que tuvo la posibilidad de consultar.

Más creíble sería entonces la hipótesis según la cual Almela sí conocía la historia completa de la Orden de Santiago, pero omite intencionalmente la parte que sigue al año 1387. En apoyo de esta perspectiva, mencionamos la *Historia de la Orden de Santiago* de Orozco y Parra de 1488, en que los dos autores presentan la lista de los maestres hasta el año 1488, por lo cual es evidente el hecho de que a finales del siglo XV varias fuentes eruditas aportan información histórica detallada sobre la Orden de Santiago. Pero queda la pregunta de por qué omite Rodríguez de Almela toda la historia posterior al año 1387, ignorando así a los últimos maestres de la Orden de Santiago, entre los cuales se encuentra Alonso de Cárdenas[304].

Tal como en el caso de los milagros, Almela selecciona algunos y descarta otros, el criterio de selección siendo condicionado, en la opinión de Gutiérrez García y López Martínez-Morás, "por cuestiones de orden político que podrían afectar a los receptores del texto"[305]. A partir de esta idea se nota que lo que Almela

---

303 S. GUTIÉRREZ GARCÍA, S. LÓPEZ MARTÍNEZ-MORÁS, *Motivos jacobeos y perspectivas políticas ...*, 2018, pp. 100-101.
304 *Ibidem.*
305 S. GUTIÉRREZ GARCÍA, S. LÓPEZ MARTÍNEZ-MORÁS, *La vocación jacobea ...*, 2013, p. 66.

omite, de hecho, es "el período de caos de la Orden, plagado de injerencias regias"[306]. Se trata, por lo tanto, del período en que los reyes de Castilla intervienen en las elecciones de los maestres de la Orden de Santiago, limitando su autonomía, lo que pudo haber contribuido a la instauración del caos en el seno de la comunidad. El compilador se ve entonces obligado a quitar esta parte de historia por la inadecuación de presentarla frente a los Reyes Católicos, los verdaderos destinatarios de la obra. De este modo, Almela consigue evitar también la censura que habría podido surgir por cualquiera de las partes implicadas en el destino de su *Compilación*, sea que se trate de los miembros de la Orden, sea de las figuras reales.

En cuanto a la finalidad del trabajo de Almela, la historia muestra que su obra ha cumplido con su propósito principal, el de influir en la decisión de los Reyes Católicos que iban a emprender la peregrinación a Compostela con el fin de obtener la ayuda del Apóstol para llevar a su término final el proceso de la Reconquista. En respuesta a su invitación, los reyes Isabel y Fernando van en romería en el otoño de 1486 y tres años más tarde, en 1489, empieza la campaña de Granada, la última provincia todavía ocupada por los árabes, guerra que se finaliza apenas en 1492. La conclusión que Gutiérrez García y López Martínez-Morás formulan con respecto a lo que Diego Rodríguez de Almela y su *Compilación* significaron para el final del siglo XV es convincente: "su aportación a la historia santiaguista y jacobea llenó un hueco historiográfico a finales del siglo XV, inspiró a otros y contribuyó a mantener vivo el espíritu de la peregrinación"[307].

En forma de conclusión, se puede decir que la *Compilación de los milagros de Santiago* constituye una parte, la más consistente, de lo que hubiera podido ser una hagiografía de Santiago. En realidad, la *Compilación* se propone resumir un tipo de texto devocional que ya no es tan frecuente a finales de la Edad Media, pero que se justifica por el deseo de Almela y de los miembros de la Orden de Santiago de llevar a cabo la guerra de Reconquista.

---

[306] *Ibidem*.
[307] *Idem*., p. 67.

B. EDICIÓN DEL TEXTO

I. NOTA SOBRE LA PRESENTE EDICIÓN

I.1. Descripción externa del manuscrito 1302

La presente edición crítica se realiza a partir del texto del manuscrito atribuido al mismo Rodríguez de Almela, que se encuentra hoy en día en la Biblioteca Nacional de España, en Madrid, con la signatura 1302. El objetivo propuesto es el de recuperar el texto de la *Compilación* a partir de este manuscrito, como texto base de la edición, dado que es el más completo de sus testimonios y se considera el original, a diferencia de las dos copias manuscritas de la Biblioteca de Salamanca y de El Escorial. Además, hasta la fecha de hoy no se conoce ninguna edición moderna del manuscrito 1302 de la BNE.

El texto consultado para la realización de la edición crítica se encuentra también en internet, en sistema de libre acceso, en la página oficial de la Biblioteca Nacional de España, y forma parte de la colección de manuscritos digitalizados[308]. Según los datos proporcionados por la BNE, el manuscrito 1302 fue compuesto en La Coruña, en la tipografía de la Casa de Misericordia y forma parte de la Biblioteca de Felipe V.

El manuscrito contiene un total de 87 hojas, de 31 x 23 cm cada una, o 174 folios. Entre estos, el folio 2vº está blanco, mientras que en los otros se puede leer el texto, con la letra original. Las únicas excepciones son algunas adiciones probablemente ulteriores, que se encuentran en el margen de ciertos folios, tal como es el caso de las líneas que se encuentran añadidas en letra menor en los folios 18 vº, 55 rº, 65 vº, 73 rº y 74 vº. Cada vez que aparece una adición de este tipo, el escriba subraya en el texto algunas palabras, que se transcriben al margen y a partir de las cuales se introduce la nueva idea.

---

[308] Dirección de la página de la BNE, donde se encuentra el texto del ms. 1302, consultada a 10 de agosto de 2017:
http://bdh.bne.es/bnesearch/CompleteSearch.do?showYearItems=&field=todos&advanced=false&exact=on&textH=&completeText=&text=milagros+de+santiago&pageSize=1&pageSizeAbrv=30&pageNumber=2.

Aunque no haya ninguna confirmación, puede ser que estos fragmentos hayan sido escritos por otra mano que, al leer el manuscrito de Almela, sintió la necesidad de incluir algunas clarificaciones, o puede ser que el mismo cronista, después de consultar otras fuentes, considere que hace falta completar su texto de esta forma, dado que la forma de la letra parece muy distinta de la del texto original. También, en las últimas dos páginas del manuscrito aparece añadido un *Index de las cosas en este libro contenidas*, que reúne los títulos de todos los capítulos del libro de Almela. En este caso llama la atención la letra distinta, es seguro que el índex fue añadido posteriormente, por otra mano y en otro período. Es muy probable que lo mismo sea verdadero también en el caso de algunas pequeñas frases escritas en el margen de la página. A veces la letra de estos añadidos es muy pequeña e indescifrable, tal como es el caso del f. 22v°, otras veces se puede leer con dificultad, como pasa con el f. 10r°, en cuya margen se lee: "todo este libro es [...] de [...] Almela canonigo de murcia." A lo largo del texto propiamente dicho hay varios reclamos verticales, como es el caso del f. 3v° (*begnina* mente), f. 22v° (que dize que era arçobispo de Viena; non pone el no[m]bre del p[adre] p[er]sona que fue de [...]), f. 23r° (llamado Aymerico). En una frase del f. 77r° aparece también una raspadura (de la palabra *Rodrigo*).

En cuanto al aspecto propiamente dicho del manuscrito 1302, se puede observar el sello de la Biblioteca Nacional de España en algunos folios a lo largo del texto, empezando por 1r° y 3r°, sello añadido obviamente después de que este texto llegó a formar parte de dicha colección. Otro detalle que hace referencia a la estética del manuscrito se refiere a las mayúsculas ornamentales, pintadas en rojo, que marcan el inicio de una nueva secuencia textual (una nueva carta, por ejemplo, o el inicio del prólogo). El color rojo se utiliza también para los títulos de las nuevas secuencias textuales, mientras que el resto del texto está escrito en tinta negra. Los capítulos de la *Compilación* empiezan apenas en el folio 16v°, y cada título de capítulo del texto sigue la misma regla de estar escrito en rojo, con la mayúscula inicial absoluta ornamental.

Aunque el texto del manuscrito 1302 se haya mantenido a lo largo del tiempo en buenas condiciones y la letra se puede entender fácilmente en la mayoría de los casos, hay algunas páginas donde aparecen algunas manchas, tal vez de tinta, que dificultan bastante la lectura y, a veces, hacen que ciertas palabras sean imposibles de leer. Una pequeña mancha se encuentra en el folio 39v°, pero también a lo largo del capítulo XVI, cuyos primeros cinco folios son bastante difíciles de leer, o igual en el capítulo XVII, cuyo inicio es difícil de entender, por causa de las manchas de tinta que se han imprimido en la hoja. Pero el mayor problema en este sentido lo constituyeron los folios 63rº - 64vº, donde las manchas son muy visibles encima de la letra.

Por último, hay en el texto del manuscrito también algunas faltas de palabras, que en la edición serán completadas con la ayuda de los otros testimonios. La más importante falta se encuentra en el último capítulo, del listado de los maestres de la Orden de Santiago, donde el escriba omitió el nombre del tercer maestre y aparece en el texto un espacio libre al fin de la fila.

Para finalizar la descripción externa del manuscrito 1302, hay que mencionar el hecho de que, aunque para esta edición crítica hayamos consultado la versión digitalizada, el manuscrito físico, encontrado en la BNE, tiene las cubiertas exteriores en verde, con algunos detalles dorados, y tiene el nombre de la obra y del autor inscritos en exterior, también en letras doradas. Las cubiertas interiores no tienen ninguna inscripción de este tipo (excepto los marcos de registro de la BNE), son apenas hojas en blanco.

En la edición propiamente dicha, para el ms. 1302 se va a emplear la abreviatura "A", dado que este es el texto base del estudio.

I.2. Descripción externa del manuscrito 1933

El manuscrito de la Biblioteca de la Universidad de Salamanca que tiene la signatura 1933 es el segundo testimonio manuscrito de la presente edición. El texto es una copia más tardía, del siglo XVI, del manuscrito original y está parcialmente amputada, dado que le faltan las tres cartas que inician el ms. 1302 y la edición de Torres Fontes. A diferencia del ms. 1302, el ms. 1933 no se puede encontrar en internet, en sistema de libre acceso, por lo cual fue necesaria su consulta en la biblioteca y, después, la adquisición de una copia escaneada.

El texto fue escrito en papel de 308x210 mm en letra itálica, pasta española, corte morado y el manuscrito está compuesto por 39 folios. Los títulos de los capítulos y la primera línea o las primeras palabras de la primera línea de cada uno de ellos están escritos en color rojo, a diferencia del resto del texto, que está en negro. En algunos folios (explícitamente, el f. 1rº, 1vº, 2rº, 7vº, 25rº, 27rº, 29vº, 30rº, 30vº, 31vº, 33vº, 34rº) se nota la presencia de algunas palabras o frases escritas

en margen en letra pequeña y probablemente posterior, de lectura difícil. Se van a reproducir siguiendo las secuencias escritas en margen que sí se pueden leer:
f. 1rº: Alonso de Cartagena obispo de Burgos escribo // sobre [...] el Trágico i sobre la [...]
f. 1vº: de los escritos de don Alº. de Cartagena obpo. De Burgos
f. 2rº: del obispo de Burgos don Alº. de Cartagena
f.25rº: constunbre del // Inperio grie // go -
f. 29vº: prinçipio de la hor // den de los tenplarios
f. 30rº: la causa porq̄ se // llamaron del // tenplo-
f. 30vº: la orden de los // Theutonicos
f. 31vº: Nuño
f. 33vº: Prinº de la Cauallª // del or s^{t}tiago
f. 34rº: comienço de // la orden de Cala // traua [...]; : comienço de la or // de cauallª de // Alcantara

Hay que notar también el hecho de que el texto del ms. 1933 presenta varias correcciones y raspaduras, según sigue: f. 2vº *hermandad* (raspadura en medio de la palabra), f. 3rº *q̄ ^{a}yades* corr.*,* f. 5rº açercandosele rasp., f. 6rº muy saludable pasion predicaçion rasp., f. 6vº fecho, f. 7rº obispo *de brag* de leon rasp.; su *Reinado* rasp., f. 8rº galiçia rasp., f. 10rº obispo de g^{n}umançia rasp., f. 13 rº avia d'ellos s^{m}uchos rasp., f. 16rº almanzor partio degastilliçia rasp., f. 16 vº dezia rasp., f. 17 rº que *fizesse* çierto rasp., f. 19vº quis*erete corr.; batalla rasp.; elo q̄ // le abia dhō rasp., f. 21vº aque*nde corr.; mirama* molin corr., f. 24rº vi*eron corr., f. 29vº acre et de *odas corr.; ma // tanbanlos rasp., f. 30vº por defen*sion corr., f. 32rº qual lo bio quando // lo bio rasp., f. 35vº arçobispos *de toledo* rasp. Hay también una omisión de palabra en el f. 36vº (el terçero maestre fue don __), en el mismo lugar donde el nombre propio falta del ms. 1302 también.

En la edición que sigue, para el ms. 1933 se va a emplear la abreviatura "B".

I.3. Descripción de la edición de la "Compilación de los milagros de Santiago" de Juan Torres Fontes (1946)

La edición de Juan Torres Fontes, editora Suc de Noguês, Murcia, 1946, es la única edición moderna de la *Compilación* de Almela. Sin embargo, esta se basa exclusivamente en el manuscrito de El Escorial, Esc. h-iii-15, sin incluir en el proceso de la recensión y del establecimiento del texto otros testimonios de la obra. El texto de Torres Fontes comienza por un breve estudio introductorio sobre la Edad Media, la biografía de Diego Rodríguez de Almela, y la obra, o sea, la *Compilación*. Sigue después la edición propiamente dicha, de la cual faltan las notas filológicas o enciclopédicas a pie de página, con una única excepción: en la página 9, en la *Respuesta a la letra e introducion de la obra*, añade una nota que dice: "el ms. de El Escorial dice año 1261" y corrige en su texto, donde aparece el año 1271.

Para la edición de Torres Fontes emplearemos la abreviatura "EdTF". A partir de la aportación de los testimonios mencionados, el presente trabajo define con aún más claridad sus objetivos y métodos. En lo que sigue proponemos un estudio pormenorizado histórico y filológico del manuscrito 1302 de la Biblioteca Nacional de España de Madrid, estudio que asume los detalles ecdóticos relevantes aducidos por el cotejo con el manuscrito 1933 de la Biblioteca de la Universidad de Salamanca y con la edición de la J. Torres Fontes. El recurso al ms. Esc. h-iii-15 solo se ha realizado de manetra indirecta, a partir de la edición moderna.

II. CRITERIOS DE LA EDICIÓN

□ para la alternancia "v/u/b" – se sigue el uso del manuscrito.

□ para la alternancia gráfica que transcribe la vocal [i] con la excepción de /j/ en palabras monosílabas, cuando la vocal se escribe con /i/ – se mantiene como tal en todos los casos, siguiendo el uso del manuscrito, aunque la grafía utilizada hoy en día respeta otras normas en algunos casos.

□ la "h" o su falta (Ø) – se conserva el uso del manuscrito en todos los casos de aparición o supresión de /h-/.

□ la alternancia gráfica "ç/ce/ci/z" – se conserva la grafía del manuscrito para los grupos con linguodental africada ç + a,o,u; ce, ci, z + a,o,u.

□ la alternancia gráfica "x/ge/gi/j" – se sigue el uso del manuscrito en todos los casos.

□ las consonantes dobles "ss/ff" – se reducen a "s" o "f", dado que no tienen valor fonético.

□ la consonante doble "rr" – se mantiene como tal, porque tiene un valor fonético, salvo cuando se encuentra en posición inicial y se reduce a "r", según el uso de la lengua actual.

□ grupos consonánticos de tipo "nct/ct/mn" (ej. sancta, tractado, omnes etc.) – representan una tendencia latinizante y se conservan.

□ grupos consonánticos de tipo "th/ch/ph" (ej. cathorze, cristianos, phariseos etc.) – representan una tendencia latinizante y se conservan.

□ grupos consonánticos de tipo "sc/sç" + "e/i" (ej. scientifico, resciebir, nascimiento etc.)

- es un grupo culto y se conserva como tal, según el uso del manuscrito.

□ grupos consonánticos "quo/qua/que" en palabras que hoy en día se escriben con "c" en vez de "q" (ej. quatro, quanto etc.) – se trata de un cultismo formal, por lo cual el grupo consonántico se mantiene como tal.

□ "f" inicial en palabras que hoy en día se escriben con "h" inicial, debido a la evolución de la lengua del "f" inicial del latín (ej. fambre) – se mantiene la grafía del manuscrito, porque tiene relevancia para el período en que fue escrito.

□ "n̄ " (con tilde) – se escribe como "ñ" en todos los casos.

□ "m̄ " (con tilde) – se escribe como "mm" en todos los casos.

□ el signo tironiano "τ" – se transcribe como "e" en todo el texto. las palabras separadas – se sigue el uso del manuscrito y se mantienen como tales, con la única excepción de las formas verbales seguidas por pronombres, caso en que se escriben en forma aglutinada el verbo y el pronombre, según la lengua actual.

□ las palabras aglutinadas – en el caso de las preposiciones seguidas por artículos o pronombres, de tipo "de los", se separan dichas estructuras en las partes componentes, según el uso actual de la lengua; en el caso de la pérdida de la "e" de "de" o de "que", cuando estas van seguidas por otras unidades lexicales, se introduce un apóstrofe para marcar gráficamente la elisión de la "e" ("d'el"); en el caso de las preposiciones seguidas por verbos o nombres propios se separan las dos palabras.

□ la acentuación – se acentúan solamente las formas verbales y se utiliza el acento para evitar las anfibologías entre homófonos pertenecientes a clases gramaticales diferentes (ej: más adv. / mas conj.); para las otras clases gramaticales no se utiliza el acento gráfico.

□ la puntuación – el punto final se utiliza según la norma moderna y la coma se utiliza solamente cuando se hace necesaria su presencia para evitar las confusiones; en la mayoría de los casos el calderón ha sido interpretado como el signo que marca un nuevo párrafo.

□ las mayúsculas – se utilizan según la norma actual. Los sustantivos propios y las palabras iniciales de una frase después del punto final se escriben con mayúscula; también, el texto evoca varias veces a la divinidad, así que todas las palabras que hacen referencia a Dios se escriben también con mayúscula; en el caso de la "R" mayúscula del manuscrito, esta se convierte en "r" en posición inicial, cuando no se trata de un nombre propio o de una palabra que inicia la frase, y en "rr" en el medio de la palabra, según la grafía actual, ya que la pronunciación es igual.

□ las abreviaturas – se desarrollan según sigue:

Abreviatura	**Desarrollo**
nr̄os/nr̄o	nuestros/nuestro
dō	don
patrō	patron
obp̄o	obispo
stā	santa
vr̄a/vr̄as/vr̄o	vuestra/ vuestras/vuestro

deuociō	deuocion
com̄eço	començó
cōseruarse	conseruarse
tr̄ras	tierras
nō	non
p̄sona	persona
cōpilaçion/compilaçiō	compilaçion
trihūfante/trihumfāte	trihumfante
χp̄ianos/χp̄iana/χp̄iādad/χo	christianos/christiana/christiandad/Christ o
bolumē	bolumen
q̄	que
tēgo	tengo
yllustrisimo^s	yllustrisimos
avēturado	aventurado
grā	gran
ovierō	ovieron
enrriq̄	Enrrique
leuauā	leuauan
tiēpo/tpō	tiempo
estādo	estando
grād	grand
teniēdo	teniendo
yēdo	yendo
anteq̄ra	Antequera
ynfāte	ynfante
comiēço	comienço
blāco	blanco
vallīd	Valladolid
gents̄	gentes
ayuntamiēto	ayuntamiento
fernādo	Fernando
aq̄l/aq̄llos	aquel/aquellos

otās	otras
jūta	junta
biē	bien
mucha^{s}	muchas
sāta/sāto	santa/santo
ensalçamiēto	ensalçamiento
encom̄ dado/encom̄edays	encomendado/encomendays
eñl	enel
acatādo	acatando
llamādo	llamando
emēdar	emendar
peq̄ño	pequeño
com̄eçar/comēçadas/comiēço/comēço/comēçarō	començar/començadas/comienço/començó/ començaron
contemplaçiō/contēplaçion	contemplaçion
cuydo^{so}	cuydoso
mereçimiēto	mereçimiento
Reuerēçia	reuerençia
cōserue	conserue
letr̄	letra
iḡlia/eglīa	iglesia/eglesia
Jhū	Jhesu
q̄ ndo/quādo	quando
cō	con
mēte	mente
asensiō	asension
Jhlrm̄ /Jhhl̄rm̄ /Jerusal̄m	Jerusalem
prīçipes	prinçipes
espiritual̄s	espirituales
quatroçīetos	quatroçientos
pasyō	pasyon
segūd	segund
mūdo	mundo
Yndalēçio	Yndalençio

convtio	convirtió
consentimīeto	consentimiento
cūeta	cuenta
p̄lado	prelado
preminēçia	preminençia
tyenē	tyenen
nōbre	nombre
herods̄	Herodes
defūto	defunto
p̄te	parte
Riq̄zas	riquezas
pasiō	pasion
treȳta	treynta
pp̄	papa
salamāca	Salamanca
ornamētos	ornamentos
heredamiētos	heredamientos
Aviēdo	habiendo
q̄ mado	quemado
alfon̄ /alfōso	Alfonso
sātiago	Santiago
domīgo	domingo
veȳte	veynte
ningūo	ninguno
coraçō	coraçon
tyenē	tyenen
blāco	blanco
reluziēte	reluziente
duqs	duques
salamō	Salamon
grand̄s	grandes
prometimiēto	prometimiento
mōje	monje

vēçido	vençido
aq̄nde	aquende
p̄a	para
espū	espiritu
cōpaña	conpaña
almōzor	Almonzor
esperādo	esperando
recudiesē	recudiesen
marq̄s	marqués
būe	buen
soliā	solían
valls̄	valles
rrecuēta	recuenta
teniā	tenían
estauā	estauan
tā	tan
matādo	matando
sisnādo	Sisnando
gōçalo	Gonçalo
athaulfo	Athaulfo
sȳ	syn
māco	manco
om̄e/omes	omne/omnes
nī	nin
q̄ branto	quebrantó
munumēto	munumento
vyniesē	vyniesen
ovierō	ovieron
leuāto	leuantó
hōrra/desōrra	honrra/desonrra
estā	están
dētro	dentro
llamā	llaman
tomarō	tomaron

vēçerian	vençerían
com̄a	commola
mūdo	mundo
ēmienda	enmienda
prinçipals̄	prinçipales
muchas	muchas
vādera	vandera
fallarō	fallaron
mādado	mandado
normādia	Normandia
alfōso	Alfonso
p̄rnçipe	prinçipe
p°	primo[309]
quato	quatro
guerreauā	guerreauan
mōtes	montes
Ordenadas	ordenadas
gents̄	gentes
comēdadores	comendadores
herā	heran
salierō	salieron
escarmētados	escarmentados
adelāte	adelante
quātia	quantia
Señors̄	señores
çinq̄nta	çinquenta
asturias	Asturias
enbargauā	enbargauan
sācho	Sancho

[309] En Torres Fontes y en el ms. 1302 aparece la palabra *primo* en algunos contextos en los cuales en el ms. 1933 se encuentra la versión desarrollada, *primero*, por lo cual se puede suponer que la forma *primo* es en este caso también una abreviatura usada por el escriba de 1302, que Torres Fontes transcribe como tal en su edición, v. J. Torres Fontes (*Compilación de los milagros de Santiago de Diego Rodríguez de Almela*, Tip. Suc. De Noguês, Murcia, 1946).

novēta	noventa
fallarō	fallaron
oviesē	oviesen
alixādria	Alixandria
pechos	pechos
llamādo	llamando
Rētas	rentas
cōquistada/cōquista	conquistada/conquista
pobr̄s	pobres
ffizierō	fizieron
mataدor̄s	matadores
prometierō	prometieron
Dierō	dieron
castillos	castillos
señor̄s	señores
pogenito	primogenito
segūd	segund
atā	atan
ellos	ellos
māto	manto
cōdes	condes
llegarō	llegaron
leuādo	leuando
fuēte	fuente
ensalçamīeto	ensalçamiento
v̄des	verdes
mādamientos	mandamientos
esteuā	Esteban
sātisimo	santisimo
aragō	Aragon
comendador̄s	comendadores
fuerō	fueron
hā	han
qual s̄	quales

p̲z	Perez
avm̄eto	aumentó
leō	Leon
p̲o	pero
alḡnos	algunos
Ordenaçiō	ordenacion
frr̄z	Ferrnandez
entōçes	entonçes
tātas	tantas
aldemō	Aldemon
tyenē	tyenen
vēçido	vençido
sabiēdo	sabiendo
vençimiēto	vençimiento
p̄rnçipe	prinçipe
septo	septimo

MILAGROS DE SANTIAGO y
Institución de su Orden

Autor
Diego Rodríguez de Almela

/f. 1rº/ Letra mensajera del muy reuerendo e vyrtuosi[si]mo[1] señor don Fray Johan Ortega de Maluenda, obispo de Coria, del consejo de los muy yllustrisimos rey e reyna nuestros señores, enbiada al muy magnifico señor don Alfonso de Cardenas, maestre de la Orden de caualleria de Santiago, sobre la copilaçion de los vytoriosos miraglos del glorioso e bien aventurado Apostol Santiago, patron[2] de las Españas.

Yllustre e magnifico señor, un Diego Rodríguez de Almela, canonigo de Cartajena, criado del obispo de Burgos, don Alfonso my señor, que santa gloria aya, escriue a vuestra señoria e enbía un libro que a ynstançia e ruego del comendador Fernando de Pineda, visitator de vuestra santa Orden, de los myraglos vytoriosos del bien aventurado Apostol Santiago e de la ynstituçion de su muy exçelente Orden con otros tractados copilo, fizo él por çierto cosa muy digna en /f. 1vº/ enbiar e endreçar los syngulares e ecçelentes obras del glorioso patron de las Españas señor Santiago. A vós señor commo muy digno e general maestre de su Orden e caualleria, commo a aquel en quien e de quien en uno con su caualleria él es más magnyficado e nombrado que por otro alguno, despues de los gloriosos reyes nuestros señores. E asy a mi vez vuestra merçed devía mandar que cada un cauallero toviese e en cada un convento oviese treslado d'este libro. Por que ençendidos en mayor deuocion del Santo Apostol, cuyo nombre e renonbre tanto los honrra, ensalça e de lo temporal prouee, estudien la espiritual creçer en deuocion, pues esta fue el fundamento e mi vera, donde todo lo temporal en ella ha proçedido e dado fruto de tanta onrra en estos postrimeros tiempos e regnos de España.

E pues es çierto, magnifico señor, que toda cosa se conserva en la causa donde proçede, e por el contrario, non se deue dubdar que lo que por deuoçion se començó syn /f. 2rº/ aquella non se conservara luenga mente. Asy commo muerto el fuego es ynposible conservarse el calor que d'él proçedió, deue asy mesmo vuestra señoria gradeçer a este tan buen varon la reuerençia e deuoçion que a vuestra Orden e a

[1] vyrtuosimo A.
[2] patrono EdTF.

vuestra magnifica persona commo prinçipal ministro e gobernador d'ella ha mostrado, ofreçiéndole sus trabajos de tierras tan apartadas syn aver proçedido otro conoçimiento, sy non el que vuestra grandeza da de sy a los de lexos e a los de çerca. E asy, señor, fago fyn con[3] le haziendo de ser muy deuoto a todo vuestro mandado, cuya magnifica persona e estado e santa religion conserue e acreçiente Nuestro Señor con todo lo que acrecentar se puede a serviçio e gloria suya.
Del monesterio de Yuste, a XXX° de junio de LXXXI°.

/f. 3r°/ Copia de la letra mensajera que el honrrado Diego Rodriguez, canonigo en la iglesia de Cartajena, enbió al muy magnifico señor, don Alfonso de Cardenas, maestre de la Orden de caualleria de Santiago, sobre la compilaçion que le enbió de los vytoriosos miraglos del glorioso bien aventurado Apostol Santiago, patron de las Españas.

Muy magnifico señor,

Vuestro muy homill e devoto horador, capellan e servidor, Diego Rodriguez de Almela, canonigo en la eglesia de Cartagena, beso vuestras manos e me encomiendo en vuestra señoria e merçed, a la qual plega saber que Fernando de Pineda, cauallero e vysitator de la muy esclareçida e trihumfante Orden vuestra, me fue encargado e escribió quisiese tomar cargo de fazer una compilaçion de los vituriosos[4] miraglos que Dios Nuestro Señor /f. 3v°/ todo poderoso por su ynfinita bondad ha querido mostrar por ynterçesion del muy glorioso bien aventurado Apostol Santiago, patron de las Españas, por algunos de los principes pasados de christianos en muchas batallas peleando contra aduersarios de nuestra santa fee catholica christiana[5], en ensalçamiento d'ella[6] etc.

E commo quier que para esto me reputaba e reputo ynsufiçiente, pero atreviéndome en la ayuda diuinal e por serviçio vuestro púselo luego por obra. E he trabajado en todo lo que he podido commo mejor Dios Nuestro Señor me ha administrado. E todo ello va escripto e copilado en un bolumen en uno con dos cartas o epistolas que dyrigí la una al muy reuerendo señor, el obispo de Coria, sobre la toma de Otranto [1] e la otra a los señores dean e cabilldo d'esta eglesia de

[3] Beles B.
[4] vitoriosos EdTF.
[5] fee christiana EdTF.
[6] d'ella ha querido mostrar EdTF.

Cartajena sobre la partida que se dize que el muy reuerendo señor arçobispo de Toledo quiere fazer a la guerra contra los turcos, que a vuestra señoria enbío con este Garçia de Cardona, mi criado. A la qual suplico que lo quiera reçebir begnina /f. 4rº/ mente con aquel zelo e voluntad que le he e tengo e deseo seruir. E sy en ello alguna cosa va defectuosa por la ynbeçilidad e flaqueza de mi yngenio, me quiera perdonar e lo mande corregir. Otro sy a vuestra señoria e merçed quiero traher a memoria que sy a Nuestro Señor pluguiere de conplir el santo proposito e deseo que tyene de la guerra de los moros los muy yllustrisimos rey e reyna nuestros señores, la començaren de les suplicar e pedir de merçed que vayan en romeria a visitar los limites e iglesia del bien aventurado Apostol Santiago de Gallizia. Por que él sea ynterçesor e rogador a Dios Nuestro Señor, por sus altezas e por vuestra merçed e por todos los otros señores e caualleros e christiandad de sus regnos e señorios e les dé graçia para conquerir e tomar el regno de Granada.

Ca commo mejor vuestra señoria sabe ha más de çiento e treynta e un años[7] desde que el muy noble rey don Alfonso XIº de Castilla e de León que tomó las Algeziras murió en el cerco que tenía sobre Gibraltar vyernes santo de yndulgençias, año de MCCCL. Non se ha fecho guerra a moros en todo este tiempo /f. 4vº/ doze o treze años en esta manera. Despues que el dicho rey don Alfonso fue muerto, regnó su fijo el rey don Pedro XIX años. En todo este tiempo que regnó no fizo guerra a moros, saluo un año al rey Bermejo en ayuda del rey Mahomad de Granada. E estando por fronteros contra los moros don Diego Garçia de Padilla, maestre de Calatrava, e don Enrrique Enrriquez ovieron una batalla con seyçientos caualleros e dos mill peones de moros que ovieron entrado por el adelantamiento de Caçorla e los vençieron e quitaron la caualgada que leuauan de tierra de christianos. E dende a poco tiempo los dichos maestre don Diego Garçia de Padilla e don Enrrique Enrriquez, seyendo entrados en tierra de moros con mill e dozientos caualleros e dos mill peones, fueron vençidos de los moros açerca de Guadix e fue ý preso el dicho maestre de Calatrava. E despues d'esto el rey don Pedro entró con su hueste en el regno de Granada, e tomó estos castillos que se siguen: Ysnaxar, Benamexir, Çena, Sabira, El Burgo, Cañete, /f. 5rº/ Hardales, Turon, Las Cuevas.

Veyéndose el rey Bermejo aflegido e congoxado con esta guerra vyno a Seuilla e púsose en poder del rey don Pedro, al qual por vengança de la guerra que le quiso fazer estando él en guerra con el rey don Pedro de Aragon. E por cobdiçia de le tomar commo le tomó la riqueza que traýa de piedras preçiosas, plata e oro,

[7] año EdTF.

lo fizo prender e matar por justiçia, e asy quedó el dicho rey Mahomad rey e señor de todo el regno de Granada, al qual en el tiempo de la discordia e guerra que hera entre el dicho rey don Pedro e el rey don Enrrique su hermano, vyno con grand poder de moros en fauor del rey don Pedro sobre Cordoua e tomó a Jaen e a Ubeda e a Marchena, ecçepto las fortalezas donde escaparon muchas gentes, pero destruyóles e aportillóles las dichas çibdades e levó muchos christianos captivos.

E despues que el dicho rey don Pedro fue muerto en Montiel por el rey don Enrrique, su hermano, tomó este rey Mahomad /f. 5vº/ las Algeziras e destruyólas e mató e captiuó quantos christianos vezinos e moradores estauan en ellas e fizo grand guerra en el Andaluzia en uno con el maestre de [Calatrava][8] [2], don Martyn Lopez de Cordoba, que tenía el thesoro e fijos del rey don Pedro en Carmona. E tanto tovo que fazer este rey don Enrrique en allanar e sosegar su regno en diez años que regnó despues que el rey don Pedro, su hermano, fue muerto, que non tovo tiempo nin logar de fazer guerra a los moros, nin menos su fijo, el rey don Johan primo de Castilla, seyendo ocupado en la guerra de Ynglaterra e de Portogal en doze años que regnó, nin menos por consiguiente fizo guerra a los moros el rey don Enrrique IIIº de Castilla e de Leon su fijo en XVIº años que regnó. Commo quier que teniendo muy grand deseo e voluntad de les fazer la guerra aunque hera doliente, yendo con esta yntynçion a la frontera, murió en Toledo e por esto çesó. E commo començó /f. 6rº/ a regnar su fijo el rey don Johan IIº de Castilla de hedad de aún non dos años complidos, fue su tutor el ynfante don Fernando de Castilla, su tyo hermano del rey don Enrrique su padre.

Este muy noble ynfante don Fernando, rigente la tutoria del rey don Johan su sobrino fizo guerra a los moros quasy dos años e fue sobre Setenil e çercó a Antequera e vençió al rey de Granada en la Cabeça del Asna que vyno sobre él por le fazer levantar la real [3]. E tomó luego a Antequera e despues a Zahara, e commo en esto sobrevyno la muerte del rey don Martyn de Aragon, ovo de yr el dicho ynfante don Fernando e partyr d'estos regnos a tomar el regno de Aragon. E por esta causa se fizo la tregua con los moros, la qual duró fasta que el dicho rey don Johan reçibió en sy la gobernaçion e regimiento de sus regnos, e despues que ovo fecha paz e concordia con los reyes don Alfonso de Aragón e don Johan de Navara sus primos, de la guerra e discordia que con ellos avya tenido comienço /f. 6vº/ a fazer la guerra contra los moros. E él en persona entró con su hueste a la vega de Granada

[8] Lectura difícil A; Calatrava EdTF.

e vençió a los moros en batalla campal e mató e captivó muchos d'ellos. E despues que les ovo talado la dicha vega e fue tornado a su regno, dexó sus fronteros contra los moros. E en çinco o seys años que duró la guerra tomaron los christianos las villas e castillos de Benamaurel e Bençalema, Ximena, Huelma e Arenas, Aljaim[9] e Huescar[10] [4] e Orçe e Galera que en otro tiempo ovyeron seydo de vuestra Orden de Santiago e a Beliz el Blanco e a Beliz el Rubio, Tyrieça, Xyquena, Albox e Arbolea, Cantoria, Cullar e Castilleja, Cabrera e otros lugares.

E tal e tanta guerra fizieron los christianos a los moros en este tiempo talándoles panes dos vezes en el año e corriéndoles la tierra de cada un dia, de guisa e manera fue que los moros se vieron en muy grand estrecha e afruenta. Commo quier que avía grand tiempo que estauan folgados /f. 7rº/ e non avyan tenido guerra con christianos. E vino a ser que en todo el regno de Granada non avía mill e quinientos caualleros e aún esos non mucho mejores que otros, ca non tenían que comer nin esperauan ser socorridos de ninguna parte. E sy la guerra durara otros dos años o tres más, todo el dicho regno de Granada se perdiera e lo cobraran los christianos, mas aquel enemigo antiguo que non duerme nin çesa de fazer e buscar syempre todo mal, puso tal diuision e discordia entre el dicho rey don Johan e los grandes señores e caualleros de sus regnos. Quando fue preso e suelto el adelantado Pero Manrrique, se ayuntaron contra él en Valladolid con muchas gentes de armas por causa e razon[11] del condestable don Aluaro de Luna que hera su muy grande priuado, e por su consejo d'él[12] fuera preso el dicho Pero Manrrique, adelantado de Leon. E por esto le ovo de fazer la tregua con los moros, la qual discordia e diuision fue vida e salud para los moros.

E despues de aquel ayuntamiento /f. 7vº/ de Valladolid se fizieron otros e muchas guerras e discordias que ovo en estos regnos, asy commo el çerco e entrada de Medina e ayntamiento de Palençuela e del campo e pelea de Panpliga e batalla de Olmedo e prision de Tordesillas e guarniçiones de guerras e çercos de Atyença, Torija, Peña de Alcaçar, Çerezo, Belforado e Briones e otros, asy que durante en estos dichos regnos estas guerras e diuisiones cobraron e tomaron los moros todas las más de las dichas vyllas e castillos que en la guerra pasada les avían tomado los christianos. E aun el rey Chico de Granada entró en tierra de christianos, tomó a Çieça la primera vez e levó captyvos quantos en ella estauan. Eso mesmo fizo a

[9] Alicum EdTF.
[10] Huesca A.
[11] fazon A.
[12] su consejo fuera EdTF.

Villa Carillo e Almedilla e a Molina e a otros logares de christianos. E despues d'esto los moros vençieron a don Fernando de Castro açerca de Hellin e en el Val de Cartamo a Johan de Sayavedra e mataron a Hordiales, su yerno. E en otra pelea /f. 8rº/ vençieron al alcayde de Antequera, Alfonso de Narbaez e mataron a Johan de Guzman. E despues que el rey don Enrrique regnó todos saben commo e de qué manera se fizo la guerra a los moros ese poco tiempo que se fizo. E aún estando el conde de Castañeda en Jaen por frontero fue vençido e preso de los moros en una pelea, non obstante que Dios Nuestro Señor, por su grande misiricordia, quiso dar graçia a los christianos [que] en su tiempo tomasen a Gibraltar e Archidona e al castillo de Aljaim[13] que ha poco tiempo que se perdió.

Muy magnifico señor, plega a Dios Nuestro Señor todo poderoso que vos dé graçia con sus altezas de los dichos muy ilustrisimos rey y reyna nuestros señores, commo fizo e ovo aquel muy notable maestre don Pelay Perez Correa, vuestro predeçesor, con el muy noble catholico christianismo prinçipe el rey don Fernado IIIº de Castilla e de Leon en conquistar commo conquistó las muy nobles çibdades de Cordoba e Seuilla con toda el Andaluzia, que asy vuestra señoria /f. 8vº/ e todos los grandes señores e caualleros de sus regnos e señorios, seyendo conformes en su seruiçio, conquisten e tomen todo este ryncon e tierra del regno de Granada que les queda e fynca a los moros fasta oy en esta nuestra España, amen[14].
De Murçia a primero de junio año de[15] MCCCCLXXXI.
De vuestra muy magnifica señoria, muy homil e deuotisimo orador capellan e seruidor, Diego Rodríguez de Almela, canonigo de Cartajena.

/f. 9rº/ Copia de la letra del dicho señor maestre de Santiago enbiada al dicho canonigo Diego Rodriguez de Almela en respuesta de la dicha copilaçion e letra que a su señoria le ovo enbiado.

Venerable espeçial pariente, vuestra carta reçebimos e en mucha graçia vos tenemos la copilaçion que nos enbiastes de los miraglos del glorioso Apostol Señor Santiago, nuestro patron. E bien pareçe salida de vuestra mano e de tan bueno e perfecto seso. E syn dubda ella va tal que en qual quier parte puede pasar por bien prinçipal e dezírse que fue fecha por vós. Plazerá a Nuestro Señor que lo pagaremos

---

13 Alicum EdTF.
14 en esta nuestra España EdTF.
15 a primero de junio MCCCCLXXXI EdTF.

en cosas de vuestro honor commo lo mereçeys e deseamos. En lo demas que toca a la guerra de los moros, segun el deseo que el rey e la reyna nuestros señores a ello tyenen con nuestra suplicaçion que les da priesa, Nuestro Señor lo va encaminando /f. 9vº/ commo cumple a su serviçio e bien de la christiandad commo vereys por obra bien presto.

Nuestro Señor sea siempre con vós.
De la nuestra villa de Llerena[16] [5] a VIIIº de julio de LXXXIº. A quanto os plazerá, nós, el maestre.

/f. 10rº/ Tractado que se llama copilaçion de los vitoriosos miraglos del glorioso bien aventurado Apostol Santiago, dirigido al noble e virtuoso Fernando de Pineda, cauallero de la muy notable e esclareçida trihumfante Orden de caualleria del glorioso bien aventurado Apostol Santiago, patron de las Españas.

Prologo

Fablando con vós, venerable e estudioso señor, este otro dia en la eglesia de Murçia a do *ab olim*[17] consiste ser tresladada la eglesia cathedral de Cartajena, sobre la muy notable e esclareçida trihumfante Orden de caualleria del glorioso bien aventurado Apostol Santiago, patron de las Españas et en que vós por çierto en esto e en materias eloqu[en]tes bien sabedes /f. 10vº/ fablar, rogando e encargándome mucho por virtud vuestra, pensando que yo fuese a tanto ynstruydo e aver leydo las Escolasticas Estorias e coronicas de los reyes e prinçipes de España, e otras escripturas para sastisfazer e fartar el deseo de vuestra virtuosa contemplaçion, quisiese tomar cargo de escreuir por extenso una copilaçion o junta de todos los miraglos que por el glorioso bien aventurado Apostol Santiago por algunos de los reyes e prinçipes pasados de christianos en muchas batallas peleando [contra][18] aduersarios de nuestra santa fee catholica christiana e [en] ensalçamiento d'ella la diuinal prouidençia ha querido mostrar. E despues de vós ser partido d'esta dicha çibdad a los regnos e señorios de Aragon prosiguiendo e levando adelante el cargo

[16] del Erena A.
[17] do abolin EdTF, B.
[18] peleando adversarios A.

de vysitaçion que de la dicha vuestra Orden teneys e por el muy magnifico señor don Alfonso de Cardenas, general maestre de la dicha Orden de caualleria de Santiago vos fue encomendado, vos plogo de me escreuir rogándome e encargando quisiese tomar el dicho cargo. E commo quier que en el estudio[19] d'esto que me encomendays despendy /f. 11rº/ atan[20] poco tiempo que non digo para complir e fartar el deseo de vuestra virtuosa contemplaçion me reputaba e reputo ynsufiçiente, pero acatando el vuestro estudioso deseo e atreuiéndome en algo commo por vuestra letra dezís en las migajas[21] e criança del muy reuerendo e vyrtuosi[si]mo[22] perlado don Alfonso de Cartajena, de gloriosa e laudable memoria obispo de Burgos mi señor[23], collegí, llamando el ayuda diuinal [e] fízelo asy commo vereys, non tal syn dubda, commo fazer se deuía e perteneçía enbiar a vós a quien se dirige, mas commo la flaqueza del yngenio del escriuiente en tal tiempo bastó, confiando en vuestra virtuosa equanimidad que lo reçebireys begnina mente, tolerando los defectos que en la presente copilaçion fallaredes do tolerar se pudieren, e emendar los do emendar se deuieren, e dexando ya esto por non poner grand petral a pequeño cauallo, queriendo començar a complir lo que me demandays ynxiriré aqui vuestra letra, pues que vos plogo que asy se fiziese.

/f. 11vº/ Carta enbiada al venerable e virtuoso Diego Rodríguez de Almela, canonigo de la eglesia de Cartajena, por el noble e virtuoso señor Fernando de Pineda, cauallero de la dicha Orden de Santiago.

Venerable e virtuoso señor, la esclareçida e trihumfante Orden de la caualleria del militante e bien aventurado Apostol Santiago, patron so cuyo amparo e guarda están las Españas, mirando commo soy cauallero religioso, puesto so el yugo de la tal Orden, contemplando en algunos miraglos que la yspiraçion diuina ha querido mostar por nuestro muy glorioso Apostol Santiago por algunos de los prinçipes pasados de christianos, en[24] muchas batallas peleando contra adversarios de la nuestra santa fee catholica christiana en ensalçamiento d'ella, e habido algun

[19] estudioso A, B.
[20] despendia tan EdTF.
[21] en las migajas et las migajas B.
[22] vyrtuosimo A, virtuoso B.
[23] señor que aya santa gloria, collegí EdTF.
[24] con A.

conoçimiento e commo[25] soys[26] scientifico ynstruydo en haber leydo las Escolasticas Estorias /f. 12rº/ e coronicas de España e miraglos e vida del viruoso Santo Apostol, e seyendo çierto que allende de[27] vuestro estudio e saber nos podrá faltar aquel çimiento e criança del muy reuerendo e vyrtuosisimo[28] perlado don Alfonso de Cartajena, obispo de Burgos, nin las migajas que de su notable saber colegistes, e para fartar mi fambre e deseo de mi contemplaçion, en los tales miraglos quise tomar atreuimiento a vuestra virtud quisese por ystenso fazer una copilaçion o junta de todos sus vitoriosos miraglos. Por que con el remedio de vuestro cuydo\so/ escreuir sea más creçida mi contemplaçion e por que en este peregrinaje e cargo de visitaçion en que vó de vuestro mereçimiento ganaré[29] algo en merecer, suplico a vuestra reverençia por que la causa e fundamento de nuestra Orden, los treze caualleros primeros ynventores d'ella, ynfluydos de divinal graçia, quisieron e fueron causa, [e] nuestra Orden fuese perpetua memoria naçida de los tales miraglos. Alguna poca fatiga vuestra reuerençia quiera resçebir, non tarde escribir por que ha muchos caualleros de nuestra vyrtuosa Orden los tales miraglos copilados por vuestra pluma leyendo o oyéndolos les será[30] descanso. E yo quedaré obligado /f. 12vº/ ynterçesor a amanifestárlos. E sy graçia mandays que reçiba de vós, señor, escríbase e non se olvide en el comienço de vuestra obra esta mi ystançia e petiçion, cuya venerable persona puesta en estudiosa virtud e dotrina Nuestro Señor conserue e guarde.
De Orihuela, a tres de abril [de LXXXI][31], Más vuestro que suyo,
Fernando de Pineda.

Respuesta a la letra e yntruduçion de la obra.[32]

Con quanta alegria, muy venerable e estudioso señor, vuestra graçiosa e discreta letra ley e commo quier que d'esta vuestra requesta que me demandays e pedís para en algo sastifazer e complir el deseo de vuestra virtuosa contemplaçion me pudiera escusar por las razones en el prologo por mí ya ante dichas, mas por la muy grand deuoçion que tengo /f. 13rº/ e he en la vuestra muy notable esclareçida

---

[25] commo, señor, soys EdTF.
[26] soi B.
[27] allende vuestro B.
[28] vyrtuosimo A.
[29] ganar EdTF.
[30] le será A; les era B.
[31] a tres de abril A, B.
[32] respuesta ... obra om. B.

e trihumfante Orden de caualleria del glorioso bien aventurado Apostol Santiago patron de las Españas, seyendo commo soy su mucho deuoto e obligado, e por la antigua hermandad que esta iglesia de Cartajena a do yo soy colocado e canonigo d'ella tyene con la dicha Orden, segun paresçe por la conposiçion e escriptura abtentica[33] entre los muy reuerendos señores, obispo e cabilldo a la razon d'esta dicha eglesia fizieron con el señor maestre don Pelay Pérez Correa, de muy esclareçida memoria, en esta çibdad de Murçia, a[34] veynte e siete de julio, hera de[35] mill e treziçentos e nueve años que son de la natiuidad de nuestro Señor Jhesu Christo de mill e dozientos e setenta[36] [6] e uno; e entre otras clausulas que en ella hay una es esta que comiença asy[37]: "Nós, don Pelay Pérez Correa, por la graçia de Dios maestre de la Orden de caualleria[38] de Santiago, con voluntad e con otorgamiento de todo el cabilldo general de nuestra Orden por mandado del muy noble nuestro señor el rey don Alfonso, fazemos tal pleyto /f. 13vº/ e tal postura e tal avenençia con vós, don Garçi Martínez, dean electo de Cartajena, e con el cabilldo d'esa mesma çibdad, e por el grande amor[39] que avemos con los que agora ý[40] soys, dámosvos en cada uno de los lugares que tenemos de nuestra Orden en vuestro obispado, visitaçion, correpçion, ynstituçion, destituçion e procuraçion de los clerigos, asy commo lo avedes en los otros lugares del obispado. E cada e quando quier que acaesçiere canonigo e compañero[41] o otro benefiçiado de la[42] dicha iglesia de Cartajena en los lugares de la Orden o donde nos fueremos que le fagan mucha onrra e mucho plazer. E nós, don Garçi Martinez, dean e electo de Cartajena, en uno con nuestro cabilldo otorgamos e resçebimos esta postura e avenençia con vos dicho señor maestre e con la Orden sobre dicha para syempre jamas. E por el muy grande amor e muchos debdos que avemos convusco[43] reçebimos a vós dicho señor maestre[44] e a qual quier maestre que venga en pos de vós e /f. 14rº/ qual quier comendador mayor que venga por canonigos e por

---

[33] abtentiva EdTF.
[34] del EdTF.
[35] hera de de A.
[36] sesenta A, B.
[37] comiença: "Nos.. B.
[38] horden y caballeria B.
[39] cibdad, e por ayudar a la iglesia de Cartagena, e por el grande amor …EdTF.
[40] agora soys B.
[41] o compañero EdTF; aconpanero B.
[42] desa EdTF, B.
[43] connusco B.
[44] señor dicho maestre B.

conpañeros en nuestra eglesia, e quando fueredes en el lugar que ayades vuestra raçion segun que han los otros canonicos e çetera."

E otro sy por el muy grande amor de caridad que el muy magnifico e esforçado cauallero don Garçi Lopez de Cardenas, comendador mayor de Santiago en la provincia de Leon, de gloriosa memoria, padre que fue del dicho muy magnifico señor don Alfonso de Cardenas maestre de Santiago, vuestro señor y maestre, que Dios dexe beuir[45] por largos tiempos[46] a su santo serviçio, demostró e fizo a esta tierra e patria do yo soy natural en el tiempo que él hera comendador de Caravaca. Ca entre otros grandes fechos e buenas obras que fizo durante la guerra de los moros a esta tierra do él entonçes fazía su abitaçion e biuienda, acuérdaseme de una que fizo e fue asy.

Commo acaeçiese que seyçientos caualleros e mill peones moros de Baça e de su foya e tierra se ayuntasen e entrasen en tierra de christianos por esta frontera del regno de /f. 14vº/ Murçia, e oviesen llegado a la villa Calasparra que es de la Orden de sant Johan e fiziesen en ella grand daño, tornándose para su tierra leuando grand caualgada de ganados e muchos christianos captiuos, salieron a ellos el dicho señor comendador don Garçi Lopez de Cárdenas en uno con el noble cauallero Marty Fernandez Pinedo alcayde de Lorca, con çiertos caualleros e peones con el pendon de Lorca. E ovieron con los dichos moros batalla canpal a çerca del puerto que dizen del Conejo e vençiéronlos e mataron e captiuaron los más d'ellos e tomáronles la cabalgada que leuauan. En lo qual[47] fizo muy grande serviçio a Dios e bien e provecho a esta tierra. Por que sy los moros con aquella cabalgada que leuauan salieran en saluo, tomaran muy grande atreuimiento para fazer mayor guerra, males e daños a esta tierra e a su comarca d'ella. Asy que dexando las otras cosas que con razon me pudiera escusar, pero aún que otras non oviera sy non solas estas dos que dichas son, me obligaba a fazer e complir lo que pedís para en algo sastifazer el deseo de vuestra /f. 15rº/ virtuosa contemplaçion.

E mirando en lo por vos pedido sy Dios a mi flaca e pequeña capaçidad quisiere \administrar/[48] ynvocando con toda humildad el favor diuinal de quien e en quien todo el ynfinido bien proçede e tyende[49], e clamando con el coraçon aún que la lengua al presente se calle, con el profeta, Dios entiende en mi ayuda, Señor

[45] dixe venir B.
[46] luengos tiempos EdTF.
[47] Et a lo qual A.
[48] ministrar quisiere EdTF.
[49] tiene B.

apresúrame ayudar [que] començare el progreso d'esta copilaçion. E diré el modo que en ello entyendo de tener por que me paresçe ser todo menester allende e más de lo que me pedís e demandays fazer [que es] solo copilaçion de los dichos vytoriosos miraglos. E primera mente la dividiré en veynte e dos capitulos.

E en lo primero se conterná cómmo e por quál razon el glorioso e bien aventurado Apostol Santiago fijo del Zebedeo fue llamado el Mayor. El qual despues de la as[c]ension de Nuestro Señor Jhesu Christo vyno en España a Gallizia e despues de tornado a Jerusalem e muerto e padeçido por martirio fue su gloriosos cuerpo asportado[50] e traydo miraculosa mente por mar /f. 15vº/ en España al padron, e despues de alli trasladado a la çibdad de Conpostela do es agora la eglesia de su ynvocaçion que es llamada Santiago de Gallizia. E quien la dicha su iglesia fizo e la redeficó e consagró la que oy dia está fecha, e quién la fizo obispado e despues metropolitana arçobispado e le dio e otorgó el jubileo e yndulgençia plenaria que tyene oy.

Lo segundo se conternan los vitoriosos miraglos que Nuestro Señor Dios todo poderoso por su ynfinita bondad ha querido demostrar por ynter[uen]çion[51] del glorioso bien aventurado Apostol Santiago en los tiempos antiguos pasados contra los moros ynfieles, enemigos de nuestra santa fee. E otro sy los que la dicha su eglesia profanaron, robaron e ovieron muerto a los perlados d'ella e la pena e plaga que por ello les vyno e padesçieron e de algunos reyes e prinçipes christianos que por deuoçion vynieron en romeria a la visitar, recontando algunas cosas que fizieron e les acaesçieron en la romeria.

Lo terçero se dirá de cómmo e en qué tiempo fue la conquista de la Tierra Santa e çibdad de Jerusalem fecha por los /f. 16rº/ treze capitanes con las gentes cruzadas de christianos que a esta conquista fueron con el santo varon Pedro el Hermitaño. E commo en este mesmo tiempo despues de la tomada por los christianos la Tierra Santa e çibdad de Jerusalem fueron començadas e ynstituydas las tres ordenes de caualleria, del Ospital de sant Johan de Jerusalem e del Temple[52] e de Santa María de los Theo[to]nicos[53] que agora llaman de Pruça [7].

Lo quarto se conterná e dirá de cómmo e en qué tiempo e por quién fue començada e ynstituída, prinçipiada e confirmada[54] la dicha vuestra muy notable e

---

[50] haportado B; asportando A.
[51] intención EdTF; interçesion B.
[52] d'el Tenplo B.
[53] de lo Thoinicos B.
[54] conformada B.

esclareçida trihunfante Orden de caualleria del glorioso bien aventurado Apostol Santiago que dizen del Espada en España [9]. E eso mesmo quien fizo e prinçipió e en que tiempo las Ordenes de caualleria de Calatraua e de Alcantara.

Lo quinto e postrimero se dirá quien e commo ovieron nombre los maestres que han seydo en la dicha Orden de caualleria de Santiago e de algunas cosas que los dichos maestres fizieron e casos fortuytos que les aconteçieron e çetera.

Muy venerable /f. 16v°/ e virtuoso señor, Dios Nuestro Señor todo poderoso conserue, prospere, ensalçe e guarde vuestra muy[55] virtuosa persona con aumentaçion de más e mayores[56] vyrtudes, honrra e bienes espirituales e temporales commo deseades, a su santo serviçio.

De Murçia, a XV° de mayo año de mill e quatroçientos e ochenta e un años. El que es mucho[57] deuoto vuestro e a lo que mandareys es presto, *Didacus, canonicus cartagensis*[58].

[55] vuestra virtuosa EdTF.
[56] e de mayores B.
[57] el que es devoto EdTF.
[58] cartagenis EdTF; cataguinens B.

Capitulo primo

Cómmo e por quál razon el glorioso e bien aventurado Apostol Santiago fijo del Zebedeo[1] fue llamado El Mayor. E vyno a España, e despues de tornado a Jerusalem e muerto por martirio, fue traydo e aportado su cuerpo miraculosa mente por mar en España al padron, e de alli fue despues trasladado a la çibdad de Compostela, do es agora la iglesia de su ynvocaçion que es llamada de Santiago de Gallizia.

/f. 17rº/ El glorioso e bien aventurado Apostol Santiago, patron de las Españas, fue naçido en la çibdad de Bethsayda[2] de Galilea e fue fijo del Zebedeo e de Maria su muger, fija de santa Anna e hermana de la muy gloriosa bien aventurada virgen Maria [9]. Santa Anna ovo tres maridos e de cada uno d'ellos ovo una fija e cada una d'ellas fue llamada Maria.

Primera mente fue casada santa Anna con Joachin, el qual ovo en ella a la gloriosa bien aventurada [n]uestra señora la virgen Maria que fue desposada con Josep, de la qual naçió nuestro redemptor e salvador Jhesu Christo. Muerto Joachin, casó santa Anna con Cleofas e ovo d'él la segunda fija que asy mesmo fue llamada Maria. Esta fue casada con el Alpheo e ovo d'él quatro fijos, conuiene a saber, Santiago, llamado el Menor, que fue obispo de Jerusalem, e sant Ximon e sant Judas *vel* Tadeo apostoles, e Josep *vel* Barsabas que por sobrenombre hera llamado Justo, uno de los setenta e dos diçiplos, el que fue echado en /f. 17vº/ suertes con sant Mathia, quien avría el apostolado que perdió el traydor de Judas Escariote. *Iten* muerto Cleofas, casó santa Anna otra vez con Salomas del qual ovo la terçera fija que eso mesmo fue llamada Maria. Esta fue casada con el Zebedeo. El qual ovo d'ella dos fijos, Santiago el Mayor apostol, e sant Johan apostol e euangelista.

Este glorioso e bien aventurado Apostol Santiago fue llamado El Mayor a difirençia de Santiago el Alpheo aun que fue menor de dias que él. E esto por que fue primero llamado por Nuestro Señor Jhesu Christo e llegado a Él al apostolado, por que en la religion el que primero entra en ella mayor es llamdo que el que despues d'él entra, aun que sea menor de dias. E él lo siguió dexando todas las cosas que tenía e poseya e fue fecho uno de sus tres secretarios ca él fue presente en los tres secretos de Nuestro Señor Jhesu Christo, conuiene a saber, en su trasfiguraçion e en la resuçitaçion de la moça, e en la oraçion que açerca de su santa pasyon /f.

[1] Cevedo B.

[2] Beth a saida B.

18r°/ fizo. En estas tres cosas e secretos que Nuestro Señor Jhesu Christo fizo non quiso que fuesen en ellas si non sant Pedro e Santiago el mayor e sant Johan Apostol e euangelista, su hermano.

E segund[3] se cuenta en su leyenda de Santiago e lo escribe *Viçençio Estorial*, libro IX°, capitulo VII°, dize estas palabras: despues de la as[c]ension de Nuestro Señor e saluador Jhesu Christo, los apostoles fueron a diuersas partes del mundo por voluntad de Dios syn themor alguno. E dize que escogió nueve deçiplos, conviene a saber. El primero ovo nombre Torcato, el segundo Yndalençio, el terçero Secundo, el quarto Thisifonte, el quinto Ceçilio, el sexto Eusitio, el septimo Efrasinio e otros dos que non se escriuen sus nombres para que con ayuda d'ellos arancase las malas yerbas de los campos e sembrase la simiente de la palabra de Dios en la tierra, que avía grand tiempo que non daba fruto.

E predicó en la provinçia de Samaria e de Galilea e muchos a la santa fee conuertió e llegó al puerto de Japha que es en la Siria[4]. E de alli vyno por mar en una nave en España /f. 18v°/ a Gallizia. E commo muy pocos ý convertiese dexó ý dos de sus deçiplos para que predicasen e convertiesen a las gentes de aquella tierra e con los otros siete se tornó a tierra de Judea para que ý pedricando los creyentes e conuertidos en Nuestro Señor Jhesu Christo fuesen confortados. E fizo alli muchos grandes miraglos, e compidos cathorze años despues de la asension de Nuestro Señor Jhesu Christo, en el comienço del ymperio del emperador Claudio de los Romanos, açercándosele ya el dia postrimero de la su fyn, vyno a la çibdad de Jerusalem.

E estando e pedricando, por acusaçion e enbidia de los phariseos judios, Herodes lo prendió (I) e lo puso en la carçel e antes de la Pascua del pan çençeño lo fizo degollar. E segun escriue el

---

(I) Este Herodes que mató a Santiago, segun cuenta el maestro de las *Estorias Escolasticas*, no fue este Herodes Tretarcha que por sobrenombre fue llamado Escalonita, mas fue Herodes Agripa por que aquel non fue rey mas tretarcha. Despues de la muerte del rey Herodes Anthipas el que mató los ynoçentos, el emperador Agusto Çesar de consejo del senado romano por diuidir la potençia e señorio del regno de los judios, partió la monarchia d'ellos en partes entre los fijos del dicho rey Herodes defunto. La media parte Judea con Ydumea dio a Archelao so nombre de Tretarcha e de la otra media parte diuidió en dos partes e fizo d'ellas tretarchias e dio a Herodes Tretarcha el que consyntió a Pilatos la muerte de Nuestro Señor Jhesus Christo la region e prouinçia que está allende el rio Jordan con Galilea. La terçera tretarchia de la prouinçia de Tracontydes e Avranita dio a Felipo, su hermano.

---

[3] qui segun B.

[4] Soria A, B, EdTF.

maestro de las *Estorias Escolasticas*, en que alega que cuenta Clemente, obispo de Alixandria[5], e dize que commo el glorioso bien aventurado Apostol Santiago estoviese preso en la carçel, esa noche que en ella lo pusieron convertió al carçelero que lo guardaba e lo bautizó. El qual otro dia de mañana confesó e dixó ante todos commo hera tornado christiano. E leuándolos amos a dos /f. 19r°/ al martirio[6], dixo el carçelero que se convirtió a Santiago: "Hermano, perdóname[7]". E Santiago le respondió e dixo: "Paz sea contigo". E besólo en la boca e fueron luego amos descabeçados. E asy reçibieron martirio e fueron muertos por amor de Nuestro Señor Jhesu Christo. E segun cuenta el dicho *Viçençio Estorial* en el dicho libro IX°, capitulo VII°, los deçiplos de Santiago tomaron su cuerpo de noche por themor de los judios e pusiéronlo en una nave que fallaron en el puerto de Japha. E encomendaron[8] su sepultura a la prouidençia dyuinal.

E guiándolos el angel, aportaron a Gallizia que es en España. E salieron al puerto e pusieron el cuerpo en un logar que dizen el Padron. E fueron a una dueña viuda, que hera señora de aquella tierra, que avía nombre Loba, la qual hera noble mas pagana. E dixiéronle asy: "Nuestro Señor Jhesu Christo te enbía el cuerpo[9] del[10] su apostol e deçiplo[11], por que pues non lo quesiste resçebir biuo, que lo reçibas muerto". E contáronle el miraglo commo syn governaçion vyniera e pidiéronle /f. 19v°/ que les otorgase aquel lugar do le avían puesto para su sepultura. E ella con cruel e engañoso coraçon dixo que le plazía de otorgar con buena voluntad lo que le pedían, con tanto que oviesen consentimiento primera mente del rey de España. E ellos fueron al rey e otorgógelos graçiosa mente mas dende apoco

---

Asy que este Herodes Agripa, que mató a Santiago, fue fijo de Aristobolo[12], fijo del grand rey Herodes Anthipas, que mató los ynoçentes e de su muger Marianes, fija de Yrcano, por causa de la qual de se casar con ella el dicho rey Herodes se çircunçidó, tomó rito judayco, por que los fijos que d'ella oviese heredasen el regno e señorio de los juydios por parte de la dicha reyna Marianes su muger, que hera ysrraelita e venía del lynaje de los reyes Aristobolo e Alyxandre Magno[13], reyes que fueron de los judios los quales venían, deçendían del linaje de los Macabeos.

---

[5] Alegandria B.
[6] e clavadas las manos anbas a dos al martirio B.
[7] convirtió a Santiago: "Perdonadme" B.
[8] et comendaron B.
[9] el bien el querpo B.
[10] de EdTF.
[11] decipulo EdTF.
[12] Aristaudo B.
[13] Maneo A, B, EdTF.

fue sañudo e arrepintióse de lo que avía prometido. E mando yr en pos ellos para que los matasen, e los caualleros que los siguían, pasando una[14] puente, cayó la puente con ellos e afogáronse en el rio. E quando lo oyó el rey, segun dize maestre Johanes Bellec[15] [10], ovo temor que vyniese algun mal a él e a los suyos e enbióles rogar que vyniesen seguros e que avrían lo que les prometiera. E ellos tornaron e convertieron al rey con el pueblo a la fee de Nuestro Señor Jhesu Christo. E esto[16] mesmo cuenta e dize Viçençio [11]. Léese eso mesmo en la letura de Santiago estas palabras: "Por su muy saludable predicaçion el pueblo de toda España[17] començó a conoçer a su redemptor."

E sobre este paso dize el muy reuerendo e vyrtuosimo prelado /f. 20rº/ don Alfonso de Cartagena, obispo de Burgos, dean que fue de Santiago, mi señor, que aya santa gloria, en un tractado que fizo en el conçilio de Basilea [12] sobre la preminençia de las sillas[18] que tyenen los reyes de Castilla e de Leon a los reyes de Ynglaterra, que estos ofiçion e letura es de dar fee, pues se catan publica mente en la eglesia. E son tornadas en comun opiñon e çetera.

E quando la reyna Loba sopo commo el rey de España se avía convertido pesóle d'ello mucho. E los deçiplos de Santiago notificáronle la voluntad del rey e ella les dixo: "Tomad los bueyes mios que yo he en tal monte e unzidlos en un carro e trahed el cuerpo de vuestro señor e tomad qual[19] logar quisieredes." Esto dezía ella con mal pensamiento e voluntad, sabiendo que aquellos bueyes heran toros bravos e que los matarían ý[20]. E ellos non pensando este engaño fueron para los toros e fizieron la señal de la cruz sobre ellos. E luego fueron fechos atan[21] mansos commo corderos. E yunziéronlos e fuéronse do estaua el cuerpo de Santiago e pusieron el luzillo de piedra en que estaba en el carro e /f. 20vº/ los toros syn ningun guiamiento traxeron el cuerpo del Apostol en medio del palaçio de la reyna Loba. E quando lo ella vio, maravillóse mucho e por que lo vio creyó e tornóse luego christiana e dioles quanto demandaron. E en su palaçio que hera dentro de la su çibdad de Compostela fizo la[22] eglesia para Santiago e diole muchas riquezas e posesiones e acabó su vida en buenas obras.

---

[14] por una B.
[15] Juan Belet B.
[16] eso B.
[17] el pueblo todo España B.
[18] villas B.
[19] mod qual B.
[20] que los matarían. E ellos non pensando EDTF.
[21] tan B.
[22] fizolo EdTF.

Despues d'esto sus deçiplos fueron desparzidos[23] a predicar por España, saluo dos, conuiene a saber: Theodosio e Athanasio que alli quedaron do el Apostol Santiago fue sepultado. Fue martirizado muerto degollado el Apostol Santiago, viernes veynte e çinco dias del mes de março en tal dia commo Nuestro Señor Jhesu Christo fue encarnado e resçibió muerte e pasion. E a veynte e çinco dias del mes de agosto fue su cuerpo traydo e aportado por mar al padron que es en Gallizia de España. E a treynta dias del mes de deziembre fue el dicho su glorioso cuerpo trasladado al padron do primero fue aportado e sepultado en la çibdad de Conpostela, /f. 21rº/ en la iglesia de su ynvocaçion do agora está tumulado[24]. Sobre el qual Dios Nuestro Señor ha fecho e demostrado muchos e grandes miraglos.

[23] esparçidos B.
[24] timulado A.

Capitulo segundo

De cómmo e en qué tiempo e quién fizo la eglesia que oy dia está fecha e hedeficada do está sepultado el cuerpo del glorioso bien aventurado Apostol Santiago, patron de las Españas, en la çibdad de Compostela, e quién la consagró e fizo obispado e le dio e otorgó el jubileo e yndulgençia plenaria que agora tyene.

La eglesia del glorioso bien aventurado Apostol Santiago, patron de la Españas, que es dentro de la çibdad de Compostela de Gallizia, estouo fecha desde que el su glorioso cuerpo fue alla trasladado e /f. 21v°/ sepultado fasta el tiempo del rey don Alfonso III° de Leon llamado el Magno [13]. A çerca del año del naçimiento de Nuestro Señor Jhesu Christo de ochoçientos e sesenta e tres, en el qual tiempo el dicho rey don Alfonso con gran deuoçion que tenía Apostol Santiago redeficó e fizo su iglesia de la çibdad de Compostela segun está oy fecha. E por bula e otorgamiento del papa Johan [14] la fizo consagrar e obispado que ante d'este tiempo non hera.

E fueron ý presentes el dia de su consagraçion el dicho rey don Alfonso e don Argumiro arçobispo de Braga, e don Viçente obispo de Leon e don Gumiel obispo de Astorga e don Hermenegildo obispo de Oviedo e don Diego obispo de Tuy e don Recaredo obispo de Lugo e don Sisnando[1] obispo de Leria e don Dulçedo obispo de Salamanca e don Yague, obispo de Coria e don Aldemiro obispo de Lamego e don Theodemiro obispo de Vyseo. Algunas d'estas çibdades susonombradas tenían los moros, pero las más d'ellas tenían los christianos de España. Otro sy fueron ý muchos abades benditos e /f. 22r°/ clerigos e religiosos e despues de la consagraçion fecha el dicho rey don Alfonso dio a la dicha eglesia de Santiago muchos ornamentos e cruzes e caliçes de oro e de plata. E doctóla de muchos heredamientos, villas e lugares, rentas e posesiones que le dio.

E quando ovo renunçiado el regno que tenía a su fijo primo genito el ynfante don Garçia, allegando açerca la fyn de sus dias, vyno en romeria a visitar la dicha iglesia de Santiago. E despues que la ovo complida pidió ayuda al ynfante don Garçia su fijo, a quien su regno ovo renunçiado, e tan complida mente commo ge la pidió ge la dio. E entró con su hueste en tierra de moros e fízoles muy grand guerra, mal e daño trayéndoles muy grand caualgada de ganados e muchos moros

---

[1] Sisinando EdTF.

captiuos aviéndoles tomado, quemado, derribado e aportillado[2] muchas villas e logares. E tornó mucho rico e con grand honrra a Çamora, e asy él fue muy bueno en el comienço de su regnado, muy mejor lo fue en su fyn. E estando /f. 22v°/ en Çamora de la venida de su hueste enfermó e murió, e la su fyn fue mucho honrrada e çetera.

Despues d'esto, en tiempo del rey don Alfonso VII° de Castilla e de Leon [15], emperador[3] de España, a çerca del año de mill e çiento e veynte, en el XII° año de su regnado, despues de la muerte del papa Gelasio II° [16], el qual por miedo del heretico, çismatico emperador Enrrique sexto fuyó de Roma con sus cardenales a la çibdad de Gayeta[4], e de alli se fue por mar a Françia e murió en Corniego, que es açerca de León sobre el Ros. E fue ý luego electo por todos los cardenales por verdadero e unico papa vicario de Jhesu Christo el papa Calisto II° obispo que hera de Geneva de Saboya de naçion de Burguña [17], el qual hera de muy noble linaje, fijo de un grand conde de aquella tierra. E fue hermano del conde don Remon, padre del dicho rey don Alfonso, emperador de España.

Este santo padre papa Calisto II° [18] despues que fue elegido e consagrado por papa, veyendo commo el dicho emperador Enrrique tenía tyrana mente[5] a Roma e a todo lo más[6] del [p]atrimonio de la Iglesia Romana /f. 23r°/ e grand parte de Ytalia, e oviese fecho elegir por papa a Bordino que en otro tiempo oviera seydo arçediano de Toledo e despues arçobispo de Braga. Delibró en tanto que la eglesia Romana se paçificaría[7] de venir en España en romeria e visitar la iglesia del bien aventurado Apostol Santiago de Gallizia e por ver al dicho emperador de España su sobrino, fijo del dicho conde don Remon, su hermano. E commo el dicho rey don Alfonso emperador supiese de su venida saliólo a resciebir a la entrada del regno. E fízole muchas e grandes honrras yendo con él a Santiago. E complida su romeria este santo padre papa Calisto II° fizo la dicha eglesia de Santiago llamada Compostela eglesia metropolitana e arçobispado. E tresladó el arçobispado de Merida en ella e diole e otorgóle jubileo e yndulgençia plenaria que la ganasen todos aquellos omnes e mugeres[8] que la visitasen de alli adelante contritos e confesados

[2] aviendoles quemado, derribado e aportillado B.
[3] Alfonso VII° de Castilla e de Leon de España B.
[4] Xayeta B.
[5] tiranicamente EdTF.
[6] a todos los demas B.
[7] pacificava EdTF.
[8] omeijeres B.

de todos sus pecados, el año que la fiesta del glorioso Apostol Santiago cayese en domingo, /f. 23vº/ el dia suyo con todo su ochauario. Otros dizen que la ganan todos los que la dicha eglesia visitaren por todo el año compido quando la dicha fiesta cayere[9] en domingo.

El primero arçobispo que fue de Santiago ovo nombre don Diego [19], noble omne e grand letrado de buena santa e laudable vida, e mucho deuoto a nuestra Señora la virgen Maria. E dízese que él fizo e compuso aquella muy deuota cantica e antifona[10] que comiença: "Salue, Regina". Este arçobispo don Diego crió en Gallizia al dicho rey don Alfonso emperador de España e fue su ayo quando hera niño.

Despues d'esto el dicho santo padre Calisto IIº tornóse pa[ra] Françia e de ay fue por Lonbardia e Tuçia a Roma. E por do quier que yba le fazían muy grandes honrras e lo resçebían con muy grand gozo e alegria. Sabiendo el antepapa Burdino de su venida en Ytalia fuyó de Roma e púsose en un castillo de Calabria. E fue alli çercado e preso tomado e puesto en una cueua de un monesterio e murió ally /f. 24rº/ en ella, en carcel perpetua. Algunos tyenen e quieren dezir que el dicho muy santo padre papa Calisto IIº, seyendo obispo de Geneva[11], vyno en España en[12] romeria a Santiago de Gallizia e por ver al dicho rey don Alfonso emperador de España, su sobrino, fijo del conde don Remon su hermano e de la ynfante doña Urraca su muger, fija del rey don Alfonso VIº de Castilla e de Leon, que ganó de moros la çibdad de Toledo. E despues que fue papa dio e otorgó la yndulgeçia e jubileo a la dicha eglesia de Santiago, e la fizo eglesia metropolitana e arçobispado.

---

[9] cayese EdTF.
[10] antifana A.
[11] Genova B.
[12] vino en B.

Capitulo [tercio][1]

De cómmo regnó el rey don Ramiro primero[2] de Leon despues de la muerte del rey don Alfonso el Casto su tio, e de lo que le aconteçió con los moros.

/f. 24vº/ Despues de la muerte del rey don Alfonso el Casto regnó en el regno de Asturias e de Leon el ynfante don Ramiro [20] su sobrino fijo del rey don Bermudo el diacono. E començó a regnar año del nasçimiento de Nuestro Señor Jhesu Christo de ochoçientos e veynte e tres[3], e regnó seys años. En el comienço de su regnado, commo fuese christianisimo prinçipe e de grand justiçia, teniendo muy grand deseo de seruir a Dios e fazer guerra, mal e daño a los moros enemigos de nuestra santa fee, ayuntó grand hueste de christianos, e yendo la via de Rioja e Nauarra que en aquel[4] tiempo los moros tenían grand parte faziendo guerra e todo mal e daño que podía a los moros, llegando a Nauara[5] entróla por fuerça e mató e captiuó quantos moros estauan en ella e quemóla e aportillóla.

E de ally yendo con su hueste más adelante, salieron los moros a él con muy grand poder d'ellos de caballo e de pie e /f. 25rº/ falláronlo çerca de un logar que dizen Clavijo [21]. E commo se vyeron los unos çerca de los otros, ordenaron cada una de las partes sus hazes e començaron la batalla. E esto hera ya tarde despues de vispras e pel[e]ando muy fuerte mente los christianos, commo heran pocos a respecto de los moros, oviéronse de retraer tornando las espaldas afuera[6] poco a poco, syguiéndolos toda via los moros fasta que llegaron a un cabeço. Pero tornando toda via los christianos sobre sy commo mejor podían, e commo los moros los çercaron alli, sobre vyno la noche a todos, de guisa e manera que les fizo çesar la batalla. E asy fueron partidos los unos de los otros aquella noche. E los christianos fyncaron en aquel cabeço e los moros asentaron su real aderredor[7] del cabeço, teniéndose por dicho que ninguno d'ellos podría escapar de sus manos, pues lo[s][8] tenían alli çercado.

---

[1] lac. A; III B.
[2] primo A, EdTF.
[3] tres años EdTF
[4] quel A.
[5] Najara A, B, EdTF
[6] a fuerza EdTF.
[7] alrrededor B.
[8] lo A.

Capitulo quarto

De cómmo el Apostol Santiago apareçió en ensueños[1] al /f. 25v°/ rey don Ramiro e de la batalla que ovo con los moros do apareçió Santiago e fueron vençidos los moros.

Estando los christianos todos allegados en aquel cabeço aquella noche, rogando a Dios de todos sus coraçones que los ayudase e non quisiese desampararlos e los acorriese[2] en aquella priesa e angustia en que estauan, faziendo ellos sus oraçiones, adurmióse el rey don Ramiro. E aparesçióle en ensueños el Apostol Santiago e díxole asy: "Sepas que Nuestro Señor Jhesu Christo partió todas las provinçias de la tierra a los apostoles mis hermanos e a mí solo dio a España que la guardase e amparase de los moros ynfieles, enemigos de nuestra fee[3]." E esforçándole le dixo: "Rey don Ramiro, esfuérçate en tu coraçon e sey[4] bien firme e fuerte en tus fechos, ca yo só Santiago Apostol de Jhesu Christo e vengo /f. 26r°/ a ty por te ayudar contra tus enemigos. E sepas por verdad que tu vençerás cras[5] en la mañana con el ayuda de Dios todos estos moros que te tyenen çercado. E dígote que morirá[n] muchos de los tuyos, a los quales está la gloria d[e] parayso aparejada. E por que non dubdes nada de lo que te digo, ver me has en la batalla en un caballo blanco con una seña[6] blanca e grande espada reliziente en mi mano. E vós luego de grand mañana confesarvos hedes todos vuestros pecados e resçebiredes el cuerpo de Nuestro Señor Jhesu Christo e esto fecho non dubdedes de yr ferir en la hueste de los moros, llamando: "Dios[7] ayuda a Santiago", que çierta mente sepas que todos los vençerás e matarás a espada.

En esto despertó el rey don Ramiro, fincó muy confortado e fizo luego llamar los obispos, abades e religiosos. E todos los ricos omes e caualleros de su hueste e díxoles aquella vision que vyera en ensueños. E quando ellos lo oyeron dieron muchas graçias a Dios, loando el su santo nombre con muchas lagrimas que salían

---

1 en sueños B.
2 e socorriese B.
3 nuestra sancta fee B.
4 se y EdTF.
5 que tu vençerás en la mañana B, EdTF.
6 señal B.
7 llamando a Dios EdTF.

de sus ojos. E fyziéronlo todo[8] asy commo les hera mandado por /f. 26vº/ el Apostol Santiago. E luego que fue el dia claro dieron los christianos la batalla, e fueron[9] ferir enlos moros tan derrezio que hera maravilla. E vieron al Apostol Santiago en un cauallo blanco con grand caualleria. E los moros dieron fee e testimonio d'ello que lo vieron. E quando los christianos vieron el Apostol fueron muy confortados e tomaron grand esfuerço e ferían muy derrezio en los moros, dando grandes vozes, diziendo: "Dios, ayuda a Santiago[10]". E fueron luego los moros vençidos en aquella ora e arrancados del campo e començaron[11] de fuyr, e los christianos en pos d'ellos matando e firiendo. E duróles el alcançe fasta la noche. E fueron de los moros muertos en esta batalla setenta mill e todos los más de los otros fueron captiuos.

E despues de la batalla vençida, robado el campo e cogido el despojo d'ella en el qual fue fallado grand aver de oro e plata, cauallos e armas e otras muchas cosas, fue el rey don Ramiro con su hueste sobre la çibdad /f. 27rº/ de Calahorra e tomóla por fuerça e mató e captiuó quantos moros estauan en ella e tomó a Clavijo e a Sant Pedro de Yanguas e Albayda [22] e otros muchos lugares de aquella comarca. E de aquel dia en adelante ovieron e tomaron los christianos en uso de[12] dezir en las entradas de las batallas e en los alcançes de los moros sus enemigos: "Dios, ayuda a Santiago".

---

[8] E fyziéronlo asy commo EdTF.
[9] se fueron B.
[10] Dios ayuda, ayuda a Santiago EdTF.
[11] encomençaron EdTF.
[12] en B.

Capitulo quinto

De la promesa que el rey don Ramiro de Leon e los de su señorio fizieron a la iglesia del glorioso bien aventurado Apostol Santiago de Gallizia, despues que[1] ovyeron vençido a los moros en esta batalla de Clavijo.

Despues que el rey don Ramiro ovo vençido los moros en esta /f. 27vº/ batalla e tomado a Calahorra e las[2] otras villas e castillos segun es dicho, výnose rico e con muy grand honrra para la çibdad de Leon, donde fue muy bien reçebido con grande alegria. E alli venido con todos los grandes señores perlados, duques, condes, ricos omes e caualleros que se acaeçieron con él en aquella batalla, aviendo memoria del grand bien e merçed que Nuestro Señor les avía fecho por ynterçesion e ruego del glorioso bien aventurado Apostol Santiago, el cuerpo del qual en la iglesia de su ynvocaçion que es en la çibdad de Compostela de Gallizia yaze sepultado. Por ende con acuerdo e consejo[3] de todos los que se ally ayuntaron, por sy e por sus subçesores, estableçieron e ordenaron que de quantas yuntas de bueyes oviese en España en tierra de christianos diesen de cada una media fanega de trigo commo por primiçia a la eglesia de Santiago para syenpre. E aún oy dia en algunos lugares de tierra de Estremadura e de Salamanca dan /f. 28rº/ çierto tributo desde[4] aquella promesa aca a la iglesia de Santiago los moyos que dizen commo en feudo e primiçia.

Otro sy fue alli ordenado e estableçido[5] que de todas las ganançias que los caualleros christianos fiziesen en sus huestes e batallas que oviesen contra moros diesen a la eglesia de Santiago commo en ofrenda otro tanto commo a un cauallero cayese de su parte de la caualgada que fiziesen o de la cogida del campo que arrancasen. En este ayuntamiento e promesa e voto que fizieron fueron ý presentes por sy e por todos sus subçesores que despues d'ellos vyniesen el dicho rey don Ramiro e la reyna doña Urraca su muger e el ynfante don Ordoño su fijo primogenito, heredero de sus regnos e el ynfante don Garçía su hermano e don Diego arçobispo de Merida, que aún en aquel[6] tiempo la tenían los moros e non

[1] desque B.
[2] alas B.
[3] consejos B.
[4] dende EdTF.
[5] destableçido B.
[6] aun enaque en aquel B.

hera tresladado el arçobispado de Merida en[7] Santiago e seys obispos conuiene a saber: Don Dulçedo obispo de Numançia, que agora llaman Çamora e don Ruberto obispo de Astorga e don Salamon obispo /f. 28vº/ de Orense[8] e don Rodrigo obispo de Lugo e don Pedro obispo de Avila e don Suero obispo de Oviedo e don Gutierre Suarez adelantado de Leon e don Ramiro Garçia adelantado de Gallizia e don Suero Perez mayordomo del rey e Men Suarez merino de Asturias e todos los otros señores e caualleros e los procuradores de las çibdades, villas e lugares e pueblos de los christianos de España ovyeron por fyrme e estable e valedero que fuese para syempre jamas.

E asy se guardó despues aca grandes tiempos. Por çierto, los muy illustrissimos reyes, e los señores perlados e maestres de las ordenes de caballeria, e duques, condes, ricos omes, señores e caualleros. E todos los otros d'estos regnos de Castilla e de Leon e de toda España, deuen de notar e de mirar bien esto que sy caso fuere de Dios[9] Nuestro Señor todo poderoso les diere vitoria e vençimiento contra los moros enemigos de nuestra santa fee catholica, de reconoçer e partyr de lo que ganaren en las batallas e despojos /f. 29rº/ de las entradas de las çibdades, villas e castillos e lugares que entraren e caualgadas que fizieren con la iglesia del glorioso bien aventurado Apostol Santiago de Gallizia, cumpliendo este voto e prometimiento que sus anteçesores por sy e por ellos fizieron. Por que el Apostol Santiago sea su ynterçesor e rogador a Dios por ellos[10] que sean vençedores contra los moros sus enemigos e de nuestra santa fee, commo fizo por el rey don Ramiro e por todos aquellos que en aquella batalla de Clavijo con él se acaeçieron, los quales dando muchas graçias a Dios e a Él en reconoçimiento este voto e promesa le fizieron.

---

[7] de B.
[8] Orenes A, EdTF.
[9] esto que si Dios B.
[10] por qu'ellos B.

Capitulo sexto

Commo el rey Almonzor [23] vyno la segunda vez sobre el conde don Fernand Gonçalez de Castilla [24] e yendo el dicho conde con su hueste contra los moros le apareçieron en ensueños[1] en vision sant Millan abad de la Cogolla e el santo monje /f. 29vº/ don Pelayo e le dixeron que vençería a Almonzor e avría en su ayuda al Apostol Santiago.

Despues que el conde don Fernand Gonçález de Castilla ovo vençido en batalla canpal a los gascones e nauarros adonde fue muerto el conde de Tolosa que venía con ellos, sopo commo el rey Almonzor[2] despues que por él fuera vençido en batalla, que llegó a Córdoba. E que enbiara a tierra de Africa allende el mar muchos alfaquis e mensajeros moros faziéndoles saber el grand mal, desonrra e daño que avía reçebido del conde don Fernand Gonçalez de Castilla, seyendo d'él vençido. E aviéndole muerto e captiuado muchos moros de los suyos, rogándoles por amor de Allá e de su profeta Mahomad que vyniesen e pasasen aquende el mar en España a lo ayudar e vengar aquella tan grand desonrra commo del dicho conde avía /f. 30rº/ reçebido.

E desque esto fue sabido por tierra de África pasaron a tantas gentes de moros marines e alarbes que hera marauilla. E ayuntáronse todos los moros de allende el mar e de aquende[3] en la çibdad de Cordoba e por su comarca e de ally partyó el rey Almonzor con sus grandes poderes que consigo leuaua para Castilla. E andando por sus jornadas fasta que llegó a un lugar que dizen Haçinas que es en la Hoz de Lara a do fue la otra batalla. E quando el conde don Ferrand Gonçalez de Castilla sopo de su venida ayuntó quantas gentes pudo aver de cauallo e de pie e partyó de Burgos con su hueste e llegado a Piedrahita, que es çerca de Haçinas donde los moros estauan, fue de ally ahorrado a visitar la hermita de sant Pedro de Arlança[4] [25] donde estaua el santo monge don Pelayo.

E quando fue [a]lli sopo commo hera muerto ocho dias avía e sepultado. E durmió ý esa noche en la hermita e fizo ý su oraçion mucho deuota mente, rogando a Dios de todo su coraçon que lo guardase e librase de los /f. 30vº/ trabajos peligros e angustias d'este mundo e d'estos ynfieles moros descreydos sus enemigos que el rey Almonzor traýa consigo para matar e destroyr a él e a toda la christiandad de

---

[1] en sueños B.
[2] el conde de Tolosa que por él fuera bençido, como el Rey Almançor B.
[3] deaquen B.
[4] Arlans B.

Castilla. Estando asy orando, fatigado del camino e congoxado del espiritu, adurmióse el conde. E vio en vision en ensueños que le paresçió el santo monje hermitaño don Pelayo [26] e díxole que se leuantase e fuese para su hueste que lo estauan esperando. E que fuese çierto que le venía de su parte grand vando e que vençería a Almonzor con todos sus grandes poderes de moros que sobre él traya, e que avría en su ayuda al Apostol Santiago con grand conpaña de angeles. E commo en esto despertase[5] el conde, quedó muy confortado e dixo contra Dios: "Señor, de merçed[6] Te pido que me guardes de pecado, que non pueda por él ser engañado, ca yo, Señor, Tu siervo só e quiérasme guardar[7] por la Tu piedad[8] que es grande". Estando en esto el conde contemplando[9] tornóse /f. 31rº/ a dormir. E apareçióle que oya una boz que le dixo asy: "Leuántate, conde Fernand Gonçalez, e vete tu via e non te detengas nin quieras de tardar e[10] con los moros non fagas treguas nin paz por que non le plaze a Dios. E tú farás de la tu gente tres hazes e tú entra con los más pocos de la parte de oriente. E al comienço de la batalla ver me has, e verás en tu ayuda al Apostol Santiago e vençerás[11] a Almonzor. E sabe que yo [só] sant Millan [27], syervo de Jhesu Christo, e dígote que esta lid durará fasta terçero dia. E al medio dia terçero verás al Apostol Santiago ay[12] commo te yo digo".

E commo despertó el conde, cabalgó en su caballo e fuese a Piedrahita onde los suyos lo estauan esperando, a los quales plogó mucho con su venida. E commo quier que estouiesen d'él quexosos por que los avía asy[13] dexado, diziéndole que non lo deuía asy fazer otra vez. E él les dixo cómmo avía ydo a la hermita de sant Pedro e lo que le avía acaeçido, confortándolos diziendo[14] e fablándoles palabras de grand esfuerço. E con /f. 31vº/ acuerdo de los suyos delibró de hordenar sus hazes para que otro dia de mañana diese la batalla a los moros.

---

[5] despertarse EdTF.
[6] de misericordia B.
[7] dixo contra Dios: "Señor, Tu siervo só e quiérasme guardar…" EdTF.
[8] quieras guardar por la tu piedad B.
[9] el conde tornóse EdTF.
[10] que B.
[11] beras B.
[12] asi EdTF, B.
[13] habi´asi B.
[14] diziendoles B.

Capitulo septimo

De cómmo el conde don Fernand Gonçalez de Castilla ov[o] batalla canpal con los moros, la qual duró tres dias e al terçero dia apareçió en la batalla el Apostol Santiago e fueron los moros vençidos.

Otro dia commo quebró[1] el alua oyeron los christianos sus misas e confesados sus pecados e resçebido el santo sacramento del cuerpo de Nuestro Señor Jhesu Christo. Despues que fue el dia claro caualgaron en sus cauallos e el conde don Fernand Gonçalez ordenó de sus
/f. 32rº/ gentes tres hazes. En la primera haz yua por capitan don Gustioz Gonçalez de Lara, señor de Salas, primo del conde, con dos sus fijos e con don Ruy Vásquez, su cuñado, marido de doña Lambra[2], su hermana. E yuan con él don Gonçalo de Bureua e dos sobrinos del conde don Fernan Gonçalez, todos estos heran fasta trezientos caualleros e seys mill peones muy buenos omes montañeses.

E en la segunda haz[3] yuan por capitanes Lope Ortiz el Vizcayno que hera buen cauallero de grand linaje, el qual hera más rico de[4] mançanas que de pan nin vyno[5] e otro cauallero de la montaña llamado don Martyn. E yuan con ellos muchos buenos caualleros de Bureua e Treviño e de Castilla Vieja e de Asturias de Santillana, de Trasmiera e de las montañas [28], todos estos heran trezientos caualleros muy buenos escogidos e otros seys mill peones [29].

E el conde don Fernand Gonçalez yua en la terçera haz con dozientos caualleros. E yuan en su haz los dos ynfançones de Velasco e los fijos de don Layno e otros buenos caualleros de las montañas e de Castilla e çinco mill omnes de pie bien ardidos. /f. 32vº/ El conde castigó e avisó a los suyos commo avían de fazer. E díxoles, aperçibiéndolos que sy non los pudiesen ese dia vençer, que quando oyesen tañer el cuerno se retraxesen e recudiesen todos adonde el su pendon estouiese.

E este tañer del cuerno o bozina conforma mucho con lo que el muy reuerendo e virtuosisimo[6] perlado don Alfonso de Cartajena, obispo de Burgos, mi señor, que

---

[1] crebó B.
[2] Alanbra A, B, EdTF.
[3] faz EdTF.
[4] en EdTF.
[5] pan y vino B.
[6] vyrtituosimo A.

aya santa gloria, cuenta en el tractado de la caualleria que fizo e dirigió al muy magnifico señor don Ýñigo López de Mendoça, marqués de Santillana [30], conde del Real. Entre otras cosas dize asy: "Estas cosas deue el capitan ver e temprar con deliberaçion e consejo de los caualleros esforçados e discretos que son en su conpañia. Pero otro alguno, por grande que sea por su abtoridad propia, non cometa nin se parta del conbate o pelea, mas commo el buen dançador mueve su cuerpo segun que los ynstrumentos asuenan, asy el buen cauallero vaya o venga syguiendo las palabras del capitan." E por esto en los tiempos antiguos solían /f. 33r°/ los capitanes traher consigo bozinas e solían las tañer muy bien por que conoçiesen los suyos lo que él les mandaua quando en tal logar o aprieto estouiesen en que non podían oyr su palabra. Ca non puede toda via açerca[7] del capitan estar la tronpeta. E quando las gentes de Joab e Abner[8] peleauan, e en tañendo Joab la bozina luego çesaron los suyos e quan sonado fue aquel clamor de bozina que dio el valiente famoso conde palatino Roldan quando açerca de Ronçes valles fue arrancado el emperador Carlo Magno de las gentes del rey don Alfonso el Casto [31]. La comun opiñon de los pueblos lo muestran e algunas de nuestras estorias aquella batalla recuenta[n] aun que las suyas lo quisieron callar e çetera.

E de sy fueron ferir en los moros muy fuerte mente, e pelearon todo aquel dia los unos e los otros fasta que la noche vyno e los despartió. Con todo este primero dia de la batalla alançaron los christianos a los moros de sus tyendas e posadas que tenían en su real. E el conde e todas sus conpañas /f. 33v°/ fueron aquella noche bien aposentados e comieron e çenaron de aquello que los moros tenían para sy, de manera que cada uno falló más de aquello que le hera menester. E desque ovieron çenado acostáronse a dormir asy armados commo estauan[9]. E luego el segundo dia commo fue claro los christianos e los moros fueron en el campo e començaron a pelear commo avían fecho el primero dia. E duró esta batalla fasta que vyno la noche e ovieron ý[10] de tornar cada uno adonde tenían sus reales, cansados e quebrantados, e mucho más los christianos por que heran más pocos. E avía d'ellos muchos feridos e çenaron e durmieron aquella noche bien, asy commo fizieron el primero dia. E otro dia, commo fue aluoreçido despues que ovieron oydo misa, comieron e beuieron de grand mañana por yr más esforçados a la batalla. E esto

---

[7] hazer B.

[8] Abpuer EdTF.

[9] ... aquello que le hera menester. E luego el segundo dia commo fue claro EdTF.

[10] ovieron de tornar B.

fecho el dia hera ya alto[11], mouieron para el campo e yuan muy paso por yr más folgados. E commo llegaron adonde los moros estauan fuéronlos ferir.

E asy[12] fue començada la batalla, la qual fue muy fuerte mente ferida de amas /f. 34rº/ las partes. E el conde yba esforçando a los suyos diziéndoles que los firiesen[13] rezia mente que fuesen çiertos que en aquel dia serían vençedores. Entonçe se encomendaron todos a Dios e al Apostol Santiago e fueron los ferir tan rezia mente que cada uno con el moro que se encontró luego dio[14] con él en tierra del cauallo ayuso. E commo quier que los christianos estouiesen fatigados e cansados e d'ellos mal feridos e llagados, nunca tan esforçados fueron en ninguno de los otros dias ante d'este, nin que tan grand voluntad oviesen de pelear contra sus enemigos commo fue aquel dia. E andauan muy acuçiosos, firiéndolos muy rezia mente de cada parte. E asy estouo la batalla grand parte del dia, que se non vençían de ninguna de las partes. En esto el conde e los suyos viéndose en grand aprieto rogaron a Dios de todos sus coraçones que los ayudase e librase contra estos ynfieles. Estando en esto, vieron al Apostol Santiago con muy grand conpaña de angeles que les pareçía que venían todos armados de armas blancas con pendones blancos, [e] en ellos cruzes coloradas. /f. 34vº/ E fueron contra los moros sus hazes paradas, e quando el rey Almonçor e sus moros vieron a tantas conpañas tan bien armadas[15] fueron espantados. E dixo Almonzor contra los suyos que hera mucho marauillado onde[16] podían venir a tan grand poder de gentes al conde don Fernand Gonçalez. El qual él cuydaua vençer e matar e que agora [esto] sería fecho a él. E los christianos que estauan[17] tristes e fatigados quando vieron[18] al Apostol Santiago fueron muy alegres e esforçados. E el rey Almonzor con todos sus moros que alli consigo tenía ovieron de tornar las espaldas e començaron de fuyr. E los christianos en pos d'ellos matando e derribando e firiendo en ellos. E duró el alcançe más de dos leguas fasta que vyno la noche.

Non es omen que verdadera mente pudiese dezir quántos fueron[19] los muertos e los captiuos, que fueron muy grand numero d'ellos a marauilla. Esa noche e otro

---

[11] e d'esto fue fecho el diera alto B.
[12] de asi B.
[13] les firieran EdTF.
[14] dia EdTF.
[15] armados A, B.
[16] d´onde B.
[17] qu´estan B.
[18] bieren B.
[19] quantos los fueron B.

dia tornáronse[20] los que fueron[21] en el /f. 35rº/ alcançe de los moros al conde a Haçinas onde fuera[22] la batalla. E despues que ovieron robado el campo e cogido el despojo de los moros tomaron todos los cuerpos de los christianos que fueron muertos en la batalla e enterráronlos honrrada mente en la hermita de sant Pedro de Arlança, adonde despues fizo el dicho conde un notable monesterio de monjes[23] de la Orden de sant Benito e doctólo de muchas rentas e vasallos que le dio. E fue despues él alli sepultado. Esto fecho, tornóse el conde con los suyos muy rico e con grande honrra para Burgos, adonde fue muy bien resçebido con grande alegria.

[20] tornarenselos EdTF.
[21] eran B.
[22] donde fue B.
[23] monjas B.

Capitulo octauo

De cómmo los normanos vynieron con grand flota por mar a Gallizia e mataron al obispo don Sisnando de Santiago. E los gallegos ovieron batalla campal con ellos, e fueron los normanos vençidos e su flota perdida.

/f. 35vº/ En el comienço del regnado del rey don Ramiro terçio de Leon [32], el qual començó a regnar de hedad de çinco años açerca del año de nueueçientos[1] e treynta e syete, en este tiempo Gundaredo[2], rey de Normandia que hera pagano, vyno por mar con grand flota de navios e muchas gentes a Gallizia. E tomó a la Curuña por fuerça e mató e prendió quantos estauan en ella. E partió de alli e fue[3] con su hueste[4] sobre la çibdad de Compostela e tomóla e mató a don Sysnando, obispo de Santiago [33]. E de alli fue por Gallizia tomando villas e castillos, faziendo en ella grand guerra, mal e daño. E llegó fasta los puertos de Zebreros, non fallando quién ge lo res[is]tiese, por quanto el rey don Ramiro hera pequeño e de poca hedad.

E los gallegos viendo el muy grand daño que avían resçebido de los normanos ayuntáronse con el conde don Gonçalo Sanches de Gallizia e con otras gentes que el rey don Ramiro los ovo enbiado en su ayuda. E fueron contra los normanos e falláronlos[5] açerca /f. 36rº/ de la Curuña[6], queriéndose entrar en sus naves con grandes robos e muchos prisioneros que leuauan de Gallizia para se yr a sus tierras. E ovyeron con ellos batalla canpal e plogó a Nuestro Señor Jhesu Christo e al Apostol Santiago, cuya iglesia profanaron, robaron e mataron a su obispo, que fueron vençidos e arrancados del campo. De manera que todos los más d'ellos fueron muertos e su rey con ellos, asy que de muy grand gente que heran non fincó quién armas pudiese tomar contra ellos. E algunos pocos que escaparon fueron tomados presos e todas las naves que traýan[7] perdieron e ge las tomaron los gallegos e las gentes que el rey don Ramiro enbió con[8] el dicho conde don Gonçalo Sanches vynieron en su ayuda d'ellos.

---

[1] açerca del año del naçimiento de Nuestro Señor Jhesu Cristo de noueçientos B.
[2] Daredo B.
[3] e de alli se fue EdTF.
[4] con su seste B, EDTF.
[5] fueron los B.
[6] de Curuña EdTF.
[7] trayn B.
[8] en uno con EdTF, B.

Capitulo[1] IXº

De cómmo el rey don Bermudo segundo de Leon [34] enbió por don Athaulfo [35], obispo de Santiago, sobre un falso testimonio de crimen de que ante él /f. 36vº/ fue acusado e del miraglo que Dios mostró queriéndolo matar con el toro.

Despues de la muerte del rey don Ramiro terçio[1] de León regnó en su logar el rey don Bermudo IIº, su primo hermano. Por quanto del rey don Ramiro non quedaron fijos legitimos herederos, e veníale a él el regno de derecho por ser el fijo legitimo heredero del rey don Ordoño IIIIº de Leon, hermano mayor del rey don Sancho[2], padre del dicho rey don Ramiro defunto. E començó a regnar año del naçimiento de Nuestro Señor Jhesu Christo de nueveçientos e sesenta e dos e regnó diez e seys años. En el comienço de su regnado confirmó todas las leyes que los[3] reyes godos hordenaron que son conte[ni]das en el libro, juzgó e mandó guardar los estableçimientos de los santos padres. E emperó aun que él fuese bueno, non dexaría[4] de oyr los subrraçones /f. 37rº/ e maldizientes dándoles credito a lo que dezían[5].

E aconteçió asy que tres sieruos de la conpañia del cabilldo de la eglesia de Santiago que avía nombre el uno d'ellos Cadon e el otro Adam e el terçero Ansillon acusaron de grand crimen e culpa[6] ante el dicho rey don Bermudo a don Athaulfo[7], obispo de Santiago, diziendo que él avía prometido a los moros que se tornaría a la seta de Mahomad e les daría la tierra de Gallizia. El rey creyóles aquello que dixeron del dicho obispo. E por esta causa enbiólo a llamar que vyniese luego a él a la çibdad de Oviedo donde[8] estaua. E el obispo despues que las cartas ovo resçebido con los mensajeros výnose con ellos para el rey.

E commo llegó a Oviedo el jueues santo[9] antes de Pascua de Resurreçion, fuese luego asy commo llegó[10] a la eglesia de Sant Salvador e entró dentro a fazer

---

[1] terçero B.
[2] fijo legitimo heredero del rey don Sancho EdTF.
[3] quel que los B.
[4] dexara EdTF; dejaba B.
[5] credito. E aconteció B.
[6] gran culpa B.
[7] Taupho B.
[8] onde B.
[9] el juebes antes de Pascua B.
[10] como legó fuese B.

oraçion. E dixiéronle los caualleros que por él fueron que primero deuiera yr /f. 37v°/ a ver el rey que entrase a la[11] eglesia e el obispo les respondió e dixo que ante primera mente quería yr ver el rey de los reyes que hera Sant Saluador que saluaua los omnes e que aquel hera su señor. E sabiendo lo que el rey don Bermudo lo quería, vistióse en la iglesia de las santas vestiduras e dixo misa. En esto el rey avía mandado traher un toro mucho brauo e poner en un corral en la entrada de su palaçio para que commo entrase el obispo lo soltasen e lo matase. Mas[12] el obispo, commo aquel que se sentía syn culpa de aquello que le hera[13] opuesto, despues que ovo acabado su ofiçio, salió de la iglesia reuestido commo dixo la misa. E fuese muy syn miedo para palaçio del rey onde[14] tenían el toro a la entrada del palaçio. E avíanlo[15] ya agarrochado un poco por lo[16] enbraueçer más.

Estando ý presentes el dicho rey e todos los grandes señores de su corte e otros muchos mirando el toro, entró el obispo /f. 38r°/ a ver el rey. E aun que le dezían que se guardase del toro, pero commo él hera syn culpa de aquello que por tal cosa[17] le hera fecha non dio por ello nada nin dexó de yr su via mucho paso por donde el toro estaua, ca por alli le conuenía de yr. El toro luego que vio al obispo vynose para el humildosa mente e metyóle[18] los cuernos en las manos e dexógelos[19] ý. Esto fecho[20] dieron le logar e camino e fuese para la montaña do lo avían traydo. E el obispo tornóse con los cuernos en las manos e púsolos en el altar de la eglesia de Sant Salvador de Oviedo, onde dixera misa, dando muchas graçias a Dios por que lo librara de tan grand peligro. E maldixo aquellos que falsa mente lo acusaron e su linaje[21] que d'ellos deçendiese, bien asy commo David maldixo el monte de Gelboe por que mataron en él al rey Saul e a Jonathan[22] su fijo, diziendo asy: "Malditos sean Cadom e Adam e Ansillon, nunca en su linaje mengue gafo nin manco nin omne vil nin çiego".

---

[11] en la B.
[12] et B.
[13] era syn culpa de aquello opuesto EdTF.
[14] donde B.
[15] abíanle B.
[16] por enbrabezer más B.
[17] caso B.
[18] metioles B.
[19] dexolos B.
[20] e dexoselos. Y esto fecho EdTF.
[21] e a su linaje EdTF, B.
[22] Jonathas A.

E quando el rey don Bermudo este tan grand miraglo vyo fue espantado e /f. 38vº/ dixo que quería fazer emienda d'ello al obispo e pedirle perdon. E enbió[23] luego por él, mas el obispo no quiso yr[24] a él. Antes se[25] estouo quatro dias en la iglesia de Sant Salvador e dixo misa el dia de Pascua Resurreçion. Esto fecho vynose para Santiago e llegando a un logar que ha nombre Palmarines, alli[26] murió en una eglesia de santa Olalla, jueves de la ochauas de Pascua. E quisieron le sus clerigos leuar a la eglesia de Santiago, mas tan pesado se les fizo que lo non pudieron mover. E por esto entendieron que hera fecho de Dios. E enterráronlo en aquella eglesia donde murió e fizo[27] e demostró Dios sobre su sepultura muchos miraglos.

[23] entro EdTF.
[24] bolber B.
[25] antes estobo B.
[26] alla B.
[27] ficó B.

Capitulo X°

De cómmo el rey Almonzor vyno con grand poder de moros sobre Gallizia e tomó la çibdad de Santiago e leuó dende las puertas e las canpanas a Cordoua. /f. 39r°/ E del miraglo que Dios mostró queriendo leuar los huesos del Apostol Santiago e de la plaga que en sus gentes vyno.

En el XII° año[1] del regnado del rey don Bermudo II° de Leon, por pecados de los christianos e diuision que entre ellos hera en España, despues que el rey Almonzor ovo fecho mucho mal e daño en tierra de[2] christianos, leuando en su ayuda un cauallero montañes llamado don Vela e a sus fijos e a otros malos christianos que se fueron para él, vyno con grand hueste e poder de moros. E entró por Portogal por aquella tierra que es entre Duero e Miño e destruyóla toda. E dende fue por Gallizia e llegó fasta la çibdad de Compostela.

E entróla por fuerça e mató e captiuó quantos christianos estauan en ella. E entró en la iglesia de Santiago e profanóla e quebrantó /f. 39v°/ el munumento del Apostol Santiago. E commo tyrase los sus huesos fue mucho espantado de un grand terremoto e excrepito[3] e ruydo que firió a par del sepulcro del Apostol, segun cuenta el arçobispo don Rodrigo, en tal manera que se le oluidaron los huesos del Apostol con el grand espanto e miedo que le vyno. Pero fizo leuar las puertas e las canpanas de la dicha iglesia de Santiago en señal de vytoria e púsolas en la mezquita de Cordoua. E ay estouieron grand tiempo, fasta que el muy noble e bien aventurado christianisimo prinçipe el rey don Fernando III° de Castilla e de Leon, quando la dicha çibdad tomó a los moros, enbió las dichas canpanas a Santiago. E las puertas fincaron en la eglesia de Cordoua e oy dia están ý por señal e memoria.

E por causa d'esta venida que los moros vynieron en Gallizia, el obispo e cabilldo de Santiago tomaron los huesos del Apostol por ynquisiçion de dos omnes de buena fama e vida e soterráronlos[4] ascondida /f. 40r°/ mente en tal logar que non saben d'ellos sy non muy pocos, por que sy otra vez aconteçiese lo que Dios non quiera que los moros vyniesen, que non pudiesen saber donde[5] yazían. E despues

---

[1] año XII EdTF.
[2] de los B.
[3] estrepito B.
[4] soterranronlos EdTF.
[5] onde EdTF.

que el rey Almonzor partió de Gallizia vyniéndose para su tierra, recreçióle en sus gentes grand pestilençia de corrençia, de guisa que murieron grand parte de los suyos. Sabiendo esto los christianos fueron en seguimiento[6] de los moros. E a la pasada de los puertos fizieron en ellos muy grand daño, matando e captiuando grand parte d'ellos. E asy se tornó Almonzor para Cordoua, perdidoso de sus gentes, aun que trihumfoso [36].

[6] en su seguimiento B.

Capitulo[1] XIº

Cómmo don Rodrigo de Biuar, llamado el Çid, fue en romeria a Santiago e del miraglo que le aconteçió yendo en su romeria en el camino.

/f. 40vº/ El rey don Fernando primero de Castilla e de Leon tenía contyenda con su hermano, el rey don Ramiro primero de Aragon sobre Calahorra, por que cada uno d'ellos pretendía e dezía que hera suya. En tal manera acaesçió, que el rey de Aragon metió el pleyto a riepto, atreuiéndose en el esfuerço e bondad de caualleria en fecho[2] de armas que en don Martin Gomez, su vasallo, avya, por que en aquel tiempo hera tenido uno de los buenos caualleros que en aquel tiempo en España avía. E el rey don Fernando de Castilla açeptó el riepto. Don Rodrigo de Biuar pidió por merçed al rey don Fernando, su señor, le diese aquella enpresa que él quería lidiar aquel riepto e fuele otorgado. E asygnaron termino de medio año para [que][3] cada una de las partes traxese ý su cauallero que avían de lidiar por ellos aquel riepto. E el cauallero que venҫiese que ganase la çibdad de Calahorra para su señor.

/f. 41rº/ E don Rodrigo de Biuar pidió liçençia al rey don Fernando su señor para yr primero en romeria a Santiago de Gallizia. E al[4] rey plogóle d'ello e mandóle dar lo que menester avía. E don Rodrigo de Bivar yendo en su romeria, faziendo obras de piadad e limosnas por do yba, acaesçió un dia que falló un gafo mucho lazerado en un tremendal que yazía, dand[o] grandes bozes, diziendo que lo sacasen de alli, por amor de Dios. E commo lo oyó don Rodrigo fue para alla e descaualgó del cauallo en que yua, e tyrólo de donde estaua e púsolo ante sy e leuólo en las ancas fasta el lugar donde avía de reposar aquel dia. Los caualleros que con el yuan ovieron d'esto grand enojo. E mandó guisar de comer e quando fue adreçado mandó asentar los[5] caualleros. E tomó aquel gafo por la mano e asentólo consigo e comió con él todas las vyandas e manjares que le traxeron delante. E tan grande fue el enojo que los cauall[er]os[6] ovyeron d'esto, que les pareçía que les caya /f. 41vº/ la gafedad e lepra de las manos[7] en el plato e escudilla que comían. E con el enojo que

---

1 Ca capitulo B.
2 a fecho B.
3 para cada EdTF, B.
4 el EdTF.
5 a los B.
6 cauallos A, B, EdTF.
7 les caya la gafedad e lepra en el plato B.

ovyeron dexaron la posada a don Rodrigo de Biuar e al gafo e fuéronse a otra posada. E desque ovieron çenado mandó don Rodrigo fazer la cama para sy e para el gafo e acostáronse amos a dos desnudos.

Quando fue media noche, durmiendo don Rodrigo, diole el gafo un grand resollo por medio las espaldas, que fue tan rezio que pareçió que le salió por los pechos. E don Rodrigo quedó d'esto espantado e cató apar de sy[8] e non falló el gafo. E començó de llamar e non le acudió nin respondió ninguno. Entonçes se leuantó e demandó lumbre e commo ge la traxeron cató toda la posada e non falló el gafo e tornóse a la cama. Estando en esto pensando que podría ser aquel resollo que asy le dio por las espaldas e adonde se fuera el gafo, aparesçióle en vysion una semejança de omne en vestiduras blancas, con çelestial olor e marauillosa claridad. E díxole: "Rodrigo, ¿duermes?" /f. 42rº/ E don Rodrigo le respondió: "Non, mas[9] ruégote que me digas quién eres." Él[10] le dixo que hera Sant Lazaro e que le fazía çierto que él hera el gafo a que él[11] fiziera tanta honrra, por amor de Dios. E que fuese[12] çierto [que] por esto que le avía fecho, Dios le avía otorgado grand graçia que quando le vyniese en mientes el resollo que le dio por las espaldas que todas las cosas que començase en lides o en batallas que todas las acabaría complida mente. E que la su honrra creçería más en cada un dia e que sería temido[13] e resçelado asy de moros, commo de christianos e que los sus enemigos non le empeçerían[14]. E que morría[15] muerte honrrada en su cama[16] e en su honrra e que nunca sería vençido, mas syempre vençedor. Ca Dios le avía otorgado la su bendiçion.

Dichas estas cosas desapareçióle la vysion e don Rodrigo fizo su oraçion, dando graçias a Dios del bien e merçed que le fazía. E estouo asy orando contemplando fasta que fue el dia e de sy començó de andar su vya, fasta que llegó a Santiago /f. 42vº/ e complida su romeria tornóse para el rey don Fernando. E al dia que hera puesto entró en el campo e vençió e mató al dicho don Martyn Gomez, e asy fincó libre e quita la çibdad de Calahorra por el rey don Fernando de Castilla,

---

[8] aparsi B.
[9] Non, ruégote que me digas EdTF.
[10] E le dixo que hera B.
[11] aquel que el EdTF, A.
[12] que fizesse B.
[13] tenido B.
[14] empeeerian EdTF.
[15] morería B.
[16] su casa EdTF.

su señor. E despues d'esto fizo otros muy grandes fechos de armas e caualleria e muchas grandes batallas que vençió de moros e de christianos. E nunca fue vençido mas syempre vençedor, segun que más larga mente se recuenta en su *Coronica* [37].

Léese en las *Coronicas e estorias de los romanos pontifiçes* que despues de la muerte del santo padre papa Bonifaçio IIII° fue elegido por papa e pontifiçe romano *Deusdedit*, de naçion romano, açerca del año de seyçientos e treze. El qual biuió en el papadgo tres años e veynte e çinco dias. A este santo pontifiçe aconteçió un dia, commo él entrase por la iglesia de Sant Pedro de Roma e viese estar un leproso a la puerta de la iglesia pidiendo limosna, él[17] con humildad fuele /f. 43r°/ dar paz en la boca. E commo ge la ovo dado luego en ese punto fue sano el leproso de la lepra que tenía. Otro semejante caso aconteçió al santo padre Agap[e]to, de naçion çeçeliano, el qual fue asumpto[18] en papa e pontifiçe romano despues de la muerte del santo padre papa Dono, acerca del año de seyçientos e setenta e ocho [38]. Biuió en el papadgo dos años e ocho meses e quinze dias. A este santo pontifiçe Agap[e]to aconteçió asy mesmo un dia, commo él con humildad diese paz en la boca a un leproso, luego en ese punto fue sano el leproso de toda la lepra que tenía.

---

[17] et con humildad B.

[18] asunto B.

Capitulo XII°

De cómmo el rey don Fernando primero de Castilla e de Leon tomó la çibdad de Coymbra e del tiempo e cosas que le acaesçieron en este çerco e del miraglo que Nuestro Señor mostró commo por el Apostol Santiago le avía de ser /f. 43v°/ entregada la dicha çibdad de Coymbra.

El rey don Fernando primero de Castilla e de Leon, seyendo christianisimo prinçipe, deseando de fazer servicio a Dios e guerra, mal e daño a los moros, enemigos de nuestra santa fee, despues de les[1] aver fecho grand guerra, mal e daño, e tomado muchas villas e castillos, ayuntó a cortes los grandes señores, ricos omnes e caualleros de sus regnos e díxoles commo hera su voluntad de yr çercar la çibdad de Coymbra, que es en Portogal, que los moros tenían, e la tomar. E don Ruy Diaz el Çid le dixo que sy él quería que Dios le diese aquella çibdad que fuese primero en romeria a Santiago e que le pedía por merçed que lo[2] fiziese ally cauallero. El rey don Fernando fízolo asy e fue a Santiago e cumplió su romeria con /f. 44r°/ grand deuoçion, faziendo muchas limosnas e ofrendas que dio a la eglesia de Santiago, rogando a Dios que lo touiese en su guarda e lo ayudase a complir su buen deseo que tenía de tomar a Coymbra para su seruiçio [39].

E despues que el rey don Fernando vyno de Santiago de su romeria, sacó sus huestes e çercó a Coymbra. E commo la çibdad es mucho fuerte, los moros teníanla muy bien[3] basteçida de vytualias e de armas e de lo que hera menester. E estouo[4] sobre ella grand tiempo e algunos dizen que syete años. Fuera de Coymbra avía un monesterio de monjes que oy dia llaman Lozano, los quales morauan entre los moros desde el tiempo de los godos, commo agora están los moros mudejares entre los christianos, e biuían de sus manos. E tenían muchas prouisiones de trigo, ordio e mijo fauas e asaz de legunbres. E commo avía grand tiempo que los de la hueste de los christianos estauan en este çerco faltáronles las prouisiones.

/f. 44v°/ E teniendo el rey acordado de leuantar el çerco por mengua de vytuallas, commo esto[5] sopiesen los dichos monjes, fueron al rey e dixéronle que

[1] los B.
[2] le EdTF, B.
[3] tenianla muy basteçida B.
[4] estóbose B.
[5] estos EdTF.

non decercase la çibdad, que ellos le darían vytuallas que tenían guardadas de luengo tiempo. E de aquellas prouisiones que tenían fue abastada[6] la hueste fasta que los de dentro ovyeron de enflaqueçer, que non tenían que comer. E los christianos conbatýanlos muy fuerte mente de cada dia con yngeños e con otros muchos pertrechos. En tal manera que ovyeron de quebrantar el muro de la çibdad por tres partes. Los moros, non podiendo más fazer, ovyeron de salir al rey e echáronse a sus pies, pidiéndole merçed, que los dexase yr con sus cuerpos[7] en saluo e que le entregarían la çibdad con quanto aver e bienes en ella tenían. E el rey mouido con piedat óvolo de otorgar. E entregáronle la dicha çibdad un domingo antes de terçia.

E acaeçió asy que estando el rey don Fernando en este /f. 45r°/ çerco de Coymbra, un obispo de Greçia, que avía nombre Ostiano, el qual por seruir a Dios fue en romeria a Jerusalem e de alli vyno a Santiago, faziendo sus vigillas con grand deuoçion dentro de la iglesia de Santiago, oyó dezir a los romeros que alli venían que Santiago aparesçía en las batallas en ayuda de los christianos commo cauallero e que desbarataua a los moros. E él quando esto oyó, pesóle d'ello e díxoles: "Amigos, non le llamedes cauallero, mas pastor[8]." E él, teniendo esto en porfia, plogó a Dios que se durmió[9] e en durmiendo aparesçióle en vysion el Apostol Santiago con unas llaues en la mano e díxole: "Ostiano, tú tyenes[10] por escarnio p[o]r que me llaman cauallero, e dizes que lo non só. Por ende vengo a ty agora por te mostrar que nunca más dubdes en mi caualleria. Ca sabes bien que yo só cauallero de Jhesu Christo, ayudador de los christianos contra los moros." E en diziendo esto, traxéronle un cauallo blanco muy bueno e el Apostol Santiago caualgó[11] en él armado e díxole commo quería yr ayudar al rey don Fernando, que yazía /f. 45v°/ sobre Coymbra grand tiempo avía. "E por que d'esto que te digo seas más çierto, con estas[12] llaues que tengo en esta mano abriré yo cras[13] las puertas de Coymbra a la ora de terçia e dar la he al rey don Fernando." Despues que esto ovo dicho, desapareçióle[14]. Este obispo Ostiano, commo fue el dia claro, llamó a los canonigos,

[6] abasta B.
[7] cuepos B.
[8] pastodor B.
[9] ser domio B.
[10] tiene B.
[11] e el Apostol Santiago en el armado B.
[12] esta B.
[13] abriré yo las puertas EdTF.
[14] desapareció EdTF.

clerigos e benefiçiados de la iglesia, estando otro sy presentes todos los más de la çibdad de Santiago e contóles lo que en vysion en ensueños oviera visto[15] e la hora en que la çibdad de Coymbra avía de ser entregada. E tomáronlo por testimonio.

E de aquella guisa, forma e manera que lo él dixo, asi lo fallaron por verdad que fuese[16] aquel dicho dia domingo, que el rey don Fernando fue entregado de la çibdad de Coymbra. E despues que d'ella fue apoderado, entró luego ese dia en la mezquita mayor e los perlados que aý heran en la hueste alimpiáronla de las suziedades de Mahomad e bendiziéronla[17] e pusieron ý altar en honor e reuerençia[18] de la gloriosa Virgen Maria e /f. 46rº/ dixeron ý misa[19] e armó ý[20] cauallero a don Rodrigo de Biuar, que despues fue llamado el Çid, commo ge lo ovo pedido. E fízola poblar de christianos et dexóla basteçida de caualleros e vituallas[21] e de lo que menester hera. E dando muchas graçias a Dios por el bien e merçed que le avía fecho en cobrar aquella çibdad de moros, partió de ally. E fue otra vez en romeria a Santiago e complida, tornóse a sus regnos, faziendo requerir sus fronteras e guerra a los moros.

[15] contóles lo que viera en bision B.
[16] que fue asy A, EdTF.
[17] alimpiaronla e pusieron y altar en honor EdTF.
[18] revereçin B.
[19] dixeron he mi señora et armó B.
[20] et B.
[21] de vituallas B.

Capitulo XIIIº

De cómmo el Apostol Sant Pedro apareçió en vision a don Ruy Diaz el Çid e le dixo el dia que avía de moryr. E commo despues de muerto vençerían los suyos al rey Bucar con ayuda del Apostol Santiago, que Dios enbiaría a la batalla. E acaeçió asy.

/f. 46vº/ Estando el bien aventurado bellicoso cauallero vençedor de batallas don Ruy Diaz el Çid en la çibdad de Valençia, que él ovo tomado a los moros, sabiendo commo el rey Bucar, a quien non hera oluidada la grand desonrra que reçibiera en ser d'él vençido, el qual andouo por su persona predicando por tierra de África fasta los Montes Claros [40], faziéndoles saber commo él quería pasar aquende la mar en España, por se vengar del Çid, e por esta razon ayuntó tantas gentes de moros que fue grand marauilla que heran treynta e seys reyes, e pasó aquende el mar en España al puerto de Valençia.

E yaziendo el Çid una noche en su cama durmiendo, despertó en torno[1] de media noche, pensando en el fecho del rey Bucar, cómmo le daría batalla, vyo entrar en su camara muy grand claridad con olor de grand suauidad e apareçióle en vysion un omne blanco commo /f. 47rº/ la nieue, viejo, crespo e cano. E traya[2] una llaue en su mano. E díxole: "Rodrigo, ¿duermes?" El Çid le dixo: "¿Quién soys que me preguntades[3]?" E él le respondió: "Yo só Sant Pedro Apostol e vengo a ty con mandado más apresurado que lo que tú cuydas del rey Bucar. E sábete por çierto que de oy en treynta dias dexarás este mundo e yrás en vida de gloria. E quiérete[4] Dios fazer tanta graçia e merçed que la tu gente desbaratará al rey Bucar e que tú seyendo muerto vençerás esta batalla por honrra del tu cuerpo. E esto será con ayuda del Apostol Santiago que Dios enbiará a la batalla. E trabaja de fazer enmienda a Dios de tus pecados e serás saluo[5]. Esto te[6] ha otorgado Nuestro Señor Jesú Christo por mi amor, por la honrra e bien que feziste a la mi casa de Cardeña." Esto dicho, desapareçió e fyncó el Çid muy confortado, commo sy oviese complido lo que Sant Pedro le dixera.

---

[1] e tornó B.
[2] tray B.
[3] preguntáis B.
[4] quisérete B.
[5] salba B.
[6] esto ha otorgado B.

E luego que fue el dia claro, mandó llamar todos los más prinçipales /f. 47vº/ e honrrados omnes de los suyos, e díxoles: "Amigos e parientes e mi leales vasallos, bien sabedes commo el rey don Alfonso me echó de su tierra dos vezes. E los más de vós por vuestra vyrtud e mesura salistes comigo e guardástesme, e fízonos Dios tanta merçed que vençimos muchas batallas e lides asy de moros commo de christianos. E sabedes bien que las de los christianos fue[ron][7] por su culpa más que por mi grado, ayudando a los enemigos de la fee, e ganamos esta çibdad en que moramos. E sabed[8] que estó en fyn de los[9] mis dias." E díxoles commo Sant Pedro le avía apareçido en vysion e lo que le avía dicho.

E complidos los treynta dias despues que el Çid ovo reçebido todos los santos sacramentos fasta la extrema unçion, commo christianisimo, fiel e catholico christiano que él[10] hera, dio el espiritu a Dios e murió açerca del año de mill e noventa e quarto, en el treynta e un año del dicho rey don /f. 48rº/ Alfonso VIº de Castilla, que ganó a Toledo. E despues que el Çid fue muerto, balsamaron su cuerpo e dixeron sobre él sus esequias e muchas misas en la eglesia del alcáçar de Valençia do él posaua. E acordaron los suyos de leuar su cuerpo a la batalla. E fiziéronlo d'esta manera: vistiéronle[11] una sobrevista de seda con la deuisa de sus armas e pusiéronlo[12] en la sylla de su cauallo e dos tablas cauadas, una para los pechos e otra para las espaldas[13], en que cabía bien. E la de delante llegaua fasta la garganta e la de tras fasta los ombros. E de tal guisa heran atadas en la silla que el cuerpo non se podía reboluer a una parte nin a otra[14]. E asy lo pusieron en çima de su cauallo Babieca, bien atado commo complia, e con su espada Tizona çeñida. E salieron por la puerta de Torres, que es haz a[15] Castilla.

E yba en la delantera Pero Bermudez, con la bandera del Çid e con ella quinientos caualleros bien adreçados que la guardauan. E despues /f. 48vº/ d'esto salió el fardaje con otros quinientos caualleros e en pos d'estos salió[16] doña Ximena, muger del Çid, con toda su conpaña e el peonaje e con ella seyçientos caualleros. E

[7] fue EdTF, fuese B.
[8] saber EdTF.
[9] estó en fyn de mis dias B.
[10] catholico christiano que era EdTF.
[11] vistieron B.
[12] pusieronle EdTF.
[13] entre dos tablas cabadas en que cabia bien B.
[14] bolber de una parte y de otro B.
[15] es haza EdTF; es haçia B.
[16] e despues d'esto el fardaje B.

en la çaga el cuerpo del Çid con çient caualleros e a la una parte d'él yba el obispo don Jeronimo e de la otra parte yba Gil Diaz, mayordomo del Çid, el qual, de moro que hera, fue tornado christiano. E salieron de la çibdad mucho paso, que pareçía que non hera sy non muy poca gente, commo aquellos que heran usados e sabían mucho en las batallas.

E commo el dia fue claro, don Alvar Fañez, primo del Çid e su capitan, paró sus hazes muy ordenada mente e fueron ferir en los moros con tan grand ardimiento e esfuerço, commo sy los non touiesen en ninguna cosa, matando e firiendo en ellos quanto podían. E tan grande fue la buelta en el real que pocos d'ellos se pudieron armar e los christianos matábanlos e ferían syn piedad. En esto los moros non ovieron otro acuerdo sy non fuyr para el mar por que les pareçió que venían en /f. 49rº/ ayuda de los del Çid[17] más de sesenta[18] mill caualleros christianos armados de armas blancas commo la nieve. E entre ellos venía el Apostol Santiago, armado sobre un cauallo blanco con una seña blanca en la mano syniestra e una cruz bermeja en ella. E en la diestra una[19] espada que pareçía fuego. E fazía tan grand mortandad en los moros que esto hera una grand marauilla. E los christianos fueron en pos d'ellos, matando e firiendo que les non dauan[20] lugar. E tan grande hera el miedo que avyan los moros que non curaban de se defender, saluo de se acoger a la mar. E fallóse que fueron afogados d'ellos en la mar[21] pasados de veynte e çinco mill moros[22] e de los[23] trynta e seys reyes que venían con el rey Bucar fueron ý muertos los veynte e dos. E el rey Bucar e los que escaparon con él, desque fueron en las naves, alçaron las velas e fuéronse para su tierra allende el mar, a tierra de África, d'onde heran venidos.

E don Alvar Fañez e todos los otros christianos, despues que los moros fueron /f. 49vº/ vençidos, robaron el campo, en el qual fallaron muy grande aver de oro e plata, armas e cauallos. E todo lo que mejor les paresçió tomaron. E tanto fue el aver que ý fallaron que[24] el más pobre de los[25] christianos fue en aquel[26] dia atanto

---

[17] ayuda del Cid EdTF.
[18] setenta B, EdTF.
[19] un A.
[20] dava EdTF.
[21] de se acoger a la mar pasados de veynte e çinco mill moros B.
[22] veynte e çinco mill moros, sin los que murieron en la batalla, que fueron muchos mas. E de los treinta… EdTF.
[23] e d´ellos B.
[24] e tanto fue el aver que y fallaron el mas pobre B.
[25] las B.
[26] enquel B.

rico commo él quiso. E despues que ovyeron robado el campo a toda su voluntad tornáronse para doña Ximena e para el obispo don Jeronimo, que estauan con el cuerpo del Çid. E viendo que pues el Çid hera muerto, non podrían defender nin sostener aquella çibdad, desanparáronla. E fuéronse esa noche a posar a un lugar que dizen Siete Aguas. E de[27] ally fueron su camino para Castilla a sepultar el cuerpo del Çid al monesterio de Sant Pedro de Cardeña, segun lo él dexó mandado en su testamento[28] [41].

---

27 e ally fueron su camino B.

28 segun el lo dixo mandado en su reçibimiento B.

Capitulo XIIIIº

De cómmo el duque don Guillem de Guiana conde de Piteos [42] vyno en romeria a Santiago[1] e murió en la romeria e fue sepultado /f. 50rº/ en la iglesia de Santiago de Gallizia. E heredó su ducado la duquesa doña Leonor, su fija, madre que fue de la reyna doña Leonor, muger del rey don Alfonso VIIIº de Castilla, que fundó el monesterio de las Huelgas de Burgos [43].

Léese[2] en la coronica del rey don Luys sexto de Françia, llamado por sobrenombre el Gordo, que el conde don Guillem de Piteos, duque de Guiana de Vayona e de Burdeos, con grand zelo e deuoçion que tenía de seruir a Dios, fue en romeria a visitar la eglesia del bien aventurado Apostol Santiago de Gallizia. E estando ý en Santiago, teniendo vygillas[3], výnole una dolençia de que murió viernes santo de yndulgençias, veynte e syete dias del mes de marÇo, año de mill e çiento e veynte e seys, en el veynte e dos años /f. 50vº/ del regnado del rey don Alfonso septimo de Castilla e de Leon, emperador de España. E fue sepultado honorifica mente delante el altar mayor de la dicha eglesia de Santiago. E dexó mandado en su testamento que casase una su fija que tenía que avía nombre doña Leonor, que heredaba el dicho su ducado, con don Luys, fijo del rey don Luys sexto de Françia. E fízose asy.

E proçediente el tiempo, despues de la muerte del dicho rey, don Luys, subçedió en el regno de Françia este don Luys, su fijo, duque de Guiana [44]. El qual despues que fue rey, sobre çiertas diferençias que ovo con la dicha duquesa doña Leonor, su muger, e por ser casados seyendo parinetes mucho çercanos, partyóse d'ella por consejo e mandamiento del papa Eugenio terçio. E despues de fecho el dicho diuorçio casó la dicha duquesa doña Leonor con el duque don Enrrique de Normandia, rey que fue de Ynglaterra [45]. E esto contra voluntad del dicho rey de Françia.

E por esta causa despues ovyeron los reyes /f. 51rº/ de Françia e de Ynglaterra mucha diuision e guerra. E perdió el rey de Françia el dicho ducado de Guiana e óvolo e heredó el dicho rey don Enrrique de Ynglaterra, por razon d'esta duquesa doña Leonor, su muger, fija heredera del dicho duque don Guillem de Guiana,

---

[1] Sanctiago de Galiçia B.
[2] Le esse B.
[3] vínole B.

conde de Piteos, segund dicho es. Este duque don Enrrique de Normandia, rey que fue de Ynglaterra, ovo en la dicha duquesa doña Leonor, su muger, quatro fijos varones, conuiene a saber: el primero ovo nombre don Enrrique, el segundo don Ricardo, el terçero don Johan, que por sobrenombre fue llamado Syn Tierra. Los quales todos tres fueron reyes de Ynglaterra, uno en pos de otro. El quarto fue Gudufredo, duque de Bretaña. E quatro fijas: la primera ovo nombre doña Leonor, que fue reyna de Castilla, muger del rey don Alfonso octauo de Castilla, que fundó el monesterio de las Huelgas de Burgos.

E despues de la muerte de los dichos tres sus hermanos, reyes que fueron de Ynglaterra, este /f. 51v°/ rey don Alfonso octauo de Castilla pretendió aver e tener derecho al dicho ducado de Guiana por parte de la dicha reyna doña Leonor, su muger, por ser nieta del dicho duque don Guillem de Guiana, conde de Piteos, padre de la reyna doña Leonor, su madre, muger del dicho rey don Enrrique de Ynglaterra, duque de Normandia. E por esta acçion e derecho fue este rey don Alfonso de Castilla con su hueste a tomar el dicho ducado de Guiana. E teniendo çercada a Vayona, traxeron con el pleytesia de le dar e pagar la costa que avía fecho en aquella venida e que los deçercase e fuese sobre Burdeo e sobre los otros lugares del dicho ducado. E fiziéronle omenaje que luego commo oviese a Burdeo le diesen e entregasen a Vayona. E con este partido la deçercó e fue sobre Burdeo.

Estando en este çerco, veyéndose los[4] de Burdeo en grande estrecho por se dar, vyniéronle nuevas al rey don Alfonso, commo Miramolin de Marruecos hera pasado aquende el mar en España con muy grand poder de moros africanos e alarbes. /f. 52r°/ E por esta razon le fue forçado de se leuantar de sobre Burdeo, con que le dieron muy grande aver por la costa que avía fecho e tornóse para su regno adreçar lo que hera menester para dar a los moros la batalla e asy lo fizo. Ca despues de venido a Castilla, vençió al dicho Miramolin[5], rey de la mayor parte de Africa e de los moros de España, en la grand batalla de Las Navas de Tolosa [46], que son allende el puerto el[6] Muradal, segun que más larga mente se cuenta en su *Coronica*.

[4] E con este partido la deçercó. Beyéndose y los de Burdeo… B.
[5] Miramamolin B.
[6] d´el B.

Capitulo XV°

De cómmo el rey don Luys septimo de Françia, yerno del rey don Alfonso septimo de Castilla e de Leon, emperador de España, vyno en romeria a Santiago de Gallizia e de la gran honrra que el dicho emperador, su suegro, le fizo.

/f. 52v°/ El rey don Alfonso VII° de Castilla e de Leon, emperador de España, ovo una fija ligitima de su muger, la emperatriz doña Berenguella, fija del conde don Berenguell de Barçelona e de Proençia[1] que avía nombre doña Margarida. Esta fue casada[2] con el rey don Luys septimo de Françia e ovo en ella una fija que ovo nombre doña Maria, que fue desposada con el rey don Enrrique de Ynglaterra. Este rey don Luys de Françia, teniendo muy grand deuoçion en el Apostol Santiago, vyno en romeria en España a vysitar su iglesia de la çibdad de Compostela de Gallizia e por ganar el jubileo e yndulgençia plenaria que el santo padre papa Calisto II° en su tiempo le avía otorgado.

E quando el rey don Alfonso emperador, su suegro, sopo de su venida fuese para Burgos e atendiólo aý. E fízole muy grand resçebimiento e muchas e grandes honrras. E desde Burgos fue con el rey de Françia, su yerno, aconpañándolo fasta /f. 53r°/ Santiago, e dieron ý grandes ofrendas. E complida su romeria tornáronse para la çibdad de Toledo, adonde el emperador tenía grandes cortes ayuntadas asy de christianos commo de moros. E tantas gentes fueron ý allegadas en Toledo, que todos los campos de fuera heran llenos de tyendas. E tan grande ayuntamiento ovo ý de nobles omnes e gentes mucho adreçados e apuestos, que el rey de Françia dixo que non[3] avía en el mundo tan noble gente nin tan bien adreçada. E el emperador dio muchas dadiuas[4] de ricas joyas[5] al rey de Françia e a los suyos e muchos cauallos e mulas, mas el rey de Françia non quiso tomar ninguna cosa para sy, sy non fue una piedra preçiosa muy rica, de grand valor, que se llama carbonco[6], que llevó a Sant Dionis de Françia [47]. E púsola sobre la corona de espinas de Nuestro Señor Jhesu Christo. E de ally se boluió el rey de Françia para su tierra e fueron con

---

[1] Provença EdTF.
[2] casado B.
[3] el rey de Françia dixo que abia en el mundo B.
[4] dadisbas B.
[5] muchas joyas B.
[6] carbunco B.el acompañándolo fasta fuera del regno de Castilla el rey don Garçia de Nauarra e el conde don Remon de /f. 53v°/ Barçelona e de Proençia, hermano de la emperatriz doña Berenguella, muger del dicho emperador don Alfonso, que vynieron ý a las cortes de Toledo.

el acompañándolo fasta fuera del regno de Castilla el rey don Garçia de Nauarra e el conde don Remon de /f. 53vº/ Barçelona e de Proençia, hermano de la emperatriz doña Berenguella, muger del dicho emperador don Alfonso, que vynieron ý a las cortes de Toledo.

Capitulo XVIº

De cómmo despues que el muy noble e catholico christianisimo prinçipe el rey don Fernando IIIº de Castilla e de Leon ovo heredado el regno de Leon, e visitando por romeria la iglesia de Santiago de Gallizia, enbió al ynfante don Alfonso su fijo primogenito [48] a entrar en tierra de moros. El qual ovo una batalla campal con los moros açerca de Xerez e apareçió en esta batalla el Apostol Santiago en ayuda de los christianos e fueron los moros vençidos.

/f. 54rº/ El rey don Fernando IIIº de Castilla e de Leon fue muy noble catholico e christianisimo prinçipe, [e] ovo e heredó el regno de Castilla de parte de su madre, la muy noble e virtuosisima[1] reyna doña Berenguella, fija del rey don Alfonso VIIIº de Castilla, que fundó el monesterio de las Huelgas de Burgos, despues de la muerte del rey don Enrrique primero de Castilla, que murió de la teja que le dio en la cabeça en Palençia [49]. Otro sy ovo e heredó el regno de Leon de parte[2] del rey don Alfonso, su padre, el qual estando en la frontera en la guerra que a los moros fazía, açerca del año de mill e dozientos e treynta e quatro, sabiendo commo el rey don Alfonso su padre hera muerto, partió luego de la frontera e fue para la çibdad de Leon e fue ý[3] muy bien resçebido, con grande alegria. E cobró el regno de Leon e de Gallizia, e de alli fue en romeria a Santiago e fizo las exsequias[4] /f. 54vº/ sobre la sepultura del rey don Alfonso, su padre, que se ovo mandado sepultar en la eglesia de Santiago de Gallizia[5].

E complida su romeria, despues que el regno de Leon ovo cobrado, vyno a Sabogal[6] de Riba de Coa [50] e vyo se con el rey don Alfonso de Portogal [51]. E de alli, venido a Salamanca, enbió su fijo primo genito, el ynfante[7] don Alfonso, a correr tyerra de moros. E enbió con él para lo guardar e acabdillar[8] su hueste al conde don Alvar Perez de Castro, para regir bien la hueste. Esto fizo el rey don Fernando por quebrantar el poder del rey Abenyud, a quien nueva mente se diera la tierra que los moros tenían en España, e lo avían tomado e obedeçido por su rey e

[1] virtuosa EdTF; vyrtuosima A.
[2] de partes A, EdTF.
[3] fue e muy bien B.
[4] obssequias B.
[5] Galia B.
[6] Satobal EdTF.
[7] finte B.
[8] caudillar B.

su señor, avyéndose partido del señorio del Miramolin de Marruecos [52]. E despues que el ynfante don Alfonso e el conde don Alvar Perez se partyeron del rey don Fernando, de Salamanca llegaron a Toledo. E adreçaron su hueste e partyeron de ally. E pasaron el puerto del Muradal /f. 55r°/ e llegaron a Andujar, que ya hera de christianos. E de ally fueron por la canpiña de Cordoba, faziendo grand guerra. E llegaron a Palma e entráronla por fuerça e mataron e captiuaron quantos moros fallaron en ella. E de ally fueron para tierra de Seuilla e pasaron açerca[9] d'ella (II) e llegaron fasta Xérez. E estendieron sus corredores por Bejar[10] e por toda esa tierra e robaron quanto fallaron e tornáronse para su hueste que estaua çerca del rio de Guadalete.

E commo el rey Abenyud [53] sopo las nuevas del muy grand estragamiento e mal que los christianos avían fecho en toda el Andaluzía, enbió a grand priesa por toda su tierra que todos los que armas pudiesen tomar vyniesen a él lo más presto e mejor armados que pudiesen. E quando su mandado fue sabido vynieron a tantos de moros de todas partes que esto fue una grand marauilla. E el rey Abenyud, viendo el su poder muy grande e /f. 55v°/ el de los christianos mucho pequeño, pensó que non se le podrían defender nin tener en canpo, por que los moros heran tantos que cobrían los montes e los campos e los christianos heran muy pocos, que avía çient moros para un christiano. Mas Nuestro Señor Jesú Christo que esfuerça christianos[11],

---

(II) Los moros del regno de Seuilla con los [de] Algarbes tenía[n]se en aquel tyempo por Miramolin, rey de Belamarin e de Marruecos, que hera de los Almohades e non se quisieron dar al rey Abenyud, que hera del lynaje de los reyes moros de Çaragoça[12] e hera señor del Val de Rycote. Quando se leuantó contra los Almohades e cobró todo el señorio de los moros de España, saluo los del regno de Seuilla e de los Algarbes, que se tenían por el Miramolin e guerreavan al dicho rey Abenyud e tenían tregua e paz en esta sazon con el rey don Fernando de Castilla. E por esta razon pasaua[13] el dicho ynfante don Alfonso con tan poca gente açerca de Seuilla a correr a Xérez, que estaua por el rey Abenyud.

E despues que el dicho rey Abenyad fue muerto en Almeria un cauallero moro, señor de Arjona, que se llamaua Abenazar, que quiere dezir "bermejo", se alçó por rey de Granada con ayuda del dicho rey don Fernando e por que le dio[14] fauor e ayuda a ser rey, le dio e entregó la çibdad de Jaen e se fizo su vasallo e dábale de parias en cada un año la terçia p̲ arte que rentaua el regno de

---

[9] çerca EdTF.
[10] Bejer EdTF, A, B.
[11] Nuestro Señor Jesú Christo que esfuerça, acorre a los suyos en los grandes miedos EdTF, B.
[12] Çaragaça A, EdTF.
[13] pasara EdTF.
[14] por que le fauor e ayuda B.

acorre a los suyos en los grandes miedos, dio esfuerço e poder a los christianos. E el rey Abenyud fizo asentar sus tyendas en el oliuar entre los christianos e la villa. E mandó a sus peones que fiziesen tramojos e guadafiones, e leuasen cuerdas e cordeles en que atasen los christianos. Mas esto fue ordenamiento de Dios, ca[15] en aquello que ellos fizieron los leuaron despues presos e atados.

E despues que el rey Abenyud ovo bien mirado aquella poca gente de los christianos, fizo de la su gente syete hazes muy bien ordenadas. E cada una hera de dos mill caualleros. E el ynfante don Alfonso e el conde don Alvar Perez, despues que vieron que los moros tenían ordenadas /f. 56r°/ sus batallas, començaron de ordenar sus gentes, mas ellos heran atan pocos a respecto de los moros que non sabían qué pusiesen en la avanguarda nin en la reguarda. E ellos todos non podían de sý fazer una haz a tamaña commo cada una de los moros, ca non heran más de dos mill cauallos e dos mill peones, syn los maestres e freyres comendadores de las Ordenes de[16] caualleria de Santiago, de Calatraua e del Temple que heran ý[17]. Mas todo esto hera muy poco a respecto de los moros. E ovieron por acuerdo que todos los omnes de pie los apartasen de los caualleros, que asy estauan los de los moros. E que todos los caualleros fiziesen de sy un tropel por que non heran tantos que de sý pudiesen fazer hazes. Esto fecho allegaron todas las hazemilas e subieron sobre ellas peones e fizieron d'ellas un tropel, el mayor que pudieron. E a estos dieron que guardasen el robo.

E despues que los christianos asy fueron ordenados, fueron ferir en los moros con tan grand esfuerço, llamando todos a una boz al[18] Apostol Santiago, que ronpieron /f. 56v°/ todas las hazes de los moros. E salieron de la otra parte matando e firiendo en ellos. E de tal guisa los seguían que los moros non podían de sy aver acuerdo para se tener los unos con los otros. E estando asy la batalla en este estado, aparesçió el Apostol Santiago en un cauallo blanco e los moros mesmos dieron testimonio que lo vieron con una bandera blanca en la mano e una espada en la otra

---

Granada. E fue e estouo con quinientas lanças en su seruiçio en el çerco de Seuilla este cauallero moro, señor de Arjona[19], llamado Abenazar, primero rey que fue de Granada. Por que él hera bermejo, tomó por armas de leuar pendon bermejo con letras amarillas arabigas e uso de escreuir en papel bermejo. E asy lo acostumbraron despues todos los reyes que regnaron en Granada.

---

[15] que B.
[16] comendadores de las Ordenes caualleria B.
[17] que heran. Mas todo esto B.
[18] el A.
[19] Argona B.

e con él grand conpaña de caualleros blancos. E aún dixeron más que vyeran[20] angeles en el ayre sobre ellos e que estos caualleros blancos les semejaba a los moros que los destroýan más que otra gente. E quando esto vyeron los moros començaron de fuyr e los christianos syguiéndolos por el alcançe, matando, firiendo e captiuando en ellos. E tantos mataron que los omnes de pie non podían pasar entre los muertos que ante sý fallaban. E syguieron el alcance hasta Xerez, onde murieron muchos moros a la entrada de la villa con grand priesa que avían de se acoger.

Otro sy mataron muchos más en los oliuares /f. 57rº/ [en] que [los] fallaron sobidos e puestos por las olíueras[21]. E despues de[22] los christianos tornaron del alcançe, fallaron en el[23] campo muchos cauallos e armas e desque lo avieron cogido fueron posar en las tyendas de los moros, en las quales fallaron grande aver en oro e plata e otras cosas de grand preçio. E en tanto que estouieron[24] en el campo non quemaron sy non astas de lanças quebradas. E los guadafiones, cuerdas e tramojos que los moros fizieron, en ellos los leuaron captiuos. Mas aqui es de notar e saber que una de las cosas del mundo que más quebrantó a los moros para perder el Andaluzia e la cobrar el rey don Fernando esta batalla fue. Ca asy fyncaron escarmentados e quebrantados que nunca más de ally adelante despues ovyeron atreuimiento[25] nin esfuerço contra los christianos [54].

---

[20] vieron EdTF.
[21] por los olibares B.
[22] que EdTF, B.
[23] fallaron eln el B.
[24] estubieren B.
[25] trevimiento EdTF.

/f. 57vº/ Capitulo XVIIº

De cómmo el rey don Alfonso Xº de Castilla e de Leon fizo bodas a su fijo primogenito, el ynfante don Fernando, con la ynfante doña Blanca, fija del rey Sant Luys de Françia. E vynieron a estas bodas don Felipe, fijo primogenito del rey de Françia, e don Eduardo, fijo primogenito del rey de Ynglaterra, e fueron en romeria a Santiago[1] [55].

El rey don Alfonso Xº de Castilla e de Leon, estando en la çibdad de Burgos, fizo bodas a su fijo primogenito, el ynfante don Fernando, que llamaron de la Çerda, con la ynfante doña Blanca, fija del rey don Luys de Françia, el que fue canonizado por santo. A estas bodas vynieron muchos grandes señores, duques, condes e caualleros de Françia e de Alemania e de Ynglaterra, de Guiana /f. 58rº/ e de España e de otras partidas. E fueron ý presentes en ellas don Felipe [56], fijo primogenito del rey de Françia, que despues fue rey de Françia, e don Duarte [57], fijo primogenito del rey de Ynglaterra, sobrino del dicho rey don[2] Alfonso de Castilla, fijo de su hermana, la reyna doña Leonor de Ynglaterra. E el ynfante don Pedro [58], fijo primogenito del rey don Jaymes de Aragon [59], hermano de la reyna doña Violante [60], muger del rey don Alfonso de Castilla. E los ynfantes don Fernando primogenito e don Sancho e don Johan e don Pedro e don Jaymes, fijos del dicho rey don Alfonso de Castilla. E los ynfantes don Fadrique e don Manuel e don Felipe, fijos del rey don Fernando, que ganó a Seuilla. E el ynfante don Sancho de Aragon, arçobispo de Toledo. E otros muchos grandes señores arçobispos e obispos. E los maestres de las Ordenes de[3] caualleria de Santiago, Calatraua, del Temple e de Alcantara e el prior de Sant Johan. E todos los otros[4] señores, ricos omes e caualleros de los regnos de Castilla e de Leon.

En estas /f. 58vº/ bodas fueron fechas muchas e grandes fiestas, justas e torneos. E vyno ý a ellas a Burgos la emperatriz de Costantinopla, que tenía su marido, el emperador, captiuo en poder del soldan[5] [61]. E traxo consigo treynta dueñas e donzellas vestidas de luto. E fízole el rey don Alfonso muy grand

[1] señor Sanctiago B.
[2] don don Alfonso B.
[3] ordenes e B.
[4] todos lostros B.
[5] tenía a su marido en poder del soldan cautibo B.

resçebimiento e aposentóla en su palaçio. E ese dia seyendo conbidada con la reyna doña Violante, muger del rey don Alfonso, e rogase a la emperatriz que se asentase a la mesa a comer, non lo quiso fazer, diziéndole a la reyna que ella estaua en su honrra teniendo al rey, su marido e señor, sano e poderoso, que Dios ge lo guardase. E que su señor e marido, el emperador de Costantinopla, estaua captiuo en poder de sus enemigos, que cómmo podía ella comer en mesa a manteles de lino fasta saber sy tenía alguna esperança de su rescate. Sabiendo[6] esto el rey don Alfonso fue do[7] estaua la emperatriz e rogóle mucho afyncada mente que se asentase a la mesa a comer. E quiso /f. 59rº/ saber d'ella por qué sus subditos non rescatauan a su marido, el emperador e por qué quantia estaua avenido su rescate. E la emperatriz le respondió e dixo que non tenían en costunbre sus subditos de redemir a sus señores quando[8] captiuauan, diziendo que asaz bastaua, pues que en su vida non tomauan otro señor por emperador e que su rescate estaua ygualado por çinquenta quintales de plata. Pero que el Santo Padre le avía dado la terçia parte e la otra el rey de Françia e que oyendo el resplandor de su muy real magestad[9], liberalidad e franqueza, hera a él venida, por que le suplicaua e rogaua le dixese[10] lo que sobre esta caso entendía fazer.

E el rey don Alfonso en esto tomóla por la mano e tráxola a la mesa, diziendo e rogándole que se asentase[11] a comer, prometiendo de le dar todo el rescate que estaua[12] avenido al[13] emperador su marido e asy lo fizo e cumplió, que dentro de veynte dias le dio todos los dichos çinquenta quintales de plata. E tomó juramento a la emperatriz que tornaría al papa e /f. 59vº/ al rey de Françia las dos terçias partes que le dieran para el rescate de su marido, el emperador. E la emperatriz fízolo asy. E con estos çinquenta quintales de plata que el rey don Alfonso le dio, sacó de captiuo al emperador, su marido.

E despues que fue salido de captiuo el emperador, él e su muger[14], la emperatriz, yuan predicando e diulgando por todas las tierras la muy grand

---

6 sabiéndolo B.
7 ado B.
8 quanto B.
9 magnitud B.
10 dixe B.
11 sentase B.
12 qu´está B.
13 avenido el A.
14 el y si muger B.

magnifiçençia, liberalidad e franqueza que el rey don Alfonso de Castilla contra ellos fiziera, dándoles a tan grand quantia commo costó el rescate del dicho emperador. E despues que las fiestas d'estas bodas fueron fechas, los dichos don Felipe primogenito del rey de Françia e don Duarte primogenito del rey de Ynglaterra fueron a Santiago de Gallizia en romeria. E despues que la ovieron[15] complida[16], el primogenito don Duarte enbarcó en la Coruña e fuese por mar a Ynglaterra e don Felipe primogenito de Françia tornóse para su tyerra.

[15] ubieran B.
[16] complido EdTF.

/f. 60rº/ Capitulo XVIIIº

De cómmo el rey don Sancho IIIIº de Castilla e de Leon fue en romeria a Santiago de Gallizia e tomó a los moros la villa e castillo de Tarifa[1].

El rey don Sancho IIIIº de Castilla e de Leon, por complir el voto que ovo fecho de yr en romeria a Santiago, yendo con su hueste en socorro de Xerez, quando el rey Abenyuçaf[2] de Belamarin e de Marruecos [62] tenía çercado, el qual sabiendo de su venida non lo osó esperar e deçercó a Xerez. Por esta razon partió de Burgos donde estaua para Santiago de Gallizia. E yendo en su romeria acaesçió que andando un dia a rededor de la villa de Sant Fagundo[3] hera llegado yuan[4] con él el ynfante don Johan su hermano e don Lope de Haro, señor de Vizcaya e don Alvar Nuñez de Lara e don Fernand Perez Ponçe e otros caualleros.

E llegó ý al rey un cauallero que /f. 60vº/ avía nombre Ferran Perez Curruchano, su merino mayor de Asturias. E díxole ante todos los que ally heran commo don Fernand[5] Perez Ponçe, que ante su real magestad[6] estaua presente, ynpedía e enbargaua la su[7] justiçia por toda la tierra de Asturias, e los mal fechores que el tenía presos commo su merino mayor de Asturias, para fazer d'ellos justiçia, los avía suelto, quebrantando las cadenas que tenían. E d'esto fue el rey muy enojado[8], diziendo palabras mucho fuertes contra los que la su justiçia enbargauan. En esto un cauallero llamado Johan Nuñez Negreta, que hera vasallo de don Fernand Perez Ponçe, mouióse contra el merino Fernand Pérez Curruchano, diziendo que se marauillaba mucho de su grand themeridad, de el poder osar dezir tales palabras contra don Fernand Perez, su señor.

E d'esto ovo el rey don Sancho muy grande enojo, e tomó un baston a uno de sus monteros e dio con él a tantos de palos a Johan Nuñez Negreta sobre su cabeça e cuerpo que dio con él de la mula en tyerra, dyziendo muy fuertes e aspras palabras

---

[1] Tarife B.
[2] Abenjuzaffar B.
[3] Safagundo B.
[4] yba B.
[5] Hernan B.
[6] magnitud B.
[7] enbargaba la justiçia B.
[8] E desto fue muy enojado A.

contra /f. 61rº/ todos aquellos que la justiçia ympedían e enbargauan que non se fiziese. De la qual cosa todos los que ý heran presentes fueron muy espantados. E de ally adelante le temieron más [qu]e a sus ofiçiales. E dende fue su camino en romeria a Santiago e dio alli grandes ofrendas, faziendo[9] muchas limosnas por el camino. E complida su romeria vyno a Valladolid.

E despues que ovo fecha paz e tregua con el rey don Alfonso IIIIº de Aragon [63] sobre la discordia e guerra que amos reyes ovyeron, sopo commo el rey Abenjacob[10] de Fez, Belamarin e de Marruecos hera en Tanjar con doze mill caualleros e mucho peonaje de moros, para pasar aquende el mar en España, a Algezira e veynte e ocho galeas[11] armadas que en el puerto de Tanjar tenía. E el su almirante, Miçer Benito Zacarias, con doze galeas[12] que oviera fecho armar en Seuilla, avía peleado con la flota de los moros e la vençiera e les tomara treze galeas[13] e anegara todas las otras. D'estas nuevas ovo el rey don Sancho muy grande plazer, e por lançar el poder del rey Abenjacob de /f. 61vº/ Belamarin que tenía aquende el mar en España, fizo armar luego mayor flota e enbió en ella doze engeños e otros muchos pertrechos e bastidas[14]. E él con su hueste en persona fue çercar la villa e castillo de Tarifa por tyerra e por mar, la qual tenía el dicho rey de Belamarin e estouo sobre ella, conbatyéndola de noche e de dia fasta que la entró e tomó[15] por fuerça de armas, dia de Sant Matheo Apostol evangelista, año de mill e dozientos e nouenta e tres[16] [64].

[9] ofieçiendo B.
[10] Abenjazof B.
[11] galeras EdTF, B.
[12] galeras B.
[13] galeras B.
[14] vestidas B.
[15] fasta que la entró por fuerça de armas EdTF.
[16] noventa e tres años EdTF.

Capitulo XIXº

De[1] cómmo el rey don Pedro de Castilla [65] mató al maestre don Fadrique de Santiago [66], su hermano. E él estando en Santiago de Gallizia, fueron muertos en su presençia el arçobispo don Suero e el dean de Santiago, e despues el dicho rey don Pedro fue vençido e muerto por el rey don Enrrique [67], su hermano, en Montiel, que es lugar de la Orden de Santiago.

/f. 62rº/ El[2] rey don Pedro de Castilla fue muy cruel rey e fizo matar muchos e grandes señores e caualleros de sus regnos e señorios, entre los quales fyzo matar al maestre don Fadrique de Santiago, estando él presente[3] en el Alcaçar de Seuilla. E despues él yendo fuyendo de Castilla del rey don Enrrique, su hermano, estando en la çibdad de Santiago, acaesçió un dia que el arçobispo don Suero de Santiago [que] posaua fuera de la çibdad en una su fortaleza que dizen la Roncha, vyno ver al rey don Pedro que lo ovo enbiado a llamar.

E commo el dicho arçobispo vyniese a él por una plaça[4], llegando a la eglesia de Santiago donde el rey don Pedro entonçe estaua, llegó en pos d'él un escudero de Gallizia, llamado Fernan Perez Curruchano, en un cauallo e una lança en la mano e omnes de cauallo en pos d'él. E llegó al arçobispo e matólo e mató al dean de la dicha iglesia de Santiago, que venía con el arçobispo, e matáronlos dentro[5] de la iglesia de Santiago e /f. 62vº/ ally dieron las almas a Dios[6], delante el altar, mirándolos el rey e los que con él estauan de ençima, que dauan bozes, diziendo que los non matasen. E commo quier que todos fazían salua de la muerte del arçobispo e su dean, pero segun los omnes cuydan e es de pensar non se atreuiera[7] fazer tal cosa el que los mató sy pesara al rey. Antes se tovieron por dicho que él lo mandó fazer[8], por que tenía grand sentimiento de los caualleros de Toledo, por que acojeran en aquella çibdad al rey don Enrrique, su enemigo.

---

[1] Cómmo el rey… B.
[2] Rey don Pedro de Castilla… B.
[3] él presente estando A, B, EdTF.
[4] viniese por una plaza B.
[5] de dentro B.
[6] dieron a Dios B.
[7] atrevieran EdTF.
[8] que lo mandó fazer B.

E este arçobispo don Suero, que fue ý muerto, hera natural de Toledo e pariente[9] de los mejores de aquella çibdad. E fue este fecho muy malo e muy feo matar asy al arçobispo e al dean de Santiago dentro de la iglesia, donde toda la christiandad la vyene[10] a honrrar e a visitar. E de alli se fue el rey don Pedro para La Coruña. E entró por mar e fuese a Vayona de Guiana, que entonçe hera del señorio de Ynglaterra. E despues /f. 63r°/ que tornó a Castilla con el prinçipe de Galez [68] e[11] cobró el regno despues de la batalla de Najara, el rey don Enrrique vyno de Françia.

El qual teniendo çercada la çibdad de Toledo, partió el rey don Pedro desde Seuilla con su hueste con yntençion de fazer leuantar el çerco que estaua sobre Toledo. E llegado a Montiel fue alli sobre él el rey don Enrrique[12] con su hueste e ovieron amos a dos[13] reyes batalla canpal, en la qual el rey don Pedro fue vençido. E acogido al castillo de Montiel, fue luego çercado de una pared arrededor del castillo, por que d'él non se pudiese yr. E viéndose el rey don Pedro asy çercado, t[en]iendo[14] pocas vituallas e menos agua para se poder sostener, buscó manera cómmo pudiese escapar. E commo se aventurase una noche, salióse[15] del castillo e vynose a la posada de Mosen Beltran de Caclin [69], condestable de Françia, e se pusiese en su poder armado de unas coraças. Sabiéndolo, el rey don Enrrique fue luego para él e commo lo vio /f. 63v°/ firiólo con una daga por la cara e otras feridas muchas que le dio por el cuerpo.

E asy lo mató e privó de la vida e del regno e de todos sus thesoros e de quanto tenía. Por çierto es de notar las crueles muertes que este rey don Pedro de Castilla fizo al maestre de Santiago don Fadrique, su hermano, e al arçobispo e dean de Santiago, por que él fuese digno de padeçer de ser vençido, çercado[16] e muerto por cuchillo en el castillo e villa de Montiel, que es de la Orden del bien aventurado Apostol Santiago, patron defensor de todas las Españas. En lo qual fue grand misterio e juyzio de Dios, ca aun que otras muertes non fiziera sy non estas que dichas[17] son, hera digno de padeçer lo que padeçió.

---

[9] parientes B.
[10] bienen B.
[11] el EdTF.
[12] don Pedro EdTF.
[13] amos dos EdTF.
[14] teniendose EdTF; tiendo A, B.
[15] salió B.
[16] digno de padeçer de ser vençido e muerto por cuchillo EdTF.
[17] dicha B.

Capitulo XXº

De cómmo e en qué tiempo fue conquistada e tomada la Tierra Santa /f. 64rº/ e çibdad de Jerusalem por el duque Gudufre de Bullon e por los capitanes e gentes de cruzados que fueron con él e con el santo varon Pedro el Hermitaño a esta conquista. E cómmo en este tiempo fueron començadas, prinçipiadas e ynstituydas las Ordenes de caualleria del Ospital de Sant Johan de Jerusalem e del Temple e de Santa Maria de los Theo[to]nicos[18], que agora llaman de Pruça.

En tiempo del papa Urbano IIº e de los emperadores Enrrique quinto de los romanos e Alexo de los griegos, despues de fecho e çelebrado el conçilio de Claramonte, los treze capitanes, conuiene a saber: el duque Gudufre de Bullon e el conde Baldouin[19], su hermano, e el conde don Baldouin de Burgo, su primo, e el duque de Lotorinja /f. 64vº/ e el duque don Hugo, fijo del rey don Enrrique primero de Françia, e el prinçipe don Remon de Taranto e el conde don Remon de Tolosa e el conde de Sant Gil e el conde don Ruberto de Flandes e el conde de Valesio e el conde de Sant Paulo e el conde de Tornay e don Cangreto, fijo del duque de Apulla, e otros muchos grandes señores e caualleros [70].

E las gentes de cruzados que fueron en esta conquista a la Tierra Santa con el santo varon Pedro el Hermitaño pasaron de numero de seyçientos mill conbatientes de cauallo e de pie[20]. E fueron por Alemania e por Ungria e Greçia. E llegaron a Costantinopla e de ally fueron a Elisponto e pasaron el estrecho del Mar de Romania e fueron su via pasando por muchas tierras e prouinçias, fasta que llegaron a la çibdad de Antiocha[21], que es en la Siria[22] [71]. E toviéronla[23] çercada nueve meses, conbatyéndola[24] con muchos pertrechos e a la fyn tomáronla por fuerça de armas. /f. 65rº/ E el primero que a ella subió por escala fue el prinçipe don Remon de Taranto [72] e mataron e captiuaron quantos moros en ella estauan.

Otro sy tomaron otras muchas villas e castillos de aquella tierra e comarca que los moros tenían. E fue tomada la çibdad de Antiocha por los christianos, año de mill e

---

18 teonicos B; teutonicos ss. B.
19 el conde don Baldovin EdTF.
20 de a pie B.
21 Antioquia B.
22 Soria A, B, EdTF.
23 ovieron la B.
24 conbatiéndolo B.

noventa e ocho. E de alli partieron el duque Gudufre e los otros capitanes con su hueste que entonçes leuauan de cruzados quarenta e seys mill de cauallo e treynta e çinco mill peones e çinco mill moços de serviçio, syn las mugeres que yuan en la hueste que heran muchas[25]. E çercaron la çibdad de Jerusalem que hera muy fuerte. Ca despues que fue destroýda por los emperadores Tito e Vaspasiano de los Romanos, fue despues redeficada e fecha mucho más fuerte por el emperador Hellio Adriano. E fallóse que estauan dentro en Jerusalem para la defender quarenta mill moros de cauallo e de pie, syn el otro pueblo menudo de la çibdad que no avía numero.

/f. 65v°/ E estouieron sobre ella los christianos grand tiempo conbatiéndola de noche e de dia fasta que plogó a Nuestro Señor e salvador Jhesu Christo que la

---

(III) Fue entrada e tomada por fuerça de armas la santa çibdad de Jerusalem por el christianisimo, ynclito duque Gudufre de Bullon e por los otros capitanes e gentes cruzados de christianos que fueron con él e con el santo varon Pedro el Hermitaño a esta conquista en tiempo del papa Urbano II°, año de mill e noventa e nueve. E estouo en poder de christianos por espaçio de ochenta e nueve años por nueve reyes e señores latynos que fueron de Jerusalém, con el dicho duque Gudufre, que la tomó, fasta el año de mill e çiento e noventa e ocho, en tiempo del papa Urbano III°, primero dia de junio del dicho año [73]. El soldan de Egipto, llamado Saladino, vyno sobre la Tierra Santa e çibdad de Jerusalem con çinquenta mil de cauallo e ynumerable peonaje de moros, sabiendo que los christianos que la Tierra Santa e çibdad de Jerusalem señoreauan e en ella abitauan e morauan[26] heran en muy grandes diuisiones, ovo batalla canpal con el rey don Guido de Jerusalem [74], en la qual batalla fueron los christianos por sus pecados[27] vençidos e fueron muertos e captiuos todos los más d'ellos, que pocos escaparon.

E fueron ý[28] presos e captyuos de los moros[29] el dicho rey don Guydo e los maestres de las Ordenes de caualleria del Ospital de Sant Johan de Jerusalem, de Acre e Rodes, por la qual cosa e de seruymiento[30] de los christianos que ovieron en el vençimiento d'esta batalla, tomaron los moros en este dicho año que esta batalla acaeçió las çibdades de Acre, Japha e a Escalon e otras muchas villas e castillos de la Tierra Santa e la[31] santa çibdad de Jerusalem. Con las quales muy doloriosas[32] e tristes nuevas, luego commo las sopo el dicho muy santo padre papa Urbano III° murió en Ferrara do entonçes estaua, teniendo dieta congregada, faziendo[33] todas sus diligençias por enviar adjutorio[34], socorro e ayuda ala tierra santa.

---

[25] sin las mujeres que heran muchas B.
[26] cibdad de Jherusalem señoreavan heran en muy grandes divisiones EdTF; moran B.
[27] peniçiones B.
[28] E fueron presos B.
[29] por sus pecados vençidos e fueron muertos e captivos de los moros… EdTF.
[30] destruimiento EdTF; destraimientos B.
[31] de la EdTF.
[32] dolorosas B.
[33] fazicado A.
[34] adjunto B.

entraron e tomaron por fuerça de armas (III) en un dia vyernes, en tal dia commo Él resçibió muerte e pasion, año de mill e noventa e nueve en el treynta e seys años del regnado del rey don Alfonso VI° de Castilla e de Leon, que tomó de moros la çibdad de Toledo. E mataron e captiuaron quantos moros fallaron en ella. E los christianos que dentro estauan en captiuero fueron librados de la seruitud e captiuerio[35] en que heran [75]. Los quales con muy grand gozo e alegria, dando muchas graçias a Dios, salieron con cruzes e çirios en proçision, cantando *te deum laudamus*. E reçibieron al santo varon Pedro el Hermitaño e al duque Gudufre e a todos los otros capitanes e caualleros que heran en la hueste [76].

E luego en ese dia que la çibdad de Jerusalem fue entrada e tomada por los christianos, despues que ovyeron elegido quién fuese patriarca /f. 66r°/ latyno de Jerusalem, todos concorde mente[36] e ninguno discrepante eligeron por rey de Jerusalem al muy noble ynclito e christianisimo duque Gudufre, capitan general mayor de la hueste de los christianos. El qual commo quier que tomase e resçibiese en sý el regimiento e governaçion del regno de la Tierra Santa e çibdad de Jerusalem, pero con muy grande humildad por reuerençia de Nuestro Señor nunca se quiso llamar rey de Jerusalem, nin poner corona de rey en su cabeça adonde Nuestro Señor Jhesu Christo con corona de espinas, por nuestra redemçion e salud del lynaje humanal, quiso ser coronado.

En este tiempo que la Tierra Santa e çibdad de Jerusalem fue tomada e conquistada por los christianos, fue en ella començada la Orden de caualleria del Ospital de Sant Johan de Jerusalem. En esta manera, commo acaesçiese que muchas gentes, varones e mugeres de todas las partidas de la christiandad vyniesen en romeria a visitar el Santo Sepulcro e logares santos de Jerusalem e los romeros e peregrinos pobres[37], aflictos e enfermos non oviesen /f. 66v°/ dónde se ospedar, fizieron un ospital para los acojer. E hedeficaron una notable[38] iglesia junto con él en honor de sant Johan Elimosinario[39] [77]. Este sant Johan fue asy llamado por que fue muy santo varon de naçion de Chipre. El qual por su grand santidad, virtudes e meritos que en él avía fue elegido e fecho patriarca de Alixandria. E por

[35] de captiverio EdTF.
[36] cincordes EdTF.
[37] pobre B.
[38] unatable B.
[39] el limosario EdTF.

que en limosnas e en las otras obras[40] de piedad a otros preçedió e en él resplandeçieron, Limosnero e Misiricordioso fue llamado. E commo en el prinçipio que este ospital fue fecho e fundado, non teniendo[41] reditos nin rentas, de lo que sobrava, de las migajas, de los monesterios que avía en Jerusalem hera proueýdo.

En este tiempo un santo varon llamado Geraldo[42] [78] de santa, laudable e aprouada vida, que el dicho ospital regía, administraua e seruía a los pobres que a él venían[43], ayuntó consigo otros varones religiosos, honestos e començó a tomar con ellos habito reglar. E puso sobre sý e sobre sus vestiduras cruz blanca delante sus pechos. E so regla saludable con honestas constituçiones /f. 67rº/ fecha, profesion[44] fizo e se obligó a ella. Eso mesmo fizieron los otros religiosos que con él a esto se ayuntaron, llamándose freyes religiosos de la Orden del Ospital de sant Johan Elimosinario[45] de Jerusalem. E fue asy que por toda la tierra de la christiandad salió e sonó su fama d'estos religiosos. E commo de muchas partes vyniesen en romeria a visitar el Santo Sepulcro a Jerusalem, los reyes e prinçipes e otros grandes señores de la christiandad fiziéronles grandes limosnas, e muchas çibdades, villas e castillos reditos e rentas que les dieron. E so esta regla se sometieron e obligaron de guardar el maestre e freyres comendadores de la dicha Orden de caualleria del Ospital de Sant Johan de Jerusalem, de Acre e de Rodes, en[46] defension de la Tierra Santa de Jerusalem contra los moros enemigos de nuestra santa fee e çetera.

Otro sy en este mesmo tiempo fue començada contra los ynfieles de la fee la segunda e notable orden de caualleria, es a saber, el maestre e los freyres /f. 67vº/ de la Orden del Temple. E su comienço d'esta orden fue asy. Commo en este tiempo despues que la Tierra Santa[47] e çibdad de Jerusalem fue conquistada e tomada por el dicho duque Gudufre e por los otros capitanes christianos que a esta conquista vynieron con él de todas las partes del mundo de la christiandad, los ricos e los pobres, los mançebos e las vyrgenes, los viejos e los jouenes todos venían[48] en romeria a visitar el Santo Sepulcro e los lugares santos de Jerusalem. E muchos

---

[40] cosas EdTF.
[41] tiendo B.
[42] Geronimo EdTF.
[43] ca él venía B.
[44] solene profesion B; solepne profesion EdTF.
[45] et limosnario B.
[46] e B.
[47] despues que la Tierra e cibdad de Jherusalem EdTF.
[48] benía B.

malos omnes, ladrones, matadores, robadores salían a los caminos por donde venían los romeros e peregrinos e robauan e matáuanlos e fazíanles[49] muchos males e grandes ynjurias. Veyendo esto çiertos caualleros amables a Dios, movidos con caridad feruiente e el mundo renunçiantes con zelo e amor de seruir a Dio\s/, e en mano del patriarca de Jerusalem fizieron solepne voto e profesion que de todas sus fuerças en quanto pudiesen, defenderían a los romeros e peregrinos que venían a /f. 68rº/ Jerusalem de los ladrones, robadores e matadores que salían a ellos a los caminos, e de beuir a modo e manera de canonigos reglares en obediençia e castidad e syn propio. Estos caualleros que esto en el prinçipio prometieron non heran sy non nueve caualleros, e non se vestían nin usauan sy non las vestiduras tales quales[50] ge las dauan en limosna. E biuieron asy en este habito secular nueve años syruiendo a Dios.

Veyendo esto el rey don Baldouin, hermano del buen duque Gudufre, primero rey[51] de los latynos que fue de Jerusalem, en uno con el patriarca Jerosolomitaño, e con los otros capitanes, duques, condes, señores e caualleros que con él fueron en esta conquista de la Tierra Santa, aviendo conpasion d'estos dichos nueve nobles caualleros que por amor de Nuestro Señor Jhesu Christo avían dexado e renunçiado el mundo e todas sus cosas e bienes que tenían, diéronles[52] çiertas posesiones e rentas para en que se mantoviesen e sustentasen. E commo non toviesen iglesia propia nin casa adonde morasen, /f. 68vº/ estovesen e habitasen[53], dioles el dicho rey don Baldouin una parte de su palaçio que estaua junto con el Templo de Jerusalem, para en que morasen. E el abad e canonigos del dicho templo diéronles una plaça que tenían, que estaua junta con los palaçios reales. E por que su casa tovieron junta con el Templo del Señor, fueron llamados los Freyres del Templo de Nuestro Señor. E asy estouieron otros nueve años en esta santa profesion e pobreza comun concorde mente en una casa.

E despues d'esto, açerca del año del Señor de mill e çiento e veynte e ocho, por mandamiento del papa Honorio IIº e del patriarca de Jerusalem que entonçes hera, les[54] fue ynstituyda la regla de su Orden e que traxesen habitos blancos syn ninguna cruz. E despues, en tiempo del papa Eugenio IIIº, pusieron cruzes coloradas

49 façían B.
50 ales B.
51 primero de los latynos B.
52 diéronle B.
53 adonde morasen e habitasen EdTF.
54 le A. EdTF.

en sus vestiduras sobre sus pechos. E fizieron voto de morir por la defension de la Tierra Santa, peleando contra los ynfieles, enemigos de nuestra santa fee, en tal manera que su nombre de honestad e fama de santidad salió /f. 69r°/ e sonó por toda la christiandad. De guisa e manera que en muy poco tiempo fueron fechos de su Orden más de mill caualleros, syn sus seruidores, que heran muchos, e de alli adelante fueron ricos de muchas grandes rentas e posesiones, e de muchas çibdades, villas e castillos e lugares allende el mar en la Soria e aquende, a enxemplo commo avían fecho a la Orden de caualleria del Ospital de Sant Johan de Jerusalem, que los reyes e prinçipes de la christiandad les dieron. E asy fueron en poco tiempo el maestre e los caualleros de la Orden de los Templarios multiplicados, enrriqueçidos e dilatados mucho, mayor mente en las partes oçidentales. E por que despues, segun se dize, se fallaron aver caýdo e cometido el muy grave e grande e peximo pecado contra natura, por mandamiento del papa Clemente quinto, de consentimiento e consejo del rey don Felipe quinto de Françia e de los otros reyes e prinçipes christianos, fue destroyda la dicha Orden de los Templarios [79], la qual ovo durado desde el /f. 69v°/ tiempo que ella començó e el papa Honorio II° la confirmó fasta que fue destruýda çiento e ochenta e quatro años.

Yten la terçera Orden de caualleria començó en este mesmo tiempo que la Tierra Santa e çibdad de Jerusalem fue conquistada e tomada por los christianos[55]. En esta manera, commo vyniesen muchos peregrinos theo[to]nicos[56] e alemanes en romeria a Jerusalem, e por que su lengua d'estos hera mucho apartada e diuersa de las otras naçiones de christianos e non los entendían, fizieron una casa açerca del Ospital de Sant Johan de Jerusalem para que los pobres e enfermos de su naçion fuesen en ella resçebidos. E por mandado e consentimiento del patriarca de Jerusalem fizieron junto con la dicha casa una iglesia en honor de Santa Maria. E commo acesçiese que muchos grandes señores e caualleros theo[to]nicos e alemanes vyniesen a Jerusalem en romeria e por defension de la Tierra Santa dieron e mandaron aquella eglesia de Santa Maria e Ospital, que ovieron fecho muchas e grandes rentas, çibdades, villas e castillos.

/f. 70r°/ E muchos de aquellos caualleros con zelo e deseo de seruir a Dios tomaron la regla ynstituýda de la Orden del Temple e vistiéronse de habitos[57] blancos e, por diferençia de los templarios, pusieron cruzes negras sobre sus pechos.

[55] fue conquistada et conquistada e tomada de los cristianos B.
[56] teuteonicos B.
[57] vistierense habitos EdTF.

E con feruor de la religion que tomaron prometieron de beuir en humildad e pobreza e fizieron maestre mayoral de su Orden. E esta es la Orden de caualleria de Santa Maria[58] de los Theo[to]nicos e Alemanes que agora llaman de Pruça. La qual oy dia ay en ella maestre e muchos freyres, comendadores e otros religiosos de su Orden e tyenen muchas çibdades, villas e castillos e logares e grandes rentas en Alemania Alta e en la Baxa[59] e en los regnos e señorios e provinçias de Ungria, Bohemia e Polonia, Gothia[60], Daçia e Nuruega e en otras partidas de la christiandad septentrional.

58 esta es la Orden de Sancta Maria EdTF.
59 Alemania Alta e la Baxa B.
60 Bohemia, Gothia EdTF.

/f. 70vº/ Capitulo XXIº

De cómmo et en qué tiempo e por quién fue ynstituyda e prinçipiada e confirmada la muy notable, esclareçida e tryhumfante Orden de caualleria del glorioso bien aventurado Apostol Santiago, que dizen del[1] Espada en España.

El rey don Alfonso VIIº de Castilla e de Leon, emperador de España, regnó çinqu[en]ta e un años, e quando murió repartió sus regnos a sus fijos. A don Sancho, su fijo primogenito, el mayor, dio el regno de Castilla e de Toledo. E a don Fernando, el menor, dio el regno de Leon e de Gallizia, con Asturias de Oviedo. E despues de su muerte ovieron los dichos regnos sus fijos, cada uno segund que su padre, el emperador don Alfonso, ge los /f. 71rº/ repartió. Don Sancho[2], su fijo primogenito, ovo el regno de Castilla e de Toledo e començó a regnar año del nascimiento de Nuestro Señor Jhesu Christo de mill e çiento e sesenta e nueve. E fue buen rey justiçiero e por que non regnó si non un año, commo hera mucho amado de los pueblos de sus regnos e señorios, fue llamado d'ellos don Sancho el Deseado.

E despues que fue muerto e sepultado en la iglesia de Toledo, a par del emperador don Alfonso, su padre, fue alçado por rey de Castilla e de Toledo el ynfante don Alfonso, su fijo primogenito, que ovo en la reyna doña Blanca de Castilla, su muger, fija del rey don Garçia de Nauarra, fijo que fue del rey don Ramiro de Nauarra e de la reyna doña Eluira, su muger, fija del ynclito, belicoso cauallero, vençedor de batallas, don Ruy Diaz el Çid [80]. E quando lo alçaron por rey[3] complía de su hedad dos años. E començó a regnar año del Señor /f. 71vº/ de mill e çiento e setenta, e regnó çinqu[en]ta e tres años. E commo començó a regnar a tan de pequeña hedad ovo muy grandes boliçios, discordias e guerras en el regno entre don Gutierre Fernandes de Castro e don Fernand Ruyz e don Alvar Ruyz e don Pedro Ruyz de Castro, sus sobrinos de la una parte, e de la otra los condes don Manrrique e don Nuño de Lara, sobre quien ternía al dicho rey don Alfonso e regiría e gobernaría sus regnos en tanto que oviese hedad para lo regir e gobernar.

E sobre esto fue entre ellos a tanta discordia e mal querençia e enemistad que estouo en punto de perderse la tierra por que ellos que la avían de guardar la perdían, estragauan e robauan. E tanto creçió el mal entre ellos, que el rey don Fernando de

---

[1] de la B.
[2] Dan Sancho B.
[3] por el rey B.

Leon levó las rentas del regno de Castilla bien doze años e todos los otros derechos, e el conde don Manrrique de Lara que tenía en guarda al rey don Alfonso e lo criaua se vio en /f. 72r°/ tanta afruenta e aprieto con el rey don Fernando de Leon, que él e su hermano, el conde don Nuño, le ovieron de fazer omenaje que le diesen el rey don Alfonso de Castilla, su sobrino por vasallaje.

E estando el rey don Fernando de Leon en la çibdad de Soria para reçebir el vasallaje, segun le hera prometido, los de Soria, que tenían al rey don Alfonso niño en guarda, fueron al conde don Manrrique de Lara e a los otros caualleros e procuradores de las çibdades de los regnos que alli en Soria estauan, los quales tenían acordado de leuar el rey don Alfonso a su tyo, el rey don Fernando, e dixéronles: "Vedes[4] aqui a nuestro[5] señor libre e syn ninguna premia e vos asy lo guardad[6]". Ellos lo leuaron entonçes a su tyo, el rey don Fernando[7] de Leon. E él quando[8] lo vio començó de lo falagar e el niño lloraba fuerte mente. En esto dixo el conde don Manrrique de Lara: "Señor, el niño llora por mamar, lleuarlo he a su ama, e despues que lo acallare, trahervos lo han". E tomólo en sus /f. 72v°/ braços e leuólo a su ama.

E luego commo ovo callado e dado la teta su ama, un cauallero de Fuente Almexi, que avía nombre Pero Melendez, lo tomó por mandado de los condes don Manrrique e don Nuño de Lara e cubriólo con su manto e caualgó en çima de un cauallo e fuese con él quanto pudo, de guisa que ese dia llegó a Sant Esteban de Gormaz. E el rey don Fernando de Leon con todos los perlados, condes e caualleros estáuanlo atendiendo con el conçejo de Soria, para que despues que el rey don Alfonso su sobrino oviese mamado, que ge lo avían de leuar. E veyendo que tardaua enbiaron por él, e dixo el ama que un cauallero lo leuara a su tyo. E commo esto fue dicho, el rey don Fernando de Leon fue d'ello muy enojado e sañudo e fízose grande alborozo[9] e buelta en la çibdad. E los condes de Lara viéronse en grand verguença. E dixeron al rey don Fernando que lo yrían buscar e que ge lo trayrían commo con él avían puesto. E partiéronse luego d'él e llegaron /f. 73r°/ esa noche a sant Esteban de Gormaz.

---

[4] ved B.
[5] nuestros B.
[6] guardar EdTF.
[7] ellos le llebaron al rey don Fernando B.
[8] el qual quando B.
[9] alboroto EdTF, B.

E el conde don Nuño adelantóse de los otros e fue tomar el rey don Alfonso e fuese con él a Tyensa. E por librar a su señor non paró mientes [en] el omenaje que fiziera (IV). E el rey don Fernando de Leon tóuose por engañado e veyendo que non podía aver en su poder al rey don Alfonso, su sobrino, tornóse para su tierra. E todas las villas e castillos que pudo tomar de Castilla todas las tomó. E asy lo guardauan al rey don Alfonso los suyos del rey de Leon, su tyo, commo lo podrían guardar de la muerte e de su enemigo que lo quisiese deseredar. E sobre esta discordia e guerra que hera entre los del solar de Castro con los de Lara, sobre quien ternía al dicho rey don Alfonso e[10] regiría e gobernaría su regno en tanto que hera niño, sobre desafio ovieron en uno batalla canpal açerca de Huete, en la qual los de Lara fueron vençidos de los de Castro e fue ý muerto en ella el conde don Manrrique e preso el conde don Nuño, su hermano, e otros muchos de los suyos. E murieron en esta /f. 73v°/ batalla muchos de amas partes.

Otro sy en este mesmo tiempo el rey don Sancho de Nauarra, con cobdiçia desordenada, non parando mientes [en] el grand debdo[11] que tenía con el dicho rey don Alfonso de Castilla, por ser su tyo hermano de la reyna doña Blanca, su madre, fizo grand guerra al regno de Castilla. E leuando una grand caualgada de tierra de Burgos de muchos prisioneros e ganados, salió a él el abad don Johan del monesterio de sant Pedro de Cardeña con la seña del Çid, e mandóle tornar la caualgada que leuaua por honrra e reuerençia del cuerpo de su bisabuelo, don Ruy Díaz el Çid, que en el dicho monesterio está sepultado.

(IV) D'esto que el conde don Nuño de Lara fizo se tovo el rey don Fernando de Leon por engañado. E ovo muy grand pesar e enbióle un su cauallero, que lo llamase aleuoso. El conde non le respondió ninguna cosa e asy se tornó el cauallero al rey syn ninguna respuesta, mas el conde vyno despues p ara el rey de Leon e denostóle[12] ca lo llamó traydor[13]. E el conde le respondió que dixese lo que touiese por bien, ca lo que[14] fyziera fuera por librar su señor de seruidunbre, mas que el tomase en su cuerpo la emienda que por bien touiese. E el rey puso esto en consejo. E respondióle don Ferrand Ruyz de Castro, llamado el Castellano, que entonces venía[15] con él e hera su vasallo e non obstante que hera enemigo del conde don Nuño, díxole: „Señor, non le podedes de derecho prender nin dezir mal por esta razon, ca él fizo bien e derecho e grand lealtad.

[10] que B.
[11] al gran deudo B.
[12] denostolo EdTF, denostado B.
[13] ca lo llamo traydor al conde B.
[14] lo qu'él B.
[15] bevia EdTF.

Pero despues que este rey don Alfonso de Castilla fue de hedad e tomó en sy el gouernamiento del regno se vengó del mal, guerra e daño que el rey de Nauarra, su tyo, le avía fecho. E le tomó veynte e çinco villas e castillos e despues d'esto vyno el rey de Nauarra a su mesura, diziendo /f. 74rº/ que le herrara[16]. E tornóle el rey don Alfonso las cathorze villas e castillos e las honze tomó para su corona real. E fueron estas: Fuente Rabia, Sant Sebastian, Guitarra[17], Vitoria, Santa Cruz de Canpeço, Treuiño, Briones, Nauarrete, Logroño, Najara, Las Cuevas, La Bastida, Daualos e Daualillos, con toda tierra de Lipuzcoa[18] e de Alaua [81].

Otro sy en este tiempo mesmo el rey don Fernando de Leon tovo guerra con el rey don Alfonso, primero rey que fue de Portogal, por que el rey don Fernando de Leon seyendo casado con la reyna doña Urraca, su muger, fija del dicho rey don Alfonso de Portogal, non obstante que en ella toviese un fijo que hera el ynfante don Alfonso, que fue rey de Leon despues de sus dias, partióse d'ella por mandamiento del papa, diziendo ser casados en grado de parentesco proybido. E por que fiziera poblar la çibdad Rodrigo, contradiziéndolo el rey de Portogal, ovieron de aver amos a dos reyes batalla canpal a /f. 74vº/ çerca de Badajos, en la qual el rey don Alfonso de Portogal fue vençido e preso por el rey don Fernando de Leon e el rey don Alfonso IIº de Aragon, fijo del conde don Remon de Barçelona e de Proençia e de la reyna doña Petronilla, su muger, fija del rey don Ramiro, el Monje de Aragon. En este rey don Alfonso se ayuntó el regno de Aragon con el condado de Barçelona e señorio de Catalueña en un rey e señor, [e] hera en ayuda

---

E de aquy adelante non tengades esperança[19] de cobrar el rey don Alfonso de Castilla, vuestro sobrino, ca la lealtad de los castellanos vos lo defendió." Entonçes todos los ricos omnes, señores e caualleros que ý estauan otorgaron que don Ferrand Ruyz dezía verdad. E por esto el rey de Leon dio por quito al dicho conde don Nuño de Lara del omenaje que le fiziera.

(V) En el tiempo del emperador don Alfonso de España, padre de los reyes don Sancho IIIº de Castilla, llamado el Deseado e don Fernando de Leon, su hermano, se leuantó allende el mar, en tierra de Africa, un moro mucho sabidor en la arte de la astronomia e en las naturas de las cosas, que avía nombre Almohadi e hera muy sabidor de la seta de Mahomad. Fabló con un moro mançebo llamado Aldemon que hera[20] fijo de un ollero e díxole que avía de ser rey de los moros e él creyólo e començó pedricar[21] e

---

[16] qu´él herrara B.
[17] Guitaria EdTF, B.
[18] Lipuzcua A, B.
[19] tenga desesperança A.
[20] he B.
[21] començo a predicar EdTF; de predicar B.

del dicho rey don Alfonso de Castilla, contra los reyes de Nauarra e de Leon. E allende d'esto en este tiempo mesmo[22] Miramolin de Marruecos (V), rey muy poderoso que señoreía[23] el regno de Fez, de Belamarin e de Marruecos, pasó de Africa aquende el mar en España e fazía muy grand, guerra en tierra de christianos. E asy heran e estauan todos los reyes e regnos e señorios de todos los christianos de las Españas en muy grandes guerras e diuisiones. E estaua en punto de se perder por esta razon /f. 75rº/ toda la tierra de España e tomarla los moros.

En este tiempo en las partes de España, viendo[24] los muy grandes males, guerras e dyuisiones que en ella heran, treze varones, nobles caualleros de grand linaje, ensalçados de grand sapiençia[25] de aqueste mundo e muy altos de poderio en fecho de armas e ricos de las cosas temporales e de todo ensalçamiento de buena andança terrenal heran abondados. En estos a tan claros omnes[26], la maldad de la

---

declarar él al Coran[27] e el califa, que los moros tyenen en logar de papa. Ayudóle a predicar contra los alarbes, que entonçes heran reyes e señores de Africa. Este Almohadi con sus predicaçiones tantas gentes tornó a sy, que fizo alçar rey aquel[28] Aldemon[29], fijo del ollero, el qual vyno en batalla canpal con el rey Albohagi, que hera señor de los alarbes. E vençiólo e mató en batalla e fyncó este Aldemon rey e señor de todos los moros de Africa e puso su sylla en Marruecos e llamóse Myramolin [82]. E honrraba a Almohady commo a propheta, por que ovyera a Africa[30] por su predicaçion. E quando murió, enterrólo açerca de Marruecos e los moros lo tyenen por santo e en sus priesas e angustias llaman a él. E d'este Almohadi tomaron nombre las Almohades.

Despues d'esto, este rey Aldemon, fijo del ollero, que se llamó Miramolin, pasó en España en tiempo del dicho emperador don Alfonso e fue señor de todos los moros d'ella. Despues tornóse allende el mar de África e murió en Marruecos. E regnó en su logar un su fijo, que avía nombre Abuhamat Miramolin. Este pasó con muy grand poder de moros de allende el mar de Africa aquende en España[31] en tiempo[32] de la adoleçençia del rey don Alfonso VIIIº de Castilla, que fundó el monesterio de las Huelgas de Burgos, seyendo[33] las grandes guerras e diuisiones en toda la christiandad de España, quando fue leuantada e prinçipiada la Orden de caualleria de Santyago. E

---

[22] este mismo tiempo EdTF.
[23] señoreava EdTF; señoreaban B.
[24] viéndolos los B.
[25] en grado de sapiencia EdTF.
[26] claromes homes B.
[27] començo de predicar él al Coran B.
[28] aquel moro EdTF.
[29] Aldomimon B.
[30] por que ovyera Africa B.
[31] en tiempo del dicho emperador don Alfonso [...] de allende el mar de África aquende en España om. EdTF.
[32] tiempos EdTF.
[33] seguiendo B.

vyda les[34] traxo en resplandor de la alabança terrenal, los quales por guiamiento del espiritu santo sus obras mudaron e perdieron sus nombres por fablamiento de la pieadad diuinal, que dize: "Non membraré[35] los sus nonbres por mis labios". Tornáronse de la maldad de la cobdiçia e fiziéronse syeruos de Dios e syeruos de la justiçia. E non sola mente por su pro, mas por el de sus christianos[36].

E llamaron sobre todas sus cosas a Dios e a sus christianos e pusieron sus cuerpos /f. 75vº/ a muy grand martirio por Jhesu Christo, e esforçáronse de beuir en obedençia so ageno señorio, primera mente a Dios e d'este[37] ende a los omnes por amor de Dios se esforçaron seruir. En el tiempo que ellos se conuertieron hera de[38] España la igelsia e[39] christiandad d'ella en muy grand tempestad[40], por que los reyes, duques, condes, ricos omnes, señores e caualleros d'ella heran en muy grandes diuisiones e guerras. E por consiguiente el dicho Miramolin de Marruecos hera pasado con grand poder de moros de allende el mar de Africa aquende en España, para destroyr la tierra de los christianos e la iglesia segun es dicho. Por ende los sobredichos treze caualleros, a semejança e enxenplo de los treze capitanes en uno con el duque Gudufre de Bullon, que fueron en la conquista de la Tierra Santa e çibdad de Jerusalem con el santo varon Pedro el Hermitaño e de los caualleros de las tres Ordenes de caualleria, conuiene a saber del Ospital de Sant Johan /f. 76rº/ de Jerusalem e del Temple e de Santa María de los Theo[to]nicos que agora llaman de Pruça, que ya avían[41] seydo començadas e ynstituýdas despues de la tomada de la Tierra Santa e çibdad de Jerusalem por los dichos treze capitanes e gentes de cruzados que fueron en aquella conquista [84].

---

fizo grand daño en tierra de christianos e ovo el señorio de los moros de España commo lo tenía el rey Aldemon, su padre. E matólo un peon en Portogal e en pos d'él regnó un su hermano que vençió la batalla de Alarcos. E despues d'este regnó un su fijo, que ovo nonbre Abuhaman Miramolin, que fue vençido en la grand batalla de las Navas de Tolosa por el dicho rey don Alfonso VIIIº de Castilla e por los reyes don Pedro de Aragon e don Sancho de Nauarra, que se acaeçieron e fueron con el rey de Castilla en esta batalla [83].

---

34 los B.
35 memembraré A; non me membraré B.
36 mas por el de christianos EdTF.
37 desde EdTF.
38 en EdTF.
39 de B.
40 tespetat B.
41 avía B.

E por consiguiente que la Orden de caualleria de Calatrava hera ya començada en tiempo del rey don Sancho III° de Castilla, llamado el Deseado, padre d'este dicho rey don Alfonso octauo de Castilla, por el abad don Remon de Fitero, que es entre los confines de Castilla e de Nauarra de la Orden de[42] Çistel; e despues d'esto, quando el rey don Alfonso IX° de Leon tomó la villa e castillo de Alcantara, la fizo cabeça de maestradgo, fue entonçe ynstituyda e començada la Orden de caualleria de Alcantara; e el[43] maestre e freyres comendadores de Alcantara pusieron en sus vestiduras sobre sus pechos cruzes verdes, a diferençia de las cruzes coloradas que /f. 76v°/ trahen el maestre e freyres, comendadores de la Orden Calatraua; e por estas razones que dichas son, estos dichos treze nobles[44] caualleros de España, alumbrados de la graçia de Dios e del Espiritu Santo, veyendo el muy grand peligro aparejado a todos los christianos de España e para resestir a los enemigos de Christo e defender su iglesia, fizieron de sý commo muro de fee por que quebrantasen la braueza de aquellos que heran syn fee. E pusieron cruzes bermejas sobre sus pechos en manera de espada, en[45] nombre e con boz del glorioso bien aventurado Apostol Santiago, patron de las Españas. Las cruzes bermejas sygnifican que heran prontos[46] e aparejados de derramar su sangre por defension de la Santa Eglesia, peleando contra los enemigos de la Cruz, alançándolos [más alla] de los fynes de la tyerra de los christianos.

Hordenaron entre sý que de alli adelante non lidiasen contra christianos e que non fiziesen mal a ninguna de sus cosas. E desempararon las onrras /f. 77r°/ d’este siglo, dexando las preçiosas vestiduras e la complidura de los cabellos e todas las cosas en que avía vanidad e ningun prouecho contra ninguna[47] de las cosas que la Santa Escriptura defiende, e de lidiar contra los ynfieles. E por que oviesen a Dios pagado, propusieron de ordenar entre sý a sý mesmos[48] segun los mandamientos de la Santa Ley e por amonestamiento de las personas eclesiasticas e propusieron de non quebrantar ninguna de las cosas que la ley manda e dexar las que son contra ella. E heran deuotos en las diuinas oras e avían muy grande amor en las cosas de Dios.

---

[42] del B.
[43] del B.
[44] estos dichos treze caballeros B.
[45] e EdTF.
[46] que son pronstos B.
[47] ningunas B.
[48] entre si asi mesmo B.

Esto hera por muy afirmada predicaçion e muy firme[49], de arçobispos e obispos, es a saber que[50] don Rodrigo [85] primado[51] de las Españas, arçobispo de Toledo, e don Pedro [86], arçobispo de Santiago, e don Johan obispo de Leon, e don Fernando obispo de Astorga e don Esteban obispo de Çamora, e de[52] todos los otros obispos e perlados, de los arçobispados sobre dichos e /f. 77vº/ todos[53] se alegraron de la conuersaçion e del comienço d'esta Orden de caualleria. E todos propusieron[54] e con un consentimiento e de una voluntad loaron e aprouaron esta Orden e oviéronla por digna de confirmaçion, e muchos se alegraron con ella. E despues d'esto fizieron e eligeron por maestre uno de los dichos treze caualleros, aquel que les pareçió que hera más sufiçiente e ydoneo para ello.

E despues d'esto el muy santo padre papa Alixandre IIIº [87], el qual despues de la muerte del papa Adriano IIIº, su anteçesor, fue elegido por papa e pontifiçe romano, año del Señor de mill e çiento e çinquenta e nueve, biuió en el papadgo veynte e un años, e en el XIº año de su pontificado murió el dicho rey don Sancho de Castilla el Deseado e començó a regnar el dicho rey don Alfonso VIIIº de Castilla, su fijo, año de mill e çiento e sesenta e nueve.

En el comienço de su regnado fueron leuantadas las dichas grandes discordias, diuisiones, /f. 78rº/ guerras e males por todos los christianos de España. E los moros africanos e alarbes pasaron con el dicho Miramolin de allende el mar de Africa aquende en España, segun es ya dicho. Por esta razon el dicho muy santisimo papa Alixandre IIIº enbió por legado *miso aliter*[55] en España al muy reuerendisimo don Jaçinto, diacono cardenal de la Santa Iglesia romana por poner paz e concordia entre los dichos reyes e regnos de España. E luego primera mente commo llegó a la çibdad de Soria, el maestre de la sobre dicha Orden de caualleria de Santiago con algunos de sus freyres comendadores le fizo muy grande resçebimiento. E a suplicaçion e ruego de los dichos muy ilustrisimos prinçipes, del[56] rey don Fernando de Leon e del rey don Alfonso de Castilla e de

---

[49] firmes B.
[50] de EdTF.
[51] don Primado B.
[52] e todos los otros obispos EdTF.
[53] los otros obispos e perlados, de los arçobispados sobre dichos e todos los otros obispos e perlados, de los arçobispados sobre dichos e todos se alegraron B.
[54] con propusieron A; conpropusieron EdTF, B.
[55] miso alater EdTF, A, B.
[56] el EdTF, B.

Toledo su sobrino e del rey don Alfonso II° de Aragon e de todos los otros condes, ricos omnes, /f. 78v°/ señores e caualleros[57] de los reyes sobre dichos. E del muy reuerendo el obispo don Pedro de Salamanca, arçobispo que fue de Santiago, el qual hera muy açepto e amigo del dicho reuerendisimo señor cardenal[58] legado don Jaçinto; e de los conçejos de las çibdades de Soria e de Osma, e de otras çibdades e villas del Estremadura, por que el dicho maestre e sus freyres reçibiesen consolaçion e defendimiento de la Santa Madre Iglesia de Roma, confirmó la dicha Orden por la autoridad apostolica que él usaba commo legado *miso aliter*[59] en España.

E despues d'esto el maestre e sus freyres comendadores de la dicha Orden pareçieron delante el[60] dicho muy santisimo santo padre papa Alixandre III°, el qual los rescibió en propios e espeçiales fijos. E despues de avida[61] su plenaria ynformaçion e bien examinada la dicha Orden por muy sabias çientificas[62] /f. 79r°/ personas, las quales por luengo tiempo sobre muchos tractados que sobre ello tovieron[63] acordaron que hera muy gran caridad e conplimiento de fee e defendimiento de la Santa Madre Iglesia Catholica, aprouó e confirmó la dicha Orden.

E despues d'esto otra vez fue fecho muy grande ayuntamiento de arçobispos e obispos e muchos grandes e sabios letrados. E sobre muy grande examinaçio[n] e disputa que sobre este caso fizieron ovieron muy grand gozo e plazer por que fallaron que hera Orden santa e digna de confirmaçio[n]. E d'esto el muy reuerendisimo maestro en santa theologia don Alberto, cardenal de la Santa Iglesia romana, el qual hera mucho deuoto a esta Orden la loó e alabó e aprouóla por enxemplos e autoridades del Apostol Sant Pablo[64] e de muchos santos padres, que hera Orden santa e digna de confirmaçion. E él mesmo dixo la regla de la dicha Orden por su boca e con su peñola de su mano propia /f. 79v°/ la escriuió [88].

E despues d'esto fue la dicha Orden confirmada por el muy santo padre papa Lucio tercio, açerca del año de mill[65] e çiento e ochenta e tres años. E depues la confirmó otra vez el muy santisimo padre papa Ygnoçençio terçio, açerca del año

---

[57] ricos omnes e caballeros B.
[58] del dicho reverendisimo cardenal EdTF.
[59] miso alatere EdTF; miso alatre B, miso alater A.
[60] d'el B.
[61] dela hauida B.
[62] sabios cientificos EdTF.
[63] las quales por luengo tiempo sobre ello tovieron B.
[64] SanPaulo B.
[65] de mill de mill B.

de mill e dozientos. Otro sy en este mesmo tiempo este santo papa Ygnoçençio III° confirmó las Ordenes de Santo Domingo de los Predicadores e de Sant Françisco de los Menores, las quales començaron en su tiempo, asy que esta muy notable esclareçida e trihumfante Orden de caualleria del glorioso bien aventurado Apostol Santiago, de la qual se faze mençion en derecho *yn capitulo veniens a verborum significatione yn sexto*[66] [89], e [de] la de Calatraua e la de Alcantara que abundan de[67] grandes rentas. E qual[68] quier d'estas Ordenes tyene maestre e caualleros en grand numero de omnes de armas que estan aparejados contynua mente para la guerra de los moros; [e] fueron /f. 80r°/ ynstituýdas e ordenadas en estos regnos de Castilla e de Leon, allende del[69] prioradgo de la Orden de caualleria de los Ospitales que llaman de Sant Johan, que eso mesmo en estos dichos regnos[70] fue ynstituýdo[71] para esto.

Asy paresçe que estas dichas Ordenes de caualleria fueron falladas para dilatar e ensanchar e para resestir a aquellos que la quieren contrariar e pugnar contra ella[s]. E asy por marauillosa ordenança diuinal estan deputadas Ordenes de caualleria so la fee catholica a tres partes del mundo, en esta manera: a la parte oriental el maestre de Rodes e de Acre e los caualleros del Ospital, e a la parte de Septentrion, que llaman el Çierço, el maestro e caualleros de la Orden de Pruça e a la parte del medio dia, contra aquel maldito, heretico, descomulgado Mahomad, a quien se puede razonable mente[72] llamar, segun dize el salmo [90], demonio de medio dia, están[73] estas dichas muy notables /f. 80v°/ Ordenes de caualleria de Santiago, Calatraua e Alcantara.

---

[66] in capitulo venieus deberborun signification en insexto B.
[67] en EdTF.
[68] quales B.
[69] el B.
[70] que eso mesmo en estos regnos EdTF.
[71] instituida EdTF.
[72] Ranoblemente B.
[73] demonio de medio dia, estas dichas muy notables B.

Capitulo XXIIº

De los maestres que han seydo en la muy notable, esclareçida e trihumfante Orden de caualleria del glorioso bien aventurado Apostol Santiago, patron de las Españas, los nombres de los quales son los syguientes.

Primera mente.[1]

El primero maestre que leuantó la dicha Orden de Santiago fue e ovo[2] nonbre don Pero Fernandez de Fuente Encalada e murió maestre. A este maestre e a su Orden dio el rey don Alfonso VIIIº de Castilla, que /f. 81rº/ fundó el monesterio de las Huelgas de Burgos, la villa e castillo de Ucles[3], para que fuese cabeça e convento de la dicha su Orden de Santiago.

El segundo maestre fue don Fernando Diaz e fue siete años maestre. El terçero maestre fue don [Diego][4] [91] e dexó el maestradgo.

El quarto maestre fue don Gonçalo Ordonez e fue diez e ocho años maestre e dexó el maestradgo [92].

El quinto maestre fue don Suero Rodriguez e murió maestre.

El sexto maestre fue don Fernand Gonçalez e fue quatro años maestre e dexó el maestradgo [93].

/f. 81vº/ El septimo maestre fue don Pedro Arias e murió maestre.

El octauo maestre fue don Pero Fernández e dexó el maestradgo [94]. El IXº maestre fue don Martyn Barragan e matáronlo los moros.

El Xº maestre fue don Garçi Gonçalez de Candamio e fue dos años maestre e dexó el maestradgo.

El XIº maestre fue don Fernan Coça e fue un año[5] maestre e dexó el maestradgo.

El XIIº maestre fue don Pero Gonçalez e murió maestre [95].

/f. 82rº/ El tersçeno maestre fue don Ferrán Yñiguez e fue quatro años maestre e dexó el maestradgo.

---

[1] primera mente om. B.

[2] tobo B.

[3] Beles B.

[4] lacuna A.

[5] un año año B.

El cathorzeno maestre fue don Pelay Perez Correa [96] e fue treynta e quarto años maestre. Este don Pelay Perez Correa fue muy noble e esforçado cauallero e notable maestre e muy guerrero contra los moros. E aumentó e acreçentó mucho en su maestradgo. E syruió muy bien e leal mente al muy noble, catholico, christianisimo[6] prinçipe el rey don Fernando III° de Castilla e de Leon en las grandes conquistas que fizo a los moros de las muy nobles çibdades de Cordoua e de Seuilla, Jaen, Ubeda, Baeça, Eçija e Andujar con toda el Andaluzia. Otro sy al muy noble rey don Alfonso X° de Castilla fizo del dicho rey don Fernando, que ganó a Cordoua[7] e a Seuilla quando tomó e ganó de moros las çibdades, villas e castillos de Xerez de la Frontera e de Arcos, e Librixa, Niebla, con /f. 82v°/ los Algarbes e con todo el regno de Murçia.

El XV° maestre fue don Gonçalo Ruyz Giron. E fue quatro años e quatro meses maestre. El qual yendo con el ynfante don Sancho, fijo del rey don Alfonso X° de Castilla e de Leon a tierra de moros[8] a la vega de Granada [97], acaesçió un dia que el dicho maestre don Gonçalo Ruyz con sus freyres comendadores fuesen ydos a la guarda del heruaje[9] para la hueste, commo se suele fazer, aparesçieron çient caualleros moros çerca de Moclin e commo los vyeron este maestre e los que yuan con él, pensando que non hera más de aquellos caualleros que se mostraron, arremetieron a ellos. E los moros començaron de fuýr e los christianos en pos d'ellos, fasta que pasaron una çelada en la qual estauan dos mill caualleros moros e tomáronlos en medio. E commo quier que el dicho maestre e los suyos pelearon muy fuerte mente, mas commo heran muy pocos a respecto de /f. 83r°/ los moros, que los[10] tenían en medio, ovieron de ser vençidos.

E fue alli muerto el dicho maestre don Gonçalo Ruyz Giron e todos los más de sus freyres comendadores e los[11] otros caualleros que aý se acaesçieron con él. En esto fue fecho muy grand vuelta e rebato en el real de los christianos, aviendo grand miedo e desmayaron por el desbarato e muerte del dicho maestre, pero commo el ynfante don Sancho hera cauallero muy esforçado, caualgó luego en un cauallo e una lança en la mano e andudo por todo el real, esforçando sus gentes. E

[6] muy noble, catholico prinçipe el rey don Fernando III° EdTF.
[7] Corda B.
[8] demor B.
[9] d'elerbaje B.
[10] que tenian en medio EdTF.
[11] de los B.

con esto los suyos ovieron muy grand esfuerço. E hordenó luego sus hazes commo conplía e partyó de alli do acaesçió[12] este desbarato e muerte d'este dicho maestre don Gonçalo Ruyz. E entró a la vega de Granada e talóla toda e fizo en ella muy grand daño. Esto fecho, boluióse con su hueste e salió a Jaen e de alli fue a Córdoba, do estaua el rey don Alfonso, su padre, que avía quedado ý por razon de una dolençia e dolor que le vyno en el ojo esquierdo. Ca sy non fuera por esta causa, él en /f. 83vº/ persona entrara a talar la dicha vega de Granada.

El XVIº maestre fue don Gonçalo Pérez Maciel e fue ocho meses maestre [98].

El XVIIº maestre fue don Pero Suarez de Matrera e fue çinco años e çinco meses maestre e murió maestre [99].

El, XVIIIº, maestre fue don Johan Osorez e fue diez e ocho años maestre e dexó el maestradgo.

El XIXº maestre fue don Pero Moñiz e fue syete años maestre e murió maestre [100].

El XXº maestre fue don Vasco Rodriguez e murió maestre.

/f. 84rº/ El XXIº maestre fue don Vasco Lopez e fue dispuesto de maestre.

El XXIIº maestre fue don Alfonso Mendez [101] e murió maestre. A este maestre aconteçió que entre tanto que el rey don Alfonso XIº de Castilla e de Leon ovo entrado en tierra de moros a talar a Ronda e Antequera vyno el rey de Granada poderosa mente con su hueste e çercó la villa de Siles que es en la encomienda de Segura de la Orden de su maestradgo de Santiago. E luego commo lo sopo el dicho maestre, que a esta sazon estaua en Ubeda por frontero contra los moros, partió de alli con mill de cauallo e tres mill peones. E fue a socorrer la villa de Siles. E quando alla llegó, falló que la tenían en muy grande aprieto los moros para la tomar por los muy grandes conbates que le dauan de noche e de dia. E quando vyeron al maestre, salieron a él ordenadas sus hazes e ovieron en uno[13] batalla canpal, la qual fue mucho fuerte mente ferida /f. 84vº/ de amas las partes. E commo quier que los moros heran muchos más que los christianos, plogó a Nuestro Señor Jhesu Christo que los moros fueron vençidos e arrancados del[14] campo. E fueron los más d'ellos muertos e captiuos[15]. E el rey de Granada escapó fuyendo con algunos pocos de sus

---

[12] aeçió B.
[13] e obieron batalla canpal B.
[14] arrancados ende el campo EdTF.
[15] captibo B.

caualleros moros. E asy deçercó el dicho maestre don Alfonso Mendez la dicha villa de Syles, que hera de su maestradgo.

El XXIII° maestre fue don Fadrique [102], fijo del muy noble rey don Alfonso XI° de Castilla e de Leon, que ganó de moros a Alcala la Real e las Algeziras. E matólo cruel mente [en] Alcaçar de Seuilla su hermano, el rey don Pedro de Castilla.

El XX°IIII° maestre fue don Johan Garçia de Padilla e matólo don Gonçalo Mexia

/f. 85r°/ en la pelea de Belincho.

El XXV° maestre fue don Gomez Suarez e matáronlo en Aragon[16] [103].

El XXVI° maestre fue don Garçi Alvarez de Toledo e fue dispuesto del maestradgo por el rey don Enrrique II° de Castilla e de Leon, pero diole en sastifaçion e emienda del maestradgo e por que toviese su parte contra el rey don Pedro, su hermano, la villa de Oropesa.

El XXVII° maestre fue don Gonçalo Mexia e murió maestre [104].

El XXVIII° maestre fue don Pero Fernandez Cabeça de Vaca. E fue diez e ocho meses maestre e murió de pestilençia, teniendo el rey don Johan prim[er]o de Castilla çercada la çibdad de Lixsabona.

/f. 85v°/ El XXIX° maestre fue don Gonçalo Mexia e murió de pestilençia en Alanquer, en serviçio del rey don Johan prim[er]o de Castilla en la guerra de Portogal.

El XXX maestre fue don Ferrand Mexia e fue dispuesto del maestradgo [105].

El XXXI° maestre fue don Pero Moñiz de Godoy, maestre que hera de Calatraua, e matáronlo en la batalla de Valverde, en la guerra de Portogal. Este maestre don Pero Moñiz fue maestre de Santiago por ordenaçion e mandamiento del rey don Johan primo de Castilla e que don Pedro[17] Alvarez Pereyra, prior[18] que hera del Ospital de sant Johan de Portogal, fuese maestre de Calatraua. E oviéronlo de fazer asy los freyres comendadores de las dichas Ordenes, segun que el rey lo mandó /f. 86r°/ e enbió al papa Clemente septimo[19], que estaua en Aviñon e confirmólo segun que ge lo suplicó e pidió que fiziese. E d'esta ordenança e mudamiento que el dicho rey don Johan fizo en las Ordenes non plogo a los freyres comendadores, nin a algunos de sus regnos, nin del su consejo, por que les pareçió

[16] matáronlo en Aragon siendo maestre B.
[17] Per A.
[18] pior A.
[19] septimo EdTF, B.

que non fue bien fecho esto que fizo en estas Ordenes, por que el maestre de Calatraua, que hera de la Orden de[20] Çistel e non podía casar, fuese maestre de la Orden[21] de caualleria de Santiago, nin que el prior de Sant Johan oviese de ser maestre de Calatraua. Pero commo el rey don Johan estaua en neçesidad con la guerra de Portogal, ovo de pasar asy commo lo quiso que fuese.

El XXXII° maestre fue don Garçi Ferrnández de Villa Mayor, señor de Reyna, comendador mayor que fue de la Orden de Santiago de la provynçia de Castilla [106].

---

[20] del EdTF, B.

[21] fuese maestre de cavalleria de Santiago EdTF.

Notas enciclopédicas

[1] La "toma de Otranto" hace referencia a la batalla conocida como *el sitio de Otranto*, que tuvo lugar entre 1480 y 1481, cuando los musulmanes otomanes conquistaron la ciudad de Otranto del sur de la península Italiana, en Apulia (Giakoumis, 2002, p. 189). La batalla duró 13 meses y llegó a representar uno de los episodios clave de la guerra entre los musulmanes y los cristianos en la región mediterránea, siendo el momento en el cual la región meridional de la República Italiana, o el *Mezzogiorno,* se enfrentó por la primera vez de forma directa con las fuerzas armadas de la hueste otomana (Mondola, 2014, p. 37). La invasión de Otranto fue lograda bajo el mando de Mehmet II (1451-1481), responsable también de la conquista de Constantinopla, que pretendía en aquella época expandir su imperio otomano hacia el Oeste (Mondola, 2014, p. 37). En este contexto, la ciudad de Otranto, ubicada en el oriente extremo de la península, representaba un esencial punto de partida para la conquista del mundo cristiano del occidente. La victoria de los otomanes representó, además, una "clara señal de la crisis del reinado de Fernando de Aragón y, a la vez, de la profunda fragmentación de los estados italianos, incapaces de lograr la unidad política y militar necesaria para oponerse a los otomanos" (Mondola, 2014, p. 37). Sin embargo, a pesar de las dificultades de los cristianos y de su derrota inicial, el dominio otomano en Otranto no duró mucho y dentro de poco, en septiembre de 1481, la ciudad fue reconquistada por los cristianos aragoneses (Mondola, 2014, p. 37). Con respecto a este episodio de la guerra contra los musulmanes, Almela escribió en el mismo año, 1481, tal vez su año más prolífico en la actividad historiográfica, una *Carta enviada al obispo de Coria sobre la guerra de los árabes en Italia y la toma de Constantinopla y Otranto por los turcos*, carta a la que hace referencia en este texto (Armenteros Lizana, RAH, "Diego Rodríguez de Almela").

[2] Martín López de Córdoba (cuya fecha de nacimiento se desconoce y que falleció en 1371 en Sevilla), fue maestre de la Orden de Alcántara entre 1365–1367 y maestre de la Orden de Calatrava entre 1367–1371, aunque no se saben con exactitud las fechas de su elección como maestre de las dos órdenes (Cabrera Sánchez, 2001, p. 205). Sin embargo, las fechas mencionadas encima

parecen ser las más cercanas a la realidad. Por lo tanto, en cuanto Almela menciona en su compilación el hecho de que "Tomó este rey Mahomad las Algeziras [...] e fizo grand guerra en el Andaluzia en uno con el maestre de [Calatraua], don Martyn Lopez de Cordoua", se puede justificar la elección de seguir con la variante propuesta por Torres Fontes para la palabra de lectura difícil, que podría ser sea *Alcántara*, sea *Calatrava*. Dado que la batalla descrita por Almela, conocida como el "sitio de Algeciras", tuvo lugar en el año 1369, cuando el dicho Martín López de Córdoba tenía, según los datos proporcionados, solamente la dignidad de maestre de la Orden de Calatrava, es muy probable que esta sea la versión original de la palabra.

[3] El rey Fernando I de Aragón o Fernando de Trastámara (1380-1416) es el iniciador de la campaña militar de Antequera, que tuvo como resultado la victoria de los cristianos y la conquista de dicha ciudad. La campaña militar culminó con la batalla de la Boca del Asno (García Fernández, 2011, p. 44) – o Boca del Asna, según aparece mencionado en los textos más antiguos (Valla, 1957, p. 33; López Estrada, 1964, p. 34) – de 1410, después de la cual los moros fueron expulsados de Antequera y el rey Yusuf III de Granada fue vencido por el infante don Fernando. Sin embargo, en la *Compilación* aparece una confusión con respecto al topónimo que denomina dicha sierra: Cabeça del Asna en lugar de Boca del Asna.

[4] En los dos manuscritos transcritos (ms. 1302 y ms. 1933) aparece el topónimo *Huesca*, localidad de Aragón, en el norte de España. Pero, dado que se trata de los hechos acontecidos en 1435, cuando tiene lugar la batalla de la Vega de Granada (conocida también como la batalla de La Higueruela) finalizada con la victoria de Juan II (rey de Castilla entre 1406 y 1454) apoyado por el Condestable Álvaro de Luna en contra de la hueste del Reino de Granada, Almela hace referencia obviamente a la villa de Huéscar, pequeña localidad del sur de Andalucía, de la provincia de Granada.

[5] Referencia a la ciudad conocida hoy bajo el nombre de Llerena, municipio de Extremadura, de la provincia de Badajoz. Durante la ocupación árabe, la ciudad era conocida como Ellerina o Ellerena, y era un objetivo constantemente disputado por los bandos cristiano y moro. En 1243 la ciudad fue conquistada por Pelayo Pérez

Correa, maestre de la Orden de Santiago entre 1242 – 1275, y quedó bajo ocupación cristiana definitivamente. A partir de ahora, Ellerena llega a ser residencia de los maestres y de los miembros de la Orden de Santiago (López López, 2017, p. 11; Rodríguez Blanco, 1985, p. 60).

[6] En la edición de Torres Fontes aparece una nota a pie de página que aclara la razón por la cual cambia la fecha del manuscrito en su edición de *sesenta* a *setenta*. El editor menciona que en el texto original del manuscrito de El Escorial que editó también aparece el año 1261, pero cambia la fecha para respetar la veracidad histórica de los hechos contados, razón por la cual en esta edición adoptamos también la modificación introducida por Torres Fontes.

[7] Los orígenes de las tres órdenes de caballería de Jerusalén, que sirven como modelo para las órdenes instituidas en la Península Ibérica, incluso para la Orden de Santiago, remontan al fin del siglo XI e inicio del siglo XII. La Orden del Hospital de San Juan de Jerusalén, conocida también como la Orden de los Caballeros Hospitalarios, tiene sus orígenes alrededor del año 1084 y surge como una institución con "una finalidad hospitalaria y asistencial, aunque por diferentes circunstancias se sometió a un proceso de militarización." (Anguita Osuna, 2018, p. 321). Su propósito inicial era el de ofrecer protección a los pobres, enfermos y peregrinos que querrían visitar los Lugares Santos de Jerusalén. Inicialmente se construyó un hospital para los peregrinos en la proximidad de la Iglesia del Santo Sepulcro de Jerusalén, "dedicado a san Juan el Limosnero, un caritativo patriarca alejandrino del siglo VII" (de Ayala Martínez, 2015, p. 66), para ofrecer ayuda a los cristianos que durante aquella época llegaban a ser víctimas de los robos y de otros peligros que encontraban en el camino hacia la Tierra Santa. En este contexto, la misión de dicha orden era "ayudar a las personas víctimas de conflictos armados y desastres naturales, ofreciendo asistencia médica, atendiendo a los refugiados y distribuyendo fármacos y material básico de supervivencia." (Anguita Osuna, 2018, pp. 322-323). Entonces, en sus primeros momentos, la Orden del Hospital de San Juan "se dedicaba a hospedar y asistir a peregrinos sanos y enfermos" (Madrid Medina, 2008, p. 25) en sus dos conventos y el hospital construido con este propósito, y no servía en primer lugar cono orden militar, que ofrecía protección armada.

Por lo tanto, se puede decir que las órdenes de caballería que fueron instituidas para ofrecer el apoyo a los peregrinos en el territorio de Jerusalén tenían primeramente una función asistencial y solamente después llegaron a adquirir su función militar (Madrid Medina, 2008, p. 25). En el caso de la Orden del Temple, u Orden de los Pobres Caballeros de Cristo del Templo de Salomón, este fue fundado en torno a 1118 o 1119, según diversas fuentes (Rodríguez González, 2020, p. 333; Bouzón Custodio, 2017, p. 68), con el mismo propósito de servir a los peregrinos de la Tierra Santa, de ofrecerles ayuda y de defenderlos. Su expansión fue bastante rápida, debido sobre todo a las donaciones que habían recibido, y hasta la mitad del siglo XII los templarios ya habían venido a Europa y se habían instalado, primeramente, en la Península Ibérica (Bouzón Custodio, 2017, p. 68). Igualmente, su función también se vio sometida a la misma expansión debida a la militarización de la orden, lo que hizo que se convirtiera en una orden religiosa y militar. Sin embargo, la Orden del Temple fue abolida en 1312 por bula papal (bula de supresión llamada *Vox in excelso*), bajo las acusaciones de sacrilegio a la cruz o herejía, aunque todavía hay voces que niegan la existencia de dicha bula o que la aceptan, pero argumentan que Juan XXII la revocó y que la orden fue restablecida (Nadal y Cañellas, 2010, p. 36).

La última orden mencionada por Almela, la Orden de Santa María de los Teutónicos o la Orden de los Caballeros Teutónicos, es más tardía que las otras. Sus orígenes parecen datar desde el año 1190, cuando la tercera cruzada estaba en pleno desarrollo y comenzó con la fundación de un hospital alemán alrededor de la fortaleza de San Juan de Acre, encontrada bajo asedio. Similar con lo que ocurrió en el caso de las otras órdenes, la Orden Teutónica también pasó a ser convertida en orden militar después, apenas en 1198 (de Ayala Martínez, 2015, p. 66). Su administración e su propósito seguían también el modelo de las órdenes dos antes creadas, aunque esta última orden se fue instituida por los cruzados alemanes, a diferencia de las otras, por lo cual se dedicaba sobre todo a ayudar a los peregrinos que hablaban idiomas germánicos. La Regla de la Orden de Santa María de los Teutónicos define, entre otros aspectos, los principios fundamentales de la vida de los caballeros Teutónicos, como la "castidad, obediencia y vida sin propiedad" (Orantos Martín, 2018, p. 13), aspectos esenciales de los que decidían dedicar su vida a la protección de los cristianos de la Tierra Santa.

[8] Como figura militar, el Apóstol Santiago aparece representado en la iconografía y en la literatura de la Edad Media montado en un caballo blanco, con

"una cruz primacial con doble travesaño" (Ontiveros Valdés, 2013, p. 183) en una mano y una espada en la otra. En la insignia de la Orden de Santiago aparece también el símbolo de la espada. Aunque la enseña presente algunas variantes alternativas a lo largo del tiempo, su cruz roja en forma de espada llega a ser uno de los símbolos inconfundibles de la Orden (Cabrerizo Hurtado, 2000, p. 31). A partir de su imagen bélica, al Apóstol se le atribuyen en el territorio ibérico ciertos sobrenombres, que caracterizan dicha imagen del santo, como *Santiago Matamoros* o *Santiago de la Espada*. Los cronistas también adoptan estas fórmulas y las mencionan como tal en sus compilaciones (por ejemplo, *Compilación de los establecimientos de la Orden de Caballeria de Santiago del Espada*, de Fernández de la Gama, 1503) (Rodríguez Blanco, 1979, p. 311), contribuyendo a la propagación de dicha denominación. Los mismos representantes de la Orden promueven la figura militar del Apóstol y adoptan este sobrenombre, que aparece añadido al nombre de su Orden en algunos documentos oficiales, como la *Regla de la orden y caualleria de S. Santiago de la Espada*, documento manuscrito oficial de la Orden de Santiago, redactado en 1547 (Orden de Santiago, 1547). La enseña con la cruz roja en forma de espada también aparece en el inicio del documento.

[9] En conformidad con el texto bíblico, el Apóstol Santiago era hijo de Zebedeo y hermano de San Juan, otro de los Apóstoles de Jesús Cristo: "Y pasando de allí vio otros dos hermanos, Jacobo, hijo de Zebedeo, y Juan su hermano, en el barco con Zebedeo, su padre, que remendaban sus redes; y los llamó." (Nuevo Testamento, Mateo 4:21); "Y los nombres de los doce apóstoles son éstos: el primero, Simón, que es llamado Pedro, y Andrés su hermano; Jacobo, hijo de Zebedeo, y Juan su hermano;" (Nuevo Testamento, Mateo 10:2). Su padre era pescador, hombre honrado y respetado, de linaje noble, conocido en aquel tiempo en la zona de Judea y Galilea. La *Historia del Apóstol de Jesús Cristo Santiago Zebedeo, patrón y capitán general de las Españas* (Castellá Ferrer, 1610) cuenta después que Zebedeo se casó con María Salomé y juntos tuvieron los dos hijos, el Apóstol Santiago y el Apóstol San Juan. La madre de María Salomé era santa Ana, que tuvo con su primer marido, Joaquín, a la Santa Virgen María, madre de Jesús, mientras que su hermana con el mismo nombre, la madre del Apóstol Santiago, era hija de Santa Ana con su tercer marido, Salomón. Parece que santa Ana también tenía raíces nobles, ya que pertenecía a la casa real de David, por lo cual resulta que el Apóstol Santiago también pertenecía a la nobleza. Sin embargo, otros autores

consideran que María Salomé no era en realidad hija de santa Ana (Castellá Ferrer, 1610, fol. 4vº). Aunque no haya un consenso con respecto a los hechos conocidos sobre la genealogía del Apóstol Santiago, Almela presenta en su *Compilación* estos datos sobre sus antecesores como verdades indudables y alude a las relaciones de parentesco que había entre su familia y Jesús Cristo, como prueba de la santidad del Apóstol y como argumento confirmatorio de sus poderes taumatúrgicos. A pesar de que el discurso sobre el origen noble y divino del apóstol representó un punto de referencia para el cristiano medieval, hoy en día esta historia es vista con cierta reserva por investigadores contemporáneos, que dan por cierto solamente el hecho de que Santiago era en realidad hijo de Zebedeo y hermano del apóstol Juan, según las informaciones bíblicas (García Iglesias, 2013, p. 93).

[10] Referencia a Jean Beleth (1135-1182), conocido también como Joannes Belethus, liturgista y teólogo francés del siglo XII. La obra en la cual el "maestre Johanes Bellec" cuenta este episodio es *Rationale divinorum officiorum*, escrita entre 1160 y 1164. La historia contada en esta obra fue inspirada del Libro tercero del *Codex Calixtinus* (1150) y llega a ser divulgada internacionalmente (Agüera Ros, 2001-2002, p. 16).

[11] Vincent de Beauvais o Vincentius Bellovacensis (ca. 1190 – ca. 1264) fue uno de los más importantes intelectuales de la época, enciclopedista y pedagogo reputado (Vergara Ciordia y Comella Gutiérrez, 2014, p. 376), fraile dominico de origen francés, autor y "creador de un nuevo tipo de historia universal" (Fernández Gallardo, 2016, p. 180). Su obra más conocida es *Speculum Maius* (o *Espejo Mayor*), la más amplia y la más usada enciclopedia de la Edad Media. Esta obra está dividida en tres partes principales: *Speculum naturale*, *Speculum doctrinale* y *Speculum historiale*, a las que se añade una introducción compuesta por veinte capítulos que tienen el propósito de exponer la visión del autor sobre la finalidad de su obra y un prólogo, "cuya finalidad era mostrar al lector la quintaesencia de la cultura que se había producido hasta el momento" (Vergara Ciordia y Comella Gutiérrez, 2014, p. 381). El Libro IX de *Speculum historiale* es, además, una de las principales fuentes de la leyenda de Santiago, consultada por Alfonso de Cartagena, el maestro de Almela, para la elaboración de sus obras historiográficas.

[12] El Concilio de Basilea tuvo lugar por la primera vez a 23 de julio de 1431 en Basilea, pero su celebración se trasladó después a Ferrara en 1438 y en 1439 a Florencia. Finalmente, el concilio va a ser concluido en Roma a 16 de mayo de 1492 (Fernández Pousa, 1936-1941, p. 406). El concilio de Basilea fue convocado por Papa Martín V° y sus principales temas de debate fueron la adopción de una reforma de la Iglesia, el problema de la herejía husita y la reunificación de la Iglesia de Oriente con la Iglesia Católica después del gran cisma de 1054, que representó la división del cristianismo en dos direcciones: el oeste católico y el oriente ortodoxo.

Alonso de Cartagena participa en el Concilio de Basilea entre 1434 y 1439 (Olivetto, 2018, p. 222), como representante diplomático de la monarquía española, con el propósito de defender la legitimidad de la Corona de Castilla frente a la corte de Inglaterra. Por esta razón, uno de sus discursos más famosos del Concilio data de 1434 y es representado por el tratado en latín mencionado por Almela en su *Compilación*, llamado *Discurso sobre la preeminencia del rey de Castilla sobre el de Inglaterra*. Se trata de un texto jurídico en que Cartagena defiende los intereses de Castilla y del rey Juan II e invoca varios argumentos para defender su tesis, entre los cuales la antigüedad del reino de Castilla por comparación al reino de Inglaterra, debida a las raíces visigóticas de la tierra castellana, la nobleza del linaje del rey, o la independencia del país frente a otros reinos de Europa. Los argumentos presentados por Cartagena en su *Discurso* no sólo que vienen a apoyar la superioridad del reino de España frente a Inglaterra, sino que también justifican el derecho de la Corona castellana de seguir siendo independiente frente a cualquier otro poder del mundo. El esfuerzo de Cartagena de construir tal discurso justificador de la legitimidad nacional española, defensor de los intereses del reino, no quedará sin respuesta, dado que el Concilio de Basilea aceptará la veracidad de sus argumentos.

[13] El rey Alfonso III° o Alfonso el Magno fue el último rey de Asturias (entre 866 y aproximadamente 910, año de su muerte) (Ruiza, Fernández y Tamaro, 2004) y también el primer rey de León, fundador de algunas instituciones esenciales para la gobernación del reino, como el consejo de Gobierno o el Tribunal de Justicia. Alfonso III° el Magno hizo una peregrinación a Santiago de Compostela y, junto con su mujer, Jimena de Asturias, hizo una donación a la Iglesia de Santiago, que constaba de una cruz de oro. También es conocido como uno de los reyes que

apoyaron las obras de restauración de las iglesias cristianas y un promotor de la cultura y del arte en su reino, lo que resultó en la elaboración de una obra llamada *Crónica de Alfonso III,* "fruto de un largo proceso historiográfico a lo largo del siglo IX en el reino de Asturias" (Pérez Marinas, 2014, p. 29). Asimismo, fue el iniciador de una expedición militar a Mérida, después "cruzó el Guadiana, llegó a un monte que ninguno de sus antecesores había pisado, y allí obtuvo victoria con muerte de quince jefes" (Gómez-Moreno, 1932, p. 571). Durante su reinado se inició una importante campaña de repoblación de los territorios ibéricos que habían quedado sin habitantes, oscilando entre la ocupación árabe y cristiana, y debido a sus esfuerzos, antes de 877, fue repoblada una vasta región portuguesa, que se extendía hasta el Tajo (Gómez-Moreno, 1932, p. 571) y también las regiones que se extendían entre Campos y Zamora (Gómez-Moreno, 1932, p. 571). Todas estas iniciativas justifican el sobrenombre que el rey Alfonso el Magno recibió, y Gómez-Moreno concluye que "ese vitalismo, esa emoción, nueva en la historia nuestra, fue Alfonso el Magno quien la inspiró con su crónica" (Gómez-Moreno, 1932, p. 582).

[14] Se sabe que la iglesia de Santiago de Compostela fue consagrada en el año 899, por lo cual es muy probable que Almela se haya referido en este episodio al Papa Juan IX, el 116 Papa de la Iglesia católica, entre 898 y 900.

[15] Alfonso VII de León y Castilla (1105 – 1157), llamado "el Emperador", fue rey de León (1126 – 1157) e hijo de la reina Urraca I de León. En mayo de 1135 fue coronado en la Catedral de León como Emperador de toda España (*Imperator totius Hispaniae*). Pero su reinado pasó por muchas dificultades, sobre todo debido al matrimonio de su madre con Alfonso I el Batallador en 1109. A pesar de los esfuerzos de Alfonso VII de mantener la paz dentro de su reino, el monarca tuvo que afrontar varios problemas políticos y territoriales externos, muchos de estos en los primeros años de su reinado. La principal causa era representada por sus malas relaciones con su antiguo padrastro, el Rey Alfonso I el Batallador de Aragón, quien aún después de su separación de doña Urraca, ocupaba gran parte de Castilla. Hacia el final de su reinado, el rey Alfonso VII se preocupa de otro problema importante para el futuro de su reino, el de establecer la sucesión de León y de Castilla. Su decisión de nombrar a su primer hijo, Sancho, como futuro rey de Castilla, y a su segundo hijo, Fernando, como heredero del reino de León llevó a la inevitable separación de ambos reinos. En 1155, en el concilio celebrado en Valladolid, los

principales representantes de la clase nobiliaria de los dos reinos aprobaron definitivamente su propuesta de división de su herencia y Castilla y León se convertirían en reino independientes, cada uno dirigido por su monarca (Manuel Recuero Astray, RAH, "Alfonso VII").

[16] Papa Gelasio II (1060 – 1119), de nombre de bautismo Juan Coniulo, fue el 161 Papa de la Iglesia católica, que ocupó tal dignidad entre los años 1118 y 1119. Fue el sucesor del Papa Pascal II y el predecesor del Papa Calixto II (véase nota [18]).

[17] (en margen: *que dize que era arçobispo de Viena*) No se debe confundir con la ciudad actual de Viena, capital de Austria. El Papa Calixto II fue Papa de la Iglesia Católica entre 1119 y 1124 y, antes de obtener esta dignidad, había sido nombrado en 1088 arzobispo de Vienne, municipio francés, situado en la región de Auvernia-Ródano-Alpes de Francia.

[18] Papa Calisto II (1050 – 1124), de nombre de bautismo Guido de Borgoña, fue tío del soberano de León, el rey Alfonso VII, y el 162 Papa de la Iglesia católica y ocupó dicho oficio de 1119 a 1124. Fue nombrado arzobispo de Vienne en 1088 (véase nota [17]) y quedó conocido en la historia como uno de los mayores defensores de la reforma de la Iglesia. Al Papa Calixto II le fue atribuida también la carta introductoria que ocupa el lugar del prólogo del *Codex Calixtinus*, llamado así precisamente debido a este prefacio (Viant, 2005, p. 48). El manuscrito más antiguo de esta reunión de cinco libros, realizado probablemente entre 1130 y 1140, se encuentra actualmente en los Archivos de la Catedral de Compostela (Viant, 2005, p. 48). En cuanto al tema, los libros que componen el *Codex* tiene en común un tema jacobeo (Lillo Redonet, 2012,
p. 139). El primer libro es el libro de las liturgias (*Anthologia liturgica*), el segundo es el libro de los milagros (*De miraculis sancti Jacobi*), el tercero, el libro que trata sobre la traslación del cuerpo del apóstol Santiago (*Liber de translatione corporis sancti Jacobi ad Compostellam*), el cuarto es el libro de la historia y las conquistas de Carlomagno (*Historia Caroli Magni et Rotholandi*) y el ultimo es una guía del peregrino (*Iter pro peregrinis ad Compostellam*) (Viant, 2005, pp. 50-54).

[19] El primer arzobispo de Santiago se llamó Diego Gelmírez (1068-1140) y recibió esta dignidad en 1100 (Portela, 2007, p. 121). Hasta hoy en día llegaron importantes y ricas informaciones sobre don Diego, debido en primer lugar a la Crónica que parece que él mismo redactó. Sin embargo, no se conoce exactamente la fecha de su nacimiento, ya que los datos biográficos proporcionados por su crónica comienzan a partir del año 1093, cuando comienza de hecho su vida como persona "pública". Este es el año de su nombramiento como administrador de la sede de Iria-Compostela, pero ya cumplía varias funciones, entre las cuales la de canónigo la Iglesia de Santiago, o de secretario y canciller del conde de Galicia (Portela, 2007, p. 121). Sus estudios incluyen la escuela catedralicia, cuyo alumno fue, y continuó después su formación religiosa en la curia del obispo Diego Peláez (Portela, 2007, p. 121).

[20] El sucesor de Alfonso II el Casto fue el rey Ramiro I (ca. 790 – 850), rey de Asturias a partir del año 842 y hasta su fallecimiento. Su predecesor al trono era en realidad su primo segundo, que no tuvo hijos que pudieran suceder al trono después de su muerte.

[21] La batalla de Clavijo tuvo supuestamente lugar a 23 de mayo de 844 y supuso el enfrentamiento de la hueste cristiana del rey Ramiro I de Asturias y de la hueste musulmana. El episodio aparece descrito en varias crónicas medievales, entre las cuales: el *Chronicon mundi* o *el Tudense*, crónica que abarca una historia universal a partir de la creación del mundo y hasta la época de Fernando III, dividida en cuatro libros y escrita alrededor del año 1238 por Lucas de Tuy, canónigo de San Isidoro de León (Olga Valdés García, RAH, "Lucas de Tuy"; Estévez Sola, 2004, p. 136); la *Estoria de España* o la *Primera Crónica General*, libro que representa la primera historia extensa de España, escrita por iniciativa del rey Alfonso X el Sabio (Salvador Miguel, 2003, p. 222); *De rebus Hispaniae* (conocida también como *Historia gótica* o *Historia de los hechos de España*), la historia de la península ibérica escrita por el arzobispo Rodrigo Jiménez de Rada en latín (Lázaro Niso, 2020, pp. 273-274), concluida en 1243 y compuesta por nueve libros. En todas estas fuentes al santo apóstol interviene sólo en la batalla, sin ser acompañado por otros seres sobrenaturales (el *Tudense*, pp. 291-292 y *Estoria de España*, cap. 629, *De rebus Hispaniae, IV, 13*) (Salvador Miguel, 2003, p. 223). Sin embargo, se conoce actualmente que la batalla de Clavijo es solamente una leyenda construida en torno

a la Reconquista, leyenda cuyo propósito último fue el de justificar la existencia del voto de Santiago. Hay hasta textos medievales que describen con cierta reserva dicha batalla. Por ejemplo, en otra crónica suya, la *Historia Toletana*, Jiménez de Rada pone en duda la veracidad del episodio de la aparición del apóstol en el campo de batalla: "escribe que «se dice» que Santiago apareció en la batalla de Clavijo, y «se dice» que así empezó el grito de guerra
«Ayúdanos Dios y Santiago»" (Lomax, 2016, p. 590) que los cristianos tomaron por costumbre decir en sus batallas contra los moros.

[22] Referencia a la ciudad de Albelda, municipio de la provincia de Huesca, en la comunidad autónoma de Aragón. El nombre de Albelda tiene sus raíces en el árabe *al-balda* ("la villa"), dado que la ciudad se encontró bajo ocupación musulmana en sus fundamentos.

[23] El rey Almanzor (ca. 939 – 1002), llamado El Victorioso, fue figura militar y política de Andalucía, canciller del Califato de Córdoba. Su nombre aparece mencionado también en el *Poema de Fernán González*, en las estrofas que describen el conflicto armado que el rey Almanzor tuvo con el conde Fernán González: "—¡nunca vio omne nado gentes tan esforçadas!—; / el moro Almançor, con todas sus mesnadas, [...] / Dixo el rey Almançor: «Esto non puede ser; / ¿do l' recreçio al conde atan fuerte poder?" (*Poema de Fernán González*, estrofas 558 - 560)

[24] Fernán González (ca. 910 – 970) fue conde de Castilla, Burgos, Álava, Lantarón y Cerezo, conocido también como autor de varios cantares de gesta y crónicas. Uno de los poemas épicos más notables dedicados a la vida y a los hechos de este personaje histórico es el *Poema de Fernán González* del mester de clerecía, de autoría anónima, escrito según el ejemplo de los cantares de gesta. El episodio de la aparición del santo Millán evocado por Almela en este capítulo de su *Compilación* tiene como fuente este poema, que en las estrofas 556 y 557 cuenta esta escena de la vida del conde: "Querellando se a Dios el conde don Fernando, / los finojos fincados, al Criador rogando, / oyo una grande voz que le estava llamando: / «Fernando de Castiella, oy te creçe grand bando.» / Alço suso los ojos por ver quien lo llamava, / vio al Santo Apostol que de suso le estava: / de caveros con el grand conpaña llevava, / todos armas cruzados, commo a el semejava" (*Poema de Fernán González*).

[25] Las ruinas del monasterio de San Pedro de Arlanza se encuentran todavía en Hortigüela (Burgos). El monasterio benedictino fue uno de los centros monásticos más importantes de Castilla. Como no se han conservado documentos originales sobre su fundación, se puede solamente suponer que el lugar de culto data desde el año 912, dado que se encontraron las copias dos cartas fundacionales, ambas de este mismo año. Lo que las dos copias no consiguen aclarar es la identidad de la persona a la cual se debe la existencia del monasterio: una de las cartas atribuye su fundación al conde Fernán González y a su primera esposa, Sancha, mientras que la otra menciona a algunos nobles de la Tierra de Lara, como el conde Gonzalo Téllez y a su esposa, Flámula, y Mumadonna y su hijo, Ramiro, familiares de Fernán González (Gadea, 2016, p. 40).

[26] Don Pelayo aparece en diversas crónicas (*Crónica Albeldense, Crónica Rotense, Crónica Sebastianense* etc.) como un personaje legendario y ejemplar. Además, el Arzobispo de Toledo Don Rodrigo Jimenez de Rada menciona en su crónica que don Pelayo era "el primer monarca de la España restaurada" y lo presenta por antítesis a los últimos reyes visigodos, como un cristiano valiente que dedica sus esfuerzos al combate contra los musulmanos (Ríos Saloma, 2013, p. 19). La figura de Pelayo contribuye de este modo a la construcción de un discurso historiográfico y al proceso de legitimación de la monarquía católoca española a lo largo de los siglos XVI y XVII, a partir de dos características básicas: por un lado, su figura se encuentra en estrecha relación con el fundamento de la monarquía española, por otro, las crónicas lo presentan como el "arquetipo del buen rey y del buen cristiano" (Ríos Saloma, 2013, p. 21).

[27] San Millán o Emiliano de la Cogolla (473 – 574) fue un prestigioso intelectual, obispo ermitaño, "exegeta, teólogo, moralista y escritor de epístolas" (Menjot, 1979, p. 3), que paso toda su vida en la región de Rioja. Aunque hay muy pocos datos sobre el santo, se sabe que fue discipulo de Isidoro y consejero de lor reyes godos (Menjot, 1979, pp. 3-4) y que sus poderes milagrosos son principalmente de índole terapéutico, y son dedicados a curar súbitamente las enfermedades (Menjot, 1979, p. 6). Falleció con 101 años de edad y an el lugar de su entierro fue erigida la abadía de San Millán de la Cogolla, donde los poderes taumatúrgicos del santo continuaron a manifestarse aún postumamente.

[28] Topónimos que se refieren a áreas geográficas situadas en el norte de España. Treviño es la capital del municipio Condado de Treviño y se encuentra en la provincia de Álava del País Vasco, Trasmiera es una comarca histórica de Cantabria y Bureba es comarca de la provincia de Burgos. Almela hace referencia también a "don Gonçalo de Bureua", llamado según su nombre real Gonzalo Ruiz o Rodríguez, el señor feudal de Bureba durante gran parte del siglo XII, hijo de Rodrigo Gómez, Conde de Bureba.

[29] Los protagonistas de este episodio son los personajes de la leyenda de *Los siete infantes de Lara* o *de Salas*, que procede de un viejo cantar de gesta, fechado probablemente a principios del siglo XIII, posterior al *Poema de mio Cid* (Garrosa Resina, 1981, p. 79). El cantar de gesta fue inspirado inicialmente por un acontecimiento real, pero con el tiempo adquirió varios detalles ficticios, que lo acercaron más al ámbito novelesco y lo alejaron de sus raíces históricas. La fama del cantar de *Los siete infantes de Lara* es indudable, dado que representó una de las fuentes de la *Primera Crónica General* del Rey Sabio Alfonso X, donde se encuentra reproducido el contenido de la trágica historia de los infantes (en los capítulos desde 136 hasta 743 y 751).

Se pueden identificar los nombres de Ruy Velásquez de Bilvestre, marido de doña Lambra, dama de Bureba, y de su cuñado, Gonzalo Gústioz el Bueno, Señor de Salas, marido de doña Sancha (Garrosa Resina, 1981, p. 77). Se trata de hecho de los tíos y de los padres de los siete infantes, presentados como "una prodigiosa progenie: siete hijos, todos varones, los llamados *infantes de Salas*" (Martin, 2012, párr. 11).

[30] Íñigo López de Mendoza y de la Vega (1398 – 1458) fue el primer marqués de Santillana y el primer conde del Real de Manzanares, uno de los más importantes intelectuales de la sociedad castellana de la época. Además de ser una figura militar, es conocido también en el ámbito de la literatura como gran poeta y humanista. Una de sus obras definitorias es el *Infierno de los enamorados*, un poema narrativo que se conserva actualmente en forma de manuscrito en la Biblioteca Universitaria de Salamanca.

[31] Se trata del rey Alfonso II de Aragón (1157 – 1196), por sobrenombre "el Casto". Fue rey de Aragón entre 1164 y 1196, conde de Barcelona y marqués de Provenza (desde 1166). Heredó los títulos de rey de Aragón y de conde de

Barcelona de sus padre y predecesores, la reina Petronila I de Aragón y Ramón Berenguer IV de Barcelona.

[32] El rey Ramiro III de León (961 – 985) sucedió en el trono de León a su padre, el rey Sancho I, con apenas cinco años de edad, a partir del año 966 y hasta el año de su fallecimiento.

[33] Referencia a Sisnando Menéndez, obispo gallego y figura noble de la Edad Media, conocido también como Sisnando II de Iria. Su fallecimiento en 968 fue causado por un flechazo de las tropas vikingas, que aprovecharon el contexto inestable del trono (el rey de León, Ramiro III tenía apenas siete años de edad; véase nota [32]) para entrar en Galicia. Aunque el obispo se opuso y defendió la ciudad de Compostela, sus tropas fueron vencidas y él murió en el campo de batalla.

[34] El rey don Bermudo II de León (948 / 953 – 999), por su sobrenombre el Gotoso, fue rey de León a partir de 985 y hasta su fallecimiento, en 999. Previamente, había sido coronado en 982 en Santiago de Compostela como rey de León por un grupo de nobles de origen gallego y portugués, que querían quitar el trono al rey Ramiro III, pero su definitiva proclamación como único soberano de León tuvo lugar apenas después de la muerte del rey Ramiro III.

[35] El episodio quedó en la historia como el milagro del obispo Ataúlfo o "la leyenda de San Ataúlfo frente a un toro salvaje" y es hasta hoy en día una de las leyendas consagradas del Camino de Santiago. A su difusión contribuyeron también los textos literarios que lo adoptaron como tema principal a lo largo de los siglos, como por ejemplo, el *Romancero castellano*, donde se cuenta el "milagro que hace el arzobispo de Santiago Ataulfo, con el cual se liberta y confunde al rey Bermudo que injustamente mandó castigarle" (Alcala-Galiano, 1844, p. 89). Lo que no queda claro, sin embargo, es de qué rey se trata exactamente, dado que los datos históricos concuerdan sobre el hecho de que Bermudo II de León, quién parece ser uno de los protagonistas, vivió entre 948 y 999, mientras que el arzobispo ocupó dicho cargo hacia la mitad del siglo IX.

[36] La campaña de Almanzor en Galicia, donde destruyó la iglesia de Santiago y robo sus campañas tuvo lugar en el año 997, a lo largo de cuatro meses, entre julio

y octubre. El episodio aparece contado en varias crónicas medievales, entre las cuales la *Historia Silense*, capítulo 30 y capítulo 71, la *Historia Compostelana*, capítulo II. 8, la *Primera Crónica General de España*, capítulo 754 (Pérez de Tudela y Velasco, 1998, pp. 9-13):

este anno ueno Almançor con su hueste mui grand, et entro en Gallizia por Portogal, corriendo et astragando uillas et cibdades; et quando llego a la marisma astrago la cibdad et la eglesia de Sant Yague, et quemóla; et non catando al, entro en aquel logar do yazie el cuerpo de sant Yague apóstol pora crebantar el su monumento; mas fue y muy mal espantado opor un grand rayo que firio y cerca dell. Pero con tod esto tomo las campanas menores, et leuolas consigo por sennal del uencimiento que auie fecho, et púsolas por lampadas en la mezquita de Cordoua et estudieron y luengo tiempo después. Mas ante que el se partiesse de tierra de Santyague fue ferido el con toda su companna de maiamiento de Dios; et por el peccado dell atreuimiento et de las suziedades que el fazie en la eglesia de sant Yague, cayo en el una de las mas suzias enfermedades que podrie ser, et es aquella que dizen los físicos diarria [...] (*Primera Crónica General de España*, capítulo 754, pp. 448-449).

[37] Se trata de la *Crónica del famoso cavallero Cid Ruy Díez Campeador*, o la *Crónica particular del Cid*, escrita en el siglo XV. Gran parte del texto de su Crónica tiene como principal fuente la primera parte de la *Crónica de los reyes de Castilla* (Viña Liste, 2006, p. XIX), que cuenta la historia a partir del reinado de Fernando I hasta Alfonso VI. El episodio descrito por Almela se encuentra en el capítulo VII de la *Crónica* (De cómo embió el rey don Fernando por Rodrigo que estava en romería a Santiago e de lo que allá le acaesció con san Lázaro que le aparesció en manera de gafo), donde aparece contada la misma escena:

Yo soy san Lázaro que te fago saber que yo era el gafo a quien tú feziste mucho bien e mucha de honra por el amor de Dios. E por el bien que tú por el su amor me feziste, otórgate Dios un gran don: que cuando el bafo que sentiste ante te veniere que comiences la cosa que quisieres fazer, así como en lides o en otras cosas, todas las acabarás complidamente, así que la tu honra recrescerá de día en día. E serás temido e rescelado de los moros e de los cristianos, e los enemigos nunca te podrán empecer. E morrás muerte honrada en tu casa e en tu honra, ca nunca serás vencido, antes serás vencedor siempre, ca te otorga Dios su bendición. E con tanto finca e faz siempre bien (Viña Liste, 2006, p. 30).

[38] Se trata del 78 Papa de la Iglesia Católica, conocido como Donus o Dono, nacido en el Imperio Bizantino, a Roma, y que sirvió como Papa por dos años, entre

676 y 678, año de su muerte. Su sucesor sería el Papa Agatho (o Agapeto, según lo llama Almela), que le sigue en este oficio el mismo año.

[39] El rey Fernando I de León (1018 – 1065), conocido también por lo sobrenombre "el Magno", fue rey de León a partir de 1037 y hasta el año de su muerte y conde de Castilla desde el año 1029. Fue uno de los reyes más implicados activamente en la Reconquista y a lo largo de su reinado liberó de la ocupación árabe varias ciudades, entre las cuales Lamego (en 1057), Viseo (en 1058) y Coímbra (en 1064). El episodio de la peregrinación del rey Fernando I a Compostela, donde se trasladó a comienzos de enero de 1064 con toda su corte para pedir la ayuda y la protección del Apóstol Santiago en la guerra de reconquista de Coímbra (Antonio Viñayo González, RAH, "Fernando I"), aparece mencionado también en la Crónica de Castilla (escrita hacia 1300), en la primera parte dedicada al rey Fernando el Magno:

En el dizeocheno año del rey don Fernando que él ouo tomados estos logares, auiendo a coraçón él de auer a Coynbra, fuese para Santiago en romería, por conssejo de Rodrigo de Biuar que le dixo que le ayudaría Dios a cobrarla, et demás de tornada, que querría que lo 7r°b armasse cauallero et cuidaua resçibir cauallería dentro en Coynbra (cap. 14, párr. 59). Et con la ayuda del apóstol Santiago, guisó su hueste muy grande et vino sobre Coynbra et çercóla. Et púsole sus engeños e sus castillos de madera; mas la villa era tan grande e tan fuerte que siete años la touo çercada (cap. 14, párr. 60)

Se puede notar la fidelidad de Almela en reproducir este fragmento de la historia, incluso sus exageraciones temporales. Según los datos proporcionados por los históricos se conoce actualmente el hecho de que el rey Fernando I consiguió tomar a Coímbra después de casi seis meses de asedio, a 9 de julio del mismo año 1064 (Antonio Viñayo González, RAH, "Fernando I").

[40] El topónimo Montes Claros corresponde a una villa de la provincia de Toledo, que durante la Edad Media se encuentra bajo ocupación árabe durante tres siglos y medio. Cierta área geográfica aparece mencionada también en el *Cantar de mio Cid* (alrededor de 1140): "a ssiniestro dexan Ati[en]za | una peña muy fuert, / la sierra de Miedes | passaron la estoz, / por los Montes Claros | aguijan a espolon, / a ssiniestro dexan a Griza | que Alamos poblo" (versos 2691-2694), donde se cuenta en detalle el entero episodio de la batalla entre el héroe cristiano, el Cid, y la hueste del rey Búcar de Marruecos.

[41] El episodio sobre el entierro del Cid en el monasterio de San Pedro de Cardeña, cerca de Burgos, en conformidad con el testamento que este había dejado, no aparece contado en el *Poema de mio Cid*. Por lo tanto, se puede suponer que Almela conocía las tradiciones legendarias de textos como la *Estoria del Cid*, escrita aproximadamente entre 1270 y 1289, un conjunto de narraciones que cuentan la vida del Cid Campeador, o el *Linaje de Rodrigo Díaz*, un texto breve escrito hacia 1195, que forma parte de los *Anales navarro-aragoneses* y consiste de una genealogía y una sucinta biografía del Cid. Además, en la *Crónica Particular del Cid*, una biografía del siglo XV, se puede leer un epitafio de seis versos, que reproducen supuestamente las palabras del mismo Cid: "Cid Ruy Díez só que yago aquí encerrado / e vencí al rey Bucar con treinta e seis reyes de paganos. / Estos treinta e seis reyes, los veinte e dos murieron en el campo; / vencílos sobre Valencia desque yo muerto encima de mi cavallo. / Con ésta son setenta e dos batallas que yo vencí en el campo. / Gané a Colada e a Tizona, por ende Dios sea loado. Amén." (Montaner, 2005, p. 193). Se puede fácilmente reconocer aquí el episodio contado por Almela en su *Compilación*. Con respecto al lugar de su tumba, existe la hipótesis de que el entierro de los restos del Cid en la abadía de San Pedro de Cardeña en 1102 "fuera el punto de partida para la difusión de la historia oral y las anécdotas" sobre este personaje histórico, como resultado de la curiosidad de los visitantes interesados en la tumba del Campeador, visto como una celebridad en su tiempo (Montaner, 2017, p. 207).

[42] Guillermo X de Aquitania o Guillaume le Tolousane (1099 – 1137), fue conde de Poitiers, duque de Guyana (Guyenne) y de Aquitania (Aquitaine). Hijo de Guillermo el Trovador y padre de Leonor de Aquitania, que será la heredera de sus títulos, el noble francés es una figura notable también en el ámbito literario, dado que es considerado el primer gran poeta lírico y el primer trovador conocido. Según cuenta Almela en su *Compilación*, el conde falleció en el transcurso de su peregrinación, en la Catedral de Santiago de Compostela, y su última voluntad fue el casamiento de su hija con el hijo de Luis VI de Francia. El matrimonio de los dos tuvo lugar algunos meses después, en junio de 1137.

[43] El rey don Alfonso VIII de Castilla (1155 – 1214), conocido por los sobrenombres de "el de Las Navas" o "el Noble", fue rey de Castilla a partir de

1158, con apenas tres años de edad, y hasta su fallecimiento. Alfonso VIII de Castilla fue sucesor de su padre, Sancho III. Uno de los episodios que destacan en los años de su reinado fue su victoria contra los almohades en la conocida batalla de Las Navas de Tolosa (véase nota [46]). En 1187, el rey Alfonso VIII de Castilla y su esposa Leonor de Plantagenet fundaron el monasterio de las Huelgas de Burgos, en cuya nave central fueron enterrados sus cuerpos.

[44] Referencia al rey Luis VII de Francia, conocido también como Luis el Joven, hijo de Luis
VI. Luis VII fue rey de Francia entre 1137 y 1180 y, según cuenta también Almela en su
Compilación, fue marido de Leonor de Aquitania, para cumplir con la voluntad de su padre. Gracias a este conveniente matrimonio, Luis VII recibe por parte de su mujer el dominio sobre varias regiones de Francia y adquiere también el título de duque de la antigua provincia francesa de Guyena (o Guiana). Sin embargo, después de la anulación de su matrimonio, Leonor recobra su dote y, hacia el fin del siglo XII, se casa con el rey Enrique II de Inglaterra, por lo cual la tierra de Guyena pasa bajo ocupación inglesa. Este nuevo matrimonio entre Leonor y Enrique II representará el inicio de una ardua rivalidad entre el reino de Francia y el reino de Inglaterra, rivalidad que seguirá viva hasta mediados del siglo XIII.

[45] El texto remite al rey Enrique II de Inglaterra (Henry II), llamado también Enrique Plantagenet, que contrató matrimonio con Leonor de Aquitania, primera esposa del rey Luis VII de Francia (véase nota [44]). Fue rey de Inglaterra entre 1154 y 1189, año de su fallecimiento, y duque de Normandía. Debido al casamiento con Leonor, adquirió también el título de duque de Aquitania. Enrique II fue padre de Ricardo I de Inglaterra (1157 – 1199), conocido como Ricardo Corazón de León, quien durante su reinado tomó parte en la Tercera Cruzada y fue capturado y aprisionado por el duque de Asturias, Leopoldo V, a su vuelta de Tierra Santa.

[46] La gran batalla de Las Navas de Tolosa tuvo lugar el 16 de julio de 1212, por iniciativa del rey Alfonso VIII, quien quiso luchar otra vez contra los almohades, como consecuencia de la derrota sufrida por su hueste en la batalla de Alarcos de 1195 (véase nota [83]). La hueste cristiana, compuesta por los castellanos del reino de Alfonso VIII y por sus aliados aragonesas del reino Pedro II de Aragón, los

navarros de Sancho VII de Navarra y combatientes voluntarios de otros reinos, como el reino de León y de Portugal, se levantaron contra el ejército de los almohades, liderados por el califa almohade Muhammad an-Nasir, conocido también como Al Nasir, hijo de Yusuf Al Mansur, el vencedor de la batalla de Alarcos (Vara Thorbeck, 2005, p. 69). Aunque numéricamente superior, el ejército de los musulmanes fue vencido y las tropas cristianas salieron victoriosas de una de las batallas más importantes de la Reconquista, cuyas consecuencias resultaron ser decisivas para el futuro de cristiandad en la península. Como consecuencia directa de esta derrota militar, asistimos a un declive significativo de los almohades en la península Ibérica.

Además de la figura del rey Alfonso VIII, otro personaje que destacó en dicha batalla fue el arzobispo de Toledo y el Canciller de Castilla, don Rodrigo Jiménez de Rada, quien se implicó activamente en la confrontación armada y también en su minuciosa preparación. No solo que ofrece su apoyo en plan espiritual, sino que desarrolla también una importante actividad política: es él quien solicita al Papa la consideración de cruzada de esta batalla (Vara Thorbeck, 2005, p. 70).

[47] La Basílica de Saint-Denis o de San Dionisio de Francia es un conocido centro monástico y cultural excepcional, la primer iglesia erigida en los siglos XII – XIII en el estilo gótico. La basílica pertenece a la Orden de San Benito y es el lugar de culto donde se encuentran las sepulturas de gran número de los reyes de Francia, entre los cuales también el rey Luis VII el Joven (véase nota [44]).

[48] El texto remite al rey Alfonso X de Castilla y de León (1221 – 1284), conocido también como Alfonso X el Sabio. Hijo del rey Fernando III «el Santo», Alfonso X accede al trono en 1252 y ocupa este cargo hasta el año de su fallecimiento. Además de ser monarca, es conocido en la época también por las obras literarias, científicas, históricas y jurídicas que patrocinó y escribió junto a los intelectuales que formaron parte de la Escuela de Traductores de Toledo. Una de las obras más famosas escritas por el mismo monarca son las *Cantigas de Santa María*, una de las más importantes colecciones de canciones de la literatura medieval del occidente. Las 417 composiciones de esta colección de cantigas son escritas en gallegoportugués y representan un homenaje a la Virgen María, por lo cual la mayoría se centran en las intervenciones milagrosas de la santa. Alfonso X

el Sabio muestra su devoción a la Virgen también en 1270, cuando funda la Orden de Santa María de España, o la Orden de la Estrella, orden militar y religiosa que apenas sobrevive por diez años. En 1280, como consecuencia de la batalla de Moclín, en la cual fallecen muchos de los miembros de la Orden de Santiago, incluso su maestre Gonzalo Ruiz Girón, el rey Alfonso X decide integrar a los miembros de la Orden de Santa María en la Orden de Santiago, para evitar la extinción de esta última.

[49] Referencia al rey Enrique I de Castilla (1204 – 1217), fue rey de Castilla entre 1214 y 1217, sucesor de su padre, el rey Alfonso VIII. Falleció en Palencia, con apenas trece años de edad, por causa de una herida causada por accidente por uno de los donceles nobles que jugaban con el joven rey (Gonzalo Martínez Díez, RAH, "Enrique I").

[50] La ciudad de Sabugal está situada en Portugal, en la zona histórica de Tierras de Riba- Coa. El municipio de Sabugal fue creado en 1190 por Alfonso IX de León, aunque hay voces que dicen que su posible fundación data desde 1209 (Ladero Quesada, 1997), y representó durante la Edad Media el principal centro administrativo de Coa, donde se celebraron en varias ocasiones entrevistas de las figuras reales de la península. En 1287 o 1288 el rey don Dinis I y el rey Sancho IV celebraron en Sabugal algunas entrevistas en las cuales los dos reyes se ofrecieron el apoyo recíproco (Ladero Quesada, 1997). Las primeras menciones documentales del nombre de Sabugal se encuentran alrededor de 1219 (Ladero Quesada, 1997). La grafía diferente del manuscrito de Almela se debe lo más posible a la pronunciación portuguesa de la palabra, con cerrazón de la vocal 'o'.

[51] El rey Alfonso I de Portugal (1106 / 1109 / 1111 – 1185), o Afonso Henriques, fue el primer rey de Portugal. Se intituló "rey de los portugueses" a partir del año 1140, pero su reinado legal comienza apenas en 1143 y va a durar hasta el año de su fallecimiento.

[52] El rey árabe Muhámmad an-Násir era el cuarto califa de la dinastía "almohade", conocido por los cristianos bajo el sobrenombre de Miramamolín, sobrenombre que resultó de la deformación que estos hicieron a partir del título

árabe *Amir al-Mu'minin* (traducido como *Príncipe de los Fieles*, según DRAE) y que en España era en aquella época la forma más usada para designar a los califas almohades (DRAE). El rey Abenyud es conocido en la literatura medieval como "el rey de todos los pueblos que avía de moros d´esta parte de la mar", según aparece mencionado en el *Libro de grandezas y cosas memorables de España*, de Pedro de Medina (1549) o "rey Abenyud de los moros de aquende la mar", según el *Valerio de las Historias Escolasticas*, de Fernan Perez De Guzmán (1587, fol. 184r°). Añade Almela en su *Compilación* el hecho de que el rey Abenyud tenía bajo ocupación árabe la comarca conocida hoy en día como Valle de Ricote, o Valle Morisco, cuya denominación tiene sus orígenes en los inicios del siglo XIII, cuando dicha área se encontraba bajo ocupación musulmana.

[53] Para más informaciones sobre el rey Abenyud, véase nota [52].

[54] Este episodio se encuentra también en la Crónica de Fernando III y la Crónica de Alfonso X el Sabio, textos fuente de la *Compilación* de Almela.

[55] Episodio que aparece descrito en la *Crónica de Alfonso X,* obra que fue escrita en los últimos años del reinado de Alfonso XI, quien pidió que fuera realizada dicha crónica. Según aparece mencionado en el Prólogo de la *Crónica*, el rey Alfonso XI quiso que se escribiera una obra historiográfica que contara los hechos de Alfonso X, Sancho IV y Fernando IV, "para llenar así el largo hiato cronístico existente entre el final de la *Estoria de Esapnna* [...] y el comienzo del reinado de Alfonso XI (1312)" (González Jiménez, 2000, p. 182). La boda del infante don Fernando de la Cerda con doña Blanca que tiene lugar en 1269 y la ceremonia a la cual participaron numerosa gente de la corte y varias figuras reales fue descrita en la primera sección de la *Crónica de Alfonso X*, en la que se cuentan los eventos que ocurren entre los años 1252 y 1272 (hasta el capítulo XIX). Sin embargo, aunque sea la primera sección, parece que su composición fue la más reciente y la peor informada, dado que "el autor carecía de fuentes y de puntos de referencia que le permitiesen situar en el tiempo el orden de los acontecimientos" (González Jiménez, 2000, p. 188). Por esta causa aparecen muchos errores, sobre todo errores que tienen que ver con la cronología de los hechos, los episodios contados en esta primera parte.

[56] Se trata del rey Philippe IV de Francia (1268 – 1314), por su sobrenombre Phillipe le Bel (Felipe el Hermoso), hijo del rey Felipe III el Atrevido y de Isabel de Aragón. En 1284 se casa con Juana I de Navarra, matrimonio que le confiere el título de rey de Navarra. En 1307, aprovecha la influencia que tiene en el papa Clemente V y pide la supresión de la Orden del Temple, que va a ser concluida en 1312, por la decisión del Concilio de Vienne (véase nota [7]).

[57] El texto remite al rey Edward II de Inglaterra (1284 – 1327), sucesor de su padre, Edward I, a partir de 1307 y hasta su fallecimiento. Sin embargo, Edward II no era el hijo primogénito, sino el cuarto hijo de los 15 descendientes directos de Edward I y de Leonor de Castilla, hermanastra de Alfonso X y de Enrique el Senador.

[58] El rey Pedro III de Aragón (1240 – 1285), conocido por el sobrenombre de "el Grande", fue sucesor de su padre, Jaime I el Conquistador, y después del fallecimiento de este, a partir de 1276 heredó en los títulos de rey de Aragón, rey de Valencia y conde de Barcelona.

[59] El rey Jaime I de Aragón (1208 – 1276), llamado el Conquistador, fue rey de Aragón entre 1213 y 1276, rey de Valencia entre 1238 y 1276) y rey de Mallorca entre 1229 y 1276, sucesor del rey Pedro II de Aragón, su padre.

[60] La reina Violante de Aragón (1236 – 1300 / 1301), la esposa del rey don Alfonso X el Sabio, fue hija de Jaime I el Conquistador y hermana del rey Pedro III de Aragón, según aparece mencionado por Almela.

[61] El episodio de la participación de la emperatriz de Constantinopla en estas bodas aparece descrito también en la Crónica de Alfonso X (González Jiménez, *Crónica de Alfonso X*, 1998, pp. 47-48). Se trata de la emperatriz María de Brienne (1225 – 1275, aproximadamente), esposa del emperador latino Balduino II, que acude a la ayuda del rey Alfonso X para recaudar el dinero necesario para la liberación de su marido (Rábade Obradó, 2021). Fue también nieta del rey Alfonso IX de León.

[62] El rey don Sancho IV fue enemigo de los Benimeríes o Benimerines, un clan árabe que proviene del Norte de Marruecos. Durante los siglos XIII y XIV llegan a Andalucía, y consiguen controlar algunas áreas del sur de España. Uno de los sultanes benimerines, llamado Abu Yusuf Yaqub ibn Abd al-Haqq, fue rey de Marruecos. En el tiempo del rey Alfonso X, Abu Yusuf derrotó a un numeroso ejército castellano al mando de Nuño González de Lara, en el enfrentamiento militar conocido como la Batalla de Écija de septiembre de 1275, en la cual Nuño González de Lara perdió su cabeza, que fue enviada como un trofeo de guerra al rey Muhammad II de Granada. Un segundo ejército, dirigido por el arzobispo Sancho II de Toledo, encontró una suerte similar, durante esta primera campaña de Muhammad II. En el enfrentamiento de 21 de octubre de 1275, Sancho de Aragón, arzobispo de Toledo, acaba por ser capturado y después degollado (Gibert Arce, *Cronología histórica*). Sólo la rápida movilización de las fuerzas castellanas por parte del infante don Sancho impidió que los benimerines hicieran más daño en las tierras de la península. Sin embargo, en abril de 1285, Abu Yusuf Yaqub cruzó otra vez el estrecho hacia España y condujo rápidamente su hueste a Andalucía para sitiar Jerez. Sancho IV fue el que reunió allí su ejército y envió a la flota castellana para bloquear la desembocadura del Guadalquivir y evitar que la armada de los benimerines asaltara Sevilla. En agosto de 1285 Sancho IV estaba listo con su hueste para defender Jerez contra los marroquíes y, después de una batalla campal, Abu Yusuf decidió levantar el sitio de Jerez y retiró su ejército. Poco después de este episodio, en octubre de 1285, Sancho IV de Castilla firmó un tratado de tregua de cinco años con Abu Yusuf.

Según los datos ofrecidos por Almela en su *Compilación,* es muy probable que este sea el episodio al que se refiere en este XVIII° capítulo suyo, y que el nombre de "Abenyuçaf de Belamarin" haga referencia precisamente a este emir de Marruecos, llamado en realidad Abu Yusuf Yaqub, que pertenecía a la familia de los benimerines. De hecho, parece que a lo largo de la Edad Media, hasta la época del Renacimiento, este era el nombre bajo el cual era conocido en las tierras de los cristianos dicho personaje, dado que en otros manuscritos de aquel periodo aparece mencionado: "Abenyuçaf Rey de Africa, acordando se de la amistad que tuuo con el Rey su padre..." (Julian del Castillo, 1582, fol. cx4 r°); "... el daño que auia fecho a los Belamarines, i embió con un sobrino suyo llamado Abenyuçaf [...] el Rey de Balamarin..." (Juan de Medina del Campo Pineda, 1627, p. 116); "... el infante don Sancho su hijo, que se llamó después el rey don Sancho IV el Bravo, el rey Abenyuçaf de Marruecos envió a saber dél ..." (de Horozco, 1994, p. 112).

[63] Alfonso IV de Aragón (1299 – 1336), llamado el Benigno, fue rey de Aragón, rey de Valencia, como Alfonso II, y conde de Barcelona, como Alfonso III, a partir del año 1327 y hasta el año de su fallecimiento. Fue hijo y sucesor del rey Jaime II de Aragón.

[64] La conquista de Tarifa fue emprendida por la Corona de Castilla, bajo el liderzgo del rey Sancho IV de Castilla. En su apoyo participaron también a la operación militar de Tarifa la Corona de Aragón, la República de Génova y el Emirato de Granada, quien combatieron contra la hueste mucho más numerosa del Sultanato meriní de Abu Yaqub. A partir de mayo de 1292, las tropas cristianas iniciaron su campaña militar de Tarifa, bloquearon las vías navales de aprovisionamiento de los benimerines y configuraron también el cerco terrestre de la ciudad después de la llegada de Sancho IV de Castilla, hacia julio de 1292 (López Fernández, 2013, p. 20). Según los datos históricos existentes, la entrada de la hueste victoriosa cristiana de Sancho IV en la ciudad de Tarifa tuvo lugar hacia octubre de 1292, dado que a principios de noviembre del mismo año está documentada la presencia del rey en Sevilla (López Fernández, 2013, p. 37). Aquí es el punto donde el texto de la *Compilación* no concorda con las fechas de la historia. Almela concluye que la entrada de Sancho IV en Tarifa se da "dia de Sant Matheo Apostol evangelista, año de mill e dozientos e nouenta e tres", información contradicha por los documentos de la época.

[65] Pedro I de Castilla (1334 – 1369), conocido en la posteridad como Pedro el Cruel, fue hijo de Alfonso XI y rey de Castilla y León desde 1350 y hasta su muerte. A pesar de sus acciones despiadadas y de sus numerosos crímenes, sus partidarios le atribuyeron el sobrenombre de "justiciero", para destacar el hecho de que Pedro I obedecía estrictamente la justicia en sus crueles acciones (Valdeón Baruque, RAH, "Pedro I de Castilla"). En 1358, Pedro el Cruel entró en la ciudad de Sevilla con el propósito de quitar la vida de su hermanastro, don Fadrique, maestre de la Orden Santiago, según cuenta Almela en su *Compilación*. El episodio aparece descrito detalladamente también en la *Crónicas de los Reyes de Castilla* de López de Ayala (1332-1407, Año Noveno, capítulos II y III, pp. 237-242).

Su otro hermanastro, Enrique de Trastámara, fue uno de sus más fuertes enemigos. En la guerra de los dos hermanos fueron implicados también otros monarcas, el monarca Pedro IV de Aragón y las tropas militares francesas de Carlos V de Francia en la ayuda de Enrique, y la corona inglesa, bajo el reinado del Príncipe Negro, quién en 1366 firmó un acuerdo con Pedro el Cruel, en el cual le ofrecía su ayuda militar en cambio a una notable cantidad de dinero y el señorío de dos regiones de la península: Vizcaya y el puerto de Castro Urdiales (Valdeón Baruque, RAH, "Pedro I de Castilla"). La guerra de Enrique y Pedro duró hasta 1369, cuando los dos hermanos se enfrentaron directamente y Enrique consiguió matar a su enemigo. Según se cuenta López de Ayala, "é asi como llegó, é le vió, firiólo con una daga por la cara. É dicen que ambos á dos cayeran en tierra, é el Rey Don Enrique le firió estando en tierra de otras feridas: e allí morió el Rey Don Pedro en edad de 36 años" (López de Ayala, 1332-1407, p. 555).

[66] Fadrique Alfonso de Castilla (1334 - 1358) fue hermano gemelo de Enrique de Trastámara y hermanastro del rey Pedro I el Cruel, dado que los gemelos eran hijos ilegítimos del rey Alfonso XI de Castilla y de su amante. Don Fadrique fue Maestre de la Orden de Santiago entre 1342 y 1358 y Señor de Haro entre 1334 y 1345. En 1358 fue asesinado en Sevilla por su hermanastro, Pedro el Cruel (véase nota [65]).

[67] Enrique II de Castilla o Enrique de Trastámara (1334 – 1379), llamado también "el de las Mercedes" o "el Fratricida", dado que hirió mortalmente a su hermanastro, el rey Pedro I el Cruel (véase nota [65]), fue el primer rey de Castilla de la dinastía de Trastámara. Subió por la primera vez al trono en 1366, cuando sus tropas invadieron las tierras de Castilla, y ocuparon la ciudad de Calahorra (Valdeón Baruque, RAH, "Enrique II"). Sin embargo, a partir de 1367 su reinado fue fuertemente disputado con su hermanastro, Pedro I, hasta 1369, cuando Enrique obtiene la victoria definitiva en la guerra contra su hermano.

[68] El príncipe de Gales al que se refiere Almela era el príncipe inglés Edward (o Eduardo) de Woodstock, conocido también como el Príncipe Negro, debido al color de su armadura (Castillo Cáceres, 1991, p. 108). Vivió entre 1330 y 1376, pero nunca logró ser nombrado rey de Inglaterra, ya que murió antes que su padre, el rey Eduardo III de Inglaterra. En cuanto a sus relaciones con el reino de Castilla, llegó a un acuerdo con Don Pedro I de Castilla, conocido también por el sobrenombre de

El Cruel, acuerdo por el que Pedro se comprometió a hipotecarle algunas regiones de España como garantía de un préstamo. Como consecuencia de sus buenas relaciones con el rey de Castilla, el príncipe de Gales recibió en 1367 una carta de desafío de Enrique de Trastámara, medio hermano y rival de Don Pedro. Como respuesta, en el mismo año, el Príncipe Negro se dirigió a Castilla con su hueste para enfrentar a Enrique y "para restaurar en el trono a Pedro I" (Castillo Cáceres, 1991, p. 108).

[69] Referencia a Bertrand du Guesclin, que en las tierras de Castilla era conocido también como Beltrán Duguesclín, nombre que Almela prefiere en su *Compilación*. Bertrand du Guesclin participó como líder militar en la primera parte de la Guerra de Cien Años y llegó a ser condestable francés en el tiempo del rey Carlos V "El Sabio" de Francia a partir de 1370. En 1366 y en 1369 condujo a las bandas de mercenarios a España para ayudar a Enrique de Trastámara, medio hermano natural de Pedro I el Cruel, rey de Castilla, en su intento de derrocar a Pedro (véase nota [31]) (Britannica, The Editors of Encyclopaedia, "Bertrand du Guesclin"). En las tierras de Francia su nombre es muy conocido y está asociado a una imagen heroica. En este sentido, hay también un poema épico, llamado *Chanson de Bertrand du Guesclin*, que sigue la corriente de los cantares de gesta de finales del siglo XIV y pinta un cuadro muy positivo de su vida (Vermijn, 2018, p. 1). Dicha obra ha jugado un papel decisivo en la forma en que Bertrand du Guesclin fue recordado en la memoria colectiva.

[70] La Primera Cruzada a Jerusalén tuvo lugar entre 1096 y 1100. En 1096, la así llamada "cruzada popular", cuyo líder era Gautier Sans-Avoir (muerto alrededor del mismo año de 1096), llega a Constantinopla y poco después le sigue la tropa de cruzados dirigida por Pedro el Ermitaño (1053 – ca. 1115). Las dos tropas llegan a las tierras de Asia Menor, pero a 21 de octubre de 1096, la "cruzada popular" fue masacrada en Civitot, y Pedro el Ermitaño y los otros pocos supervivientes se vieron obligados a reunirse en Constantinopla, donde también llega Godefredo de Bouillon (c. 1058 – 1100), el 23 de diciembre (Association des Amis de Saint- Hilaire, p. 17). Hasta el mes de mayo de 1097 en Constantinopla llegan sucesivos ejércitos cruzados. En 1097, las tropas de de los cruzados Godefredo de Bouillon, Tancrède de Hauteville (c. 1070 – 1112) y Roberto II de Flandes (1065 - 1111) avanzan hacia el este y toman en junio la ciudad de Nicea, A 1 de julio son vencedores de la batalla

de Dorylée y el 21 de octubre, tiene lugar el primer sitio de Antioquía (Association des Amis de Saint-Hilaire, p. 18). Pero el 3 de junio del año 1098, pierde la ciudad de Antioquía, que es tomada por las tropas de Bohemundo I de Tarento (ca. 1054 – 1111). El año siguiente, Raimundo de Saint-Gilles (ca. 1042 - 1105) libera los cruzados después de la destrucción de la ciudad de Maarat y avanzan hacia Jerusalén. El asedio de la Ciudad Santa de Jerusalén comienza el 7 de junio de 1099 y durará hasta el 15 de julio del mismo año, cuando la ciudad cae en poder de los egipcios. Poco después, a 12 de agosto, asistimos a la victoria de los cruzados contra los egipcios, en Ascalón y a la designación del arzobispo Dagoberto de Pisa (ca. 1050 – 1107) como Patriarca de Jerusalén (Association des Amis de Saint-Hilaire, pp. 18-19). Después de la muerte de Godefredo de Bouillon de 1100, año que concluye la Primera Cruzada, su hermano menor Balduino de Boulogne (ca. 1065 – 1118), conde de Edesa, se dirige hacia Jerusalén, donde será coronado rey de Jerusalén el 25 de diciembre, bajo el nombre de Balduino I de Jerusalén (Association des Amis de Saint-Hilaire, p. 19).

Aparece en la *Compilación* una confusión con respecto a estos cruzados, de modo que se sabe hoy el hecho de que el mismo Godofredo de Bouillón era también duque de Baja Lorena, conocida por aquel entonces como Baja Lotaringia o simplemente Lotaringia, y no su hermano. Además, el nombre de "don Cangreto" designa en realidad a Tancredo de Galilea o Tancredo de Hauteville (1072 / 1076 – 1112), príncipe de Apulia y sobrino de Bohemundo I de Tarento. Don Tancredo es uno de los principales líderes de la Primera Cruzada, que obtiene después el título de príncipe de Galilea y de regente del Principado de Antioquía.

[71] En todos los testimonios de la *Compilación* de Almela hay un evidente error con respecto a la localización de la ciudad de "Antiocha", Antioquía en la lengua castellana actual. La ciudad se encuentra hoy en día en Turquía, en la región del Mediterráneo, y es la capital de la provincia de Hatay. Pero si hacemos una breve incursión en la historia de la ciudad, llama la atención el hecho de que esta fue en sus inicios, hacia el siglo IV a. C., la capital del imperio de Seleuco I Nicátor, su fundador, en Siria. Seleuco I elige el nombre de la ciudad en honor al nombre de su padre, Antíoco.

[72] Raimundo IV de Tolosa o Raymond de Saint Gilles (1042-1105) fue conde de Tolosa, marqués de Provenza. Debido a su profunda religiosidad y para cumplir con su deseo de fallecer en la Tierra Santa, se dirige hacia Jerusalén y es uno de los caballeros más importantes que toman parte en la Primera Cruzada.

[73] Hay en este fragmento un error con respecto a las fechas históricas. Se sabe el hecho de que la ciudad de Jerusalén se encontró bajo la ocupación de los cruzados cristianos por 88 años, hasta que Saladino, sultán de Egipto, ganó la batalla de Hattin, de 1187 (véase nota [74]). Por lo tanto, el año "de mill e çiento e noventa e ocho" mencionado por Almela no tiene ningún fundamento histórico. Además, el texto de la *Compilación* se contradicha a sí mismo, dado que Almela añade: "en tiempo del papa Urbano III°", quien fue Papa de la Iglesia Católica a partir de 1185 y hasta 1187, año de su muerte.

[74] Este episodio corresponde a la última parte de la Segunda Cruzada (1145 – 1149). Después de la muerte de Balduino V de Jerusalén en 1186, Guy o Guido de Lusignan (1159 – 1194) fue coronado rey de Jerusalén. El próximo año, Saladino o Salah al-Din declara guerra a los francos y a 1 de mayo de 1187 consigue la victoria contra los caballeros cruzados de Gérard de Ridefort, como resultado de la batalla de Seforia. Meses después tiene lugar la batalla de Hattin, durante la cual casi toda la caballería Guido de Lusignan es asesinada o capturada por Saladino, quien se declara dueño de todos los estados cristianos (con la excepción Tiro, Trípoli, Antioquía y algunas tres ciudadelas aisladas). En septiembre de 1187, Saladino asedia Jerusalén y la conquista a principios de octubre, después de 88 años de ocupación cruzada. En 1188 Saladino deja en libertad a Guido de Lusignan bajo el juramento solemnemente del cristiano de no volver a tomar las armas contra los musulmanes (Association des Amis de Saint-Hilaire, pp. 32-33).

[75] Almela cuenta el episodio conocido como la Cruzada de los barones o Cruzada de los pobres (Duncalf, 1921), que tuvo lugar entre 1234 y 1241 en el territorio de la Tierra Santa de Jerusalén, donde los cristianos consiguieron extender considerablemente su dominio. Por esta razón la Cruzada de los barones es tal vez la cruzada más exitosa después de la Primera Cruzada. Sin embargo, Almela tiene un doble propósito al presentar en su *Compilación* este episodio de la historia del cristianismo: por un lado, quiere presentar los hechos que sirvieron de base para la

fundación de las órdenes de caballería de Jerusalén, por otro lado, intenta asociar la Orden de Santiago con las órdenes de la Tierra Santa. Para cumplir con tal propósito, incluye en su obra detalles que no tienen un sólido fundamento en la realidad y cuya veracidad sigue siendo dudable aún hoy en día, siendo considerados antes como parte del campo de la fábula (véase nota [76]).

[76] No hay bastante datos comprobados para apoyar estas informaciones que Almela ofrece en su *Compilación*. Se sabe con certeza solamente que Pedro el Ermitaño nació alrededor de 1050 en Amiens y llegó cerca de Jerusalén, donde predicó la fe cristiana. La primera mención de su actividad como líder y promotor de la cruzada data de 1095, cuando parece que se encontraba en Berry, poco después del Concilio de Clermont, donde también se supone que participó (Duncalf, 1921, p. 442). Hasta marzo de 1096 ya había conseguido organizar una hueste de 15 o hasta más de 20 miles de caballeros y partieron poco después, en abril, hacia el Este, divididos en dos grupos (Aznar Auzmendi, 2019, p. 46). Meses más tarde, en agosto, desembarcaron en Asia Menor y avanzaron hacia el continente. Aparece también documentado el hecho de que acamparon en Civitot, cerca de Helenópolis, pero surgieron entre ellos algunos problemas con respecto al liderazgo de los cruzados, lo que llevó a la división de las facciones, que decidieron actuar cada una por su cuenta. En este contexto, Pedro el Ermitaño perdió su función de líder y decidió regresar a Constantinopla, para buscar ayuda y refuerzos (Aznar Auzmendi, 2019, p. 46). Es posible que Pedro el Ermitaño no haya regresado al este, dado que, según los testimonios conocidos actualmente, él no entró en Jerusalén junto con las huestes cruzadas, sino que desaparece justo antes de la conquista de la ciudad. Las últimas noticias conocidas acerca del clérigo Pedro el Ermitaño lo encuentran de regreso en la Europa del Oeste, donde encuentra su fin, a 8 de julio de 1115, en Neufmoutier, cerca de Huy (en en territorio de la Bélgica de hoy).

[77] Juan el Limosnero, o Jean l'Aumônier (segunda mitad del s. VI – ca. 619), fue patriarca griego ortodoxo y obispo de Alejandría desde 610 y hasta su fallecimiento. Después de la muerte de sus hijos y de quedar viudo, se dedicó a la vida religiosa y a practicar la caridad con los pobres, costumbre gracias a la cual recibe el sobrenombre de Limosnero.

[78] Referencia a Pierre-Gérard de Martigues (1047 – 1120), participante en la Primera Cruzada. Después del éxito de la Cruzada de 1099, llegó a fundar la Orden de San Juan de Jerusalén, que recibe reconocimiento papal en 1113, y es conocida también como la Orden de los Hermanos Hospitalarios, Orden de los Caballeros Hospitalarios, Orden Hospitalaria o, a partir de 1530, Orden de Malta.

[79] Aparece aquí una confusión en cuanto a la identidad del rey Felipe de Francia. El rey que contribuyó a la supresión de la orden de los Templarios fue en realidad Felipe IV, llamado El Hermoso, quien dirigió una carta al Papa Clemente V, considerada por los historiadores como "un intento de justificación de aquello que interesaba más al monarca francés: la confiscación de los bienes de los templarios" (Nadal y Cañellas, 2010, p. 49). Como consecuencia del acuerdo entre el rey y el Papa, surgió la bula *Vox in excelso*, o la disposición de supresión de la Orden Militar del Temple (véase nota [7]).

[80] Se conoce el hecho de que el Cid Campeador no tuvo descendencia masculina, sino que fue padre de dos hijas, conocidas en la literatura bajo los nombres de "doña Elvira y doña Sol", aunque en realidad se llamaban María y Cristina. Sus hijas tuvieron una suerte desafortunada y contrataron después matrimonio con representantes de la familia real (Pisnitchenko, 2018, p. 142), los infantes de Navarra y de Aragón. Su descendencia exclusivamente femenina aparece mencionada también en el *Poema de mio Cid*: "evades aqui pora doña Ximena | dovos .c. marchos, / a ella e a sus fijas e a sus dueñas | sirvades las est año. / Dues fijas dexo niñas | e prendet las en los braços" (*Poema de mio Cid, Cantar del destierro*, 15). Sus hijas aparecen a lo largo del poema siempre juntas y nunca de manera independiente, como dos "personajes geminados" (Luis Jiménez, 2016, p. 8). Los mismo pasa también con los infants de Carrión, los primeros maridos de sus dos hijas: "«Las nuevas del Çid | mucho van adelant; / demandemos sus fijas | pora con ellas casar;" (*Poema de mio Cid, Cantar de las bodas*, 101), que funcionan solamente como una pareja en espejo. Según cuenta el poema, los dos infantes complotaron juntos para vengarse del Cid a través de sus hijas: "Todos eran idos, | ellos .iiii. solos son. / Tanto mal comidieron | los ifantes de Carrion: / «Bien lo creades | don Elvira e doña Sol: / aqui seredes escarnidas | en estos fieros montes; / oy nos partiremos | e dexadas seredes de nos, / non abredes part | en tierras de Carrion. / Hiran aquestos mandados | al Çid Campeador; / ¡nos vengaremos aquesta

| por la del leon!»" (*Poema de mio Cid, Cantar de la afrenta de Corpes*, 128). Por esta razón, las dos hijas se casaron por segunda vez con los dichos infantes de Navarra y de Aragón: "«¡Grado al rey del çielo, | mis fijas vengadas son! / ¡Agora las ayan quitas | heredades de Carrion! / Sin verguença las casare | o a qui pese o a qui non.» / Andidieron en pleitos | los de Navarra e de Aragon, / ovieron su ajunta | con Alfonsso el de Leon;" (*Poema de mio Cid, Cantar de la afrenta de Corpes*, 152).

[81] Referencia a la provincia Guipúzcoa o Gipuzkoa (en euskerra), una de las tres provincias que forman parte de la comunidad autónoma del País Vasco. En un documento del siglo XI, del cartulario del monasterio de San Juan de la Peña, aparece mencionado el nombre de Ipuscua, nombre antiguo de dicha provincia. La forma con la "G" inicial aparece mencionada apenas en el siglo XIII, en *De Rebus Hispaniae* (Peterson, 2004, p. 598).

[82] Este episodio aparece mencionado también en la *Crónica de Castilla*, en la parte que le corresponde a Alfonso VII, donde en el quinto capítulo se cuenta lo siguiente: "E el rey Aldemón enterrólo çerca de Marruecos, e los moros teníanlo por muy santo, e quando algunas quexas hanlo rogar e onrrar que les ayude e les acorra. E d'este Almohadin se leuantaron los almohadis. E morió el rey Aldemón, fijo del ollero, e reynó su fijo Abén Yacob" (cap. V, párr. 21) (véase nota [52]).

[83] La batalla de Alarcos tuvo lugar el 19 de julio de 1195. Las tropas cristianas dirigidas por el rey Alfonso VIII de Castilla, frente al peligro de la invasión y extensión del imperio almohade, decidieron actuar y se enfrentaron a los almohades de Yusuf II, por su nombre real Abū Ya'qūb Yūsuf al-Mansūr (Martínez Val, 1962, p. 94). La batalla representó para los cristianos una de las más impactantes derrotas y un "grave retroceso" de la Reconquista, de algunos años (Martínez Val, 1962, p. 89). El Reino de Castilla, vencido, se vio en peligro de ser desestabilizado y los árabes avanzaron aún más en la península y sometieron los territorios ocupados por aquel entonces por los miembros de la Orden de Calatrava. Sin embargo, los castellanos consiguieron reorganizarse y en 1212 tiene lugar la Batalla de Las Navas de Tolosa, soldada con la gran victoria de la alianza de los reyes hispanos.

[84] Fragmento en que se nota el hecho de Almela trata de realizar un paralelo entre la historia de los trece caballeros que sentaron las bases de la Orden de Santiago, los trece apóstoles y os trece cruzados y maestres de las órdenes de caballería de la Tierra Santa: "los sobredichos treze caualleros, a semejança e enxenplo de los treze capitanes [...]" (*Compilación,* cap. XXI). La forzada relación de equivalencia entre las tres entidades tiene el propósito de justificar la existencia de la Orden de Santiago y de destacar su conexión con las cruzadas de la Tierra Santa de Jerusalén.

[85] Rodrigo Jiménez de Rada (1170–1247), llamado El Toledano, fue hombre de la iglesia, Obispo electo de Osma, a partir de 1208, figura militar, historiador y hombre de estado y ocupó el cargo de arzobispo de Toledo entre 1209 y1247, por casi cuarenta años. Además, fue Canciller mayor de Castilla, entre 1230 y 1247. Como historiador, es conocido por sus numerosas obras en latín, llamadas "historias", entre las cuales tal vez la más famosa es la *Historia de rebus Hispaniœ sive Historia gothica.*

[86] Pedro Suárez de Deza (muerto en 1206 en Santiago de Compostela) ocupó entre 1166-1173 el cargo de Obispo de Salamanca y a partir de 1173 y hasta su fallecimiento fue nombrado arzobispo de Santiago de Compostela.

[87] El Papa Alejandro III (1100 – 1181), por su nombre de bautismo Rolando Bandinelli, fue el 170 Papa de la Iglesia Católica, a partir de 1159. Su nombre quedó en la historia en estrecha relación a la existencia de la Orden de Santiago. A 5 de julio de 1175 el Papa Alejandro III, Papa fundador de la Orden de Santiago (Porras Arboledas, 1997), va a confirmar la regla de la dicha orden, "ordenadora del cuerpo de los laicos, casados-célibes", que "encomienda el gobierno al equilibrio de unas autoridades colegiales y personales" (Sastre Santos, 2015, p. 189). Además, a este Papa se le atribuye también la elaboración de la bula papal *Regis aeterni*, a través de la cual se concede el privilegio del año jubilar de Santiago de Compostela, que supone el hecho de que cada año que la fiesta del apóstol Santiago (el 25 de julio) cae en domingo los peregrinos de la Iglesia compostelana pueden ganar las mismas indulgencias que los romeros de la Ciudad Eterna de Roma ganaban en los años jubilares, a partir de 1300, cuando Bonifacio VIII decide introducir las indulgencias romanas. De este modo se llega a reconocerse "el carácter supraterritorial de Santiago" (Madrid Medina, 2015, p. 57).

[88] Se trata del cardenal de Roma Alberto de Morra (1105 – 1187), quien recibirá en 1187, el mismo año de su muerte, el título de Papa de la Iglesia católica, encargo que va a ocupar bajo el nombre de Gregorio VIII (Sastre Santos, 2015, p.4). Es conocido como uno de los partidarios de la confirmación de la Orden de Santiago y autor de una apología al apóstol. Es contemporáneo de Papa Alejandro III (véase nota [87]).

[89] La frase en latín "*yn capitulo veniens a verborum significatione yn sexto*" que aparece en el texto de Almela se podría traducir como "en el capítulo que trata del significado de las palabras, en el sexto…". Según se puede notar, la frase quedó incompleta y así se conservó también en los otros testimonios manuscritos de la *Compilación*, por lo cual es difícil intuir con exactitud a que fuente bibliográfica hace referencia Almela.

[90] Se trata del Salmo *Morando bajo la sombra del Omnipotente*, cuyos versos cuentan lo siguiente: "No temerás el terror nocturno, / Ni saeta que vuele de día, / Ni pestilencia que ande en oscuridad, / Ni mortandad que en medio del día destruya." (91:5 y 91:6). Sin embargo, la interpretación que hace Almela de los versos es errónea, debido a un error de traducción de la palabra hebrea *yashûd* (significando "que destruye"), que fue leída probablemente por los traductores griegos como *yeshed* (significando "demonio"). A partir de este error, en la traducción de la Vulgata aparece el sintagma *daemonio meridiano* (o "demonio del mediodía") y se le atribuye una interpretación forzada, precisamente para ilustrar que Mohamed es aquel "demonio del mediodía" mencionado por el texto bíblico.

[91] El nombre del tercer maestre falta del ms. 1302, pero en la edición de Torres Fontes y en el ms. 1933 aparece el nombre de "don Diego". Sin embargo, podría tratarse de una confusión, ya que según se conoce hoy en día, el tercer maestre de la Orden de Santiago fue Sancho Fernández de Lemos, maestre de la orden entre 1186 y 1195 (Porras Arboledas, 1997, p. 19), año en que murió en la batalla de Alarcos (Moreno de Vargas, 1633, fols. 223rº-223vº).

[92] El cuarto maestre de Santiago fue Gonzalo Rodríguez (maestre entre 1195 y 1203), mientras que Gonzalo Ordóñez fue el quinto y su maestrazgo duró solamente

un año (entre 1203 y 1204). Según las informaciones que llegaron hasta la actualidad, parece que este fue "electo la primera vez por los Caualleros de Leon en competencia del Maestre don Gonçalo Rodriguez" (Moreno de Vargas, 1633, fols. 223vº-224rº).

[93] Fernando González de Marañón fue el octavo maestre de Santiago, entre 1206 y 1210, pero antes de él fue maestre por un año (1205-1206) Sancho Rodríguez, quien murió maestre y fue enterrado a Uclés (Moreno de Vargas, 1633, fol. 224rº).

[94] El sucesor de Pedro Arias, quien fue de hecho el noveno maestre, fue García González de Arauzo, maestre entre 1212 y 1217, cuando renunció al maestrazgo (de Ayala Martínez, 1997, pp. 244-245). Fue el único maestre de Santiago durante el reinado de Enrique I (Porras Arboledas, 1997, p. 19).

[95] El sucesor de García González de Candamio fue Fernán Pérez Chacín, quien ocupó este encargo por apenas dos años y renunció al maestrazgo en 1226 (de Ayala Martínez, 1997, p. 245) o, según otras fuentes, murió en 1225 y que en su tiempo parece que existió cierta tensión entre los caballeros y los clérigos de la Orden (Moreno de Vargas, 1633, fol. 225rº). Si este fuera el caso, su sucesor sería Pedro Alfonso de León, maestre por apenas un año y supuestamente hijo ilegítimo de Alfonso IX de León (Moreno de Vargas, 1633, fols. 225rº-225vº). Siguió después Pedro González Mengo, maestre entre 1226-1237.

[96] Pelay Pérez Correa (1200 – 1275) fue el decimocuarto maestre de la Orden de Santiago, entre 1242 y 1275, uno de los más largos gobiernos maestrales de la orden. Durante su maestrazgo asistimos a una "gran expansión patrimonial del señorío de la Orden", debido a su implicación activa en unas de las más importantes acciones militares, religiosas y políticas del siglo XIII relacionadas con la Reconquista, sobre todo con la ocupación del Reino de Murcia, cuando "el papel de los santiaguistas en esta primera fase de la integración de Murcia a la Corona de Castilla fue sencillamente clave, tanto desde el punto de vista estrictamente militar como político y económico" (Carlos de Ayala Martínez, RAH, "Pelay Pérez Correa"). Su esfuerzo y su implicación activa en las acciones reconquistadoras llevaron a una significativa ampliación del patrimonio de la

Orden de Santiago. Además, el maestre se dedicó a repoblar los territorios reconquistados con gente cristiana, entre los cuales numerosos fueros, como: Alhambra, Montiel, Segura de la Sierra, Setúbal y otros (Carlos de Ayala Martínez, RAH, "Pelay Pérez Correa").

[97] La batalla de la Vega de Granada, conocida también como la batalla de Sierra Elvira, tuvo lugar en 1319 en las proximidades de Granada. La hueste castellana y los árabes del reino de Granada se enfrentaron en combate directo. Las tropas castellanas de Alfonso XI emprenden esta campaña militar bajo el pretexto de ayudar al sultán destronado Abã l-Ŷuyüš Naṣr en su intento de recuperar su trono, y hasta convencen al Papa a ofrecerles los fondos necesarios para el nuevo ataque contra Granada, "dando a entender que se trataba de una cruzada" (al-Zahrani, 2009, p. 357). Pero el motivo de esta nueva guerra contra los moros de Granada era en realidad la recuperación de dicha ciudad por los cristianos y la finalización de la Reconquista, antes que el sultán Ismä'ïl consiguiera emprender sus obras de fortificación de sus territorios, lo que daba lugar a un nuevo peligro, el de perder a Algeciras en las manos de los enemigos (al-Zahrani, 2009, p. 357). Bajo el liderazgo de los infantes Don Pedro y Don Juan, consiguen en 1316 conquistar algunos castillos encontrados por aquel entonces bajo ocupación árabe y avanzan hacia Granada. El ejército cristiano cumple con su propósito y consigue más tarde sitiar la ciudad de Granada. Sin embargo, esta batalla va a finalizar con la derrota de los cristianos y la muerte de los infantes Don Pedro y Don Juan, y va a quedar en la historia como el desastre de la vega de Granada del día de 25 de junio de 1319.

[98] Después de Gonzalo Ruiz Girón siguió al maestrazgo Pedro Núñez, muerto en 1287. El mismo año falleció también su sucesor, Gonzalo Pérez Martel, quien fue de hecho el decimoséptimo maestre de Santiago (de Ayala Martínez, 1997, p. 246).

[99] Referencia a Pedro Fernández de Mata, el decimoctavo maestre, "que falleció al frente de la orden en 1239" (de Ayala Martínez, 1997, p. 246).

[100] El nombre de este maestre era de hecho Diego y fue maestre entre 1311 y 1318, aunque documentos más antiguos mencionan que fue electo en 1306 (Moreno

de Vargas, 1633, fol. 236vº). Su sucesor fue García Fernández de Turgiello, natural de Mérida, maestre entre 1318 y 1327 (Moreno de Vargas, 1633, fol. 237rº).

[101] Alfonso Méndez de Guzmán (muerto en 1342) fue maestre de Santiago entre 1338 y su fallecimiento, durante el reinado de Alfonso XI (Porras Arboledas, 1997, p. 19). El maestre era hermano de Leonor de Guzmán, la amante del rey, por lo cual era una de las personas de confianza de Alfonso XI. Su elección como maestre de Santiago fue, por consiguiente, una prueba concreta de que el monarca estaba interesado en injerir en los asuntos internos de la orden (López Fernández, 2017, p. 152).

[102] Para más informaciones sobre el maestre don Fadrique, véase nota [66].

[103] Oficialmente, el sucesor de don Fadrique Alfonso de Castilla fue García Álvarez de Toledo (maestre a partir de 1359). Sin embargo, Almela menciona el nombre de dos maestres más. En cuanto a Juan García de Padilla, este era maestre de Calatrava y fue nombrado maestre de la Orden de Santiago por el rey Pedro I el Cruel, aunque en aquella época la Orden ya tenía como maestre a don Fadrique, medio hermano del rey. Esta decisión de Pedro I creó una división en la orden, pero no duró mucho, dado que Juan García de Padilla murió dentro de poco. Con respecto a Gómez I Suárez de Figueroa, este era hijo de Lorenzo I Suárez de Figueroa. Su padre fue en realidad maestre de la Orden de Santiago entre 1387 y 1409 y recibió por parte del rey Enrique III de Castilla una donación que consistía en la gobernación de las villas de Feria, La Parra y Zafra, en reconocimiento de la lealtad de su familia para la Corona Real. Pero el maestre de la Orden insistió que el dicho documento mencionara que la donación era para su hijo, Gómez I Suárez de Figueroa, quien se convirtió en el "dueño legal" de dichas propiedades (Mazo Romero, 1974, p. 116). De este modo, el maestre consiguió evitar que las villas llegaran a pertenecer a la Orden de Santiago y siguieron bajo el dominio de sus sucesores.

[104] Su sucesor fue en realidad Fernando Osórez, maestre de la Orden entre 1371 y 1383, año en que falleció. Después de la extinción de la Orden de los Templarios, el rey don Enrique ofreció la ciudad de Xerez al maestre de Santiago y este se dedicó

a poblarlo, siendo conocido a partir de ahora como Xerez de los Caballeros (Moreno de Vargas, 1633, fol. 240vº).

[105] El sucesor de Rodrigo González Mejía tuvo el nombre Fernando Alfonso de Valencia o Fernando Alfonso de Zamora y fue maestre de Santiago por un período muy breve, en 1384, después de la muerte de su predecesor. El mismo año, 1384, falleció en Lisboa y siguió en el maestrazgo Pedro Muñiz de Godoy.

[106] El sucesor de Pedro Muñiz de Godoy se llamaba García Fernández de Villagarcía o García Fernández Mejía, noble castellano, el primer señor de Villagarcía y maestre de la Orden de Santiago entre 1385 y 1387, año en el que falleció (Moreno de Vargas, 1633, fol. 243vº). Puede ser que Almela haya hecho una confusión entre este último maestre nombrado en su *Compilación* y don Fernando Alfonso de Valencia y trasladó el apellido del primero (Mejía) para el otro, mientras que el apellido de Villagarcía cambió a Villa Mayor.

C. ANEXOS

GLOSARIO PARA LOS TÉRMINOS ANTIGUOS[1]

A

1. ACAESÇER	
Folio	f. 13vº
Contexto	"E cada e quando quier que **acaesçiere** canonigo e compañero o otro benefiçiado de la dicha iglesia de Cartajena..."
Primera Documentación	Presente desde el inicio de la Edad Media, como sinónimo de *acontecer* en los textos medievales (siglo XIII), empleado después de este para evitar la monotonía. Sin embargo, *acaecer* se ha empleado aún más con referencia a sucesos que afectan a una persona, dado que este se refiere especialmente a sucesos graves, a diferencia de *acontecer,* que se refiere más bien a hechos casuales (Corominas, 1984).

[1] Para la realización de este glosario se han consultado los siguientes diccionarios y bases de datos:
COROMINAS, J., PASCUAL, J., *Diccionario crítico etimológico castellano e hispánico*, vols. I-IV, Editorial Gredos, Madrid, 1984.
COROMINAS, J., *Breve Diccionario etimológico de la lengua castellana*, IIIª ed., Editorial Gredos, Madrid, 1987.
REAL ACADEMIA ESPAÑOLA: Banco de datos (CORDE). *Corpus diacrónico del español.* [versión en línea: Real Academia Española - CORDE (rae.es)] (consultado en mayo, 2021).
REAL ACADEMIA ESPAÑOLA: *Diccionario de la lengua española*, 23.ª ed., [versión 23.4 en línea: Diccionario de la lengua española | Edición del Tricentenario | RAE - ASALE] (consultado entre marzo – mayo, 2021).
REAL ACADEMIA ESPAÑOLA (1726 – 1739): Diccionario de la lengua castellana en que se explica el verdadero sentido de las voces, su naturaleza y calidad, con las phrases o modos de hablar, los proverbios o rephranes, y otras cosas convenientes al uso de la lengua, dedicado al rey nuestro señor don Phelippe V (que Dios guarde) a cuyas reales expensas se hace esta obra: Tomo primero [Tomo sexto] / compuesto por la Real Academia Española. [versión en línea: Detailed View - Biblioteca Digital Hispánica (BDH) (bne.es)] (consultado en marzo, 2021).
REAL ACADEMIA ESPAÑOLA (2013-): *Diccionario histórico de la lengua española (DHLE)* [versión en línea: Diccionario histórico de la lengua española | RAE - ASALE] (consultado entre marzo – mayo, 2021).
Diccionario Etimológico Castellano en Línea, [versión en línea: http://etimologias.dechile.net/] (consultado en marzo, 2021).

Definición y significado	(verbo intr.) 1. Suceder, hacerse realidad. 2. **Hallarse presente, concurrir a algún paraje**[2]. (desus.) En este contexto se trata sobre todo del segundo significado mencionado, que dejó de ser usual en la lengua actual.
Etimología	Del latín vulgar *ACCADISCĔRE, este de *ACCADĔRE, y este del latín ACCIDĔRE.

2. ACATAR

Folio	f. 11rº; p.
Contexto	"pero **acatando** el vuestro estudioso deseo e atreuiéndome en algo commo por vuestra letra dezís..."
Primera Documentación	Documentado por la primera vez bajo la forma antigua *catar* hacia el año 950, en *Glosas Emilianenses* (Corominas, 1984).
Definición y significado	(verbo tr.) 1. Tributar homenaje de sumisión y respeto. 2. Aceptar con sumisión una autoridad o unas normas legales, una orden, etc. 3. Mirar con atención. (desus.) 4. **Considerar bien algo.** (desus.) 5. Dicho de una cosa: Tener relación o correspondencia con otra. (desus.)
Etimología	Derivado del antiguo *catar* (mirar), y este del latín CAPTARE (tratar de coger), frecuentativo de CAPERE (coger).

3. ACUÇIOSO

Folio	f. 34rº; p.
Contexto	"E andauan muy **acuçiosos**, firiéndolos muy rezia mente de cada parte."
Primera Documentación	La forma *acucioso* (con los significados de *diligente, presuroso*) aparece documentada por la primera vez en 1250, en el *Setenario* de Alfonso X y en Calila. La grafía *acuzioso* aparece en J. Ruiz LBA y *agucioso* se encuentra desde la

[2] A continuación será indicado el significado textual de cada término en negritas.

	Primera Crónica General hasta el Vocabulario de Correas (Corominas, 1984).
Definición y significado	(adjetivo) 1. Diligente, solícito, presuroso. 2. **Movido por deseo vehemente**.
Etimología	Derivado de *acucia* (diligencia), y este tomado del bajo latín ACUTIA (astucia, agudeza), derivado del latín ACUTUS (agudo).

4. ADJUTORIO

Folio	f. 65vº
Contexto	"...el dicho muy santo padre papa Urbano IIIº murió en Ferrara do entonçes estaua, teniendo dieta congregada, fazicando todas sus diligençias por enviar **adjutorio**, socorro e ayuda a la Tierra Santa."
Primera Documentación	Documentado por la primera vez, junto con las variantes *ayudorio, adyutorio, ayodoro*, en el *DHist* (Corominas, 1984).
Definición y significado	(nombre masc.) 1. **Ayuda, auxilio.** (desus.)
Etimología	Forma derivada de *ayudar*, y este del latín ADJUTARE, frecuentativo de ADJUVARE, derivado de JUVARE.

5. AFRUENTA

Folio	f. 6vº
Contexto	„...de guisa e manera fue que los moros se vieron en muy grand estrecha e **afruenta**."
Primera Documentación	El derivado *afruenta* aparece en todos los romances de la Edad Media, como forma derivada del verbo *afrontar*, documentado por la primera vez en los textos del siglo IX (hacia el año 888) con el significado de "lindar" u "ofender" (Corominas, 1984).
Definición y significado	(nombre fem., forma antigua de *afrenta*)

	1. Vergüenza y deshonor que resulta de algún dicho o hecho, como la que se sigue de la imposición de penas por ciertos delitos. 2. Dicho o hecho afrentoso. 3. **Peligro, apuro, trance.** 4. Requerimiento, intimación. (desus.) En este contexto el término tiene en primer lugar el significado de peligro, apuro, significado que llegó a caer en desuso en la lengua actual.
Etimología	Derivado del verbo *afrontar*, que se formó a partir del nombre *frente* que proviene del latín FRONS, -TIS. La palabra aparece por la primera vez bajo la forma *fruente*, en 1124, y después *frente* en Nebrija.

6. ALLANAR

Folio	f. 5v°
Contexto	"E tanto tovo que fazer este rey don Enrrique en **allanar** e sosegar su regno en diez años que regnó..."
Primera Documentación	Sentido figurado de "vencer dificultades o inconvenientes para conseguir o alcanzar alguna cosa que se desea" documentado por la primera vez en las obras de Ambrosio de Morales, tomo 1, fol. 251 y después en las novelas de Migues de Cervantes (Corominas, 1984). Pero se puede notar el hecho de que los dos autores mencionados por Corominas son posteriores a Almela, por lo cual se puede considerar que, a partir de las informaciones conocidas hasta hoy en día, la primera documentación del dicho término aparece de hecho en la obra de Rodríguez de Almela, en la segunda mitad del siglo XV.
Definición y significado	(verbo tr.) 1. Vencer o superar alguna dificultad o inconveniente. 2. **Pacificar, aquietar, sujetar**. (desus.)
Etimología	Del latín PLANUS, con el prefijo *a-*.

7. ALLENDE

Folio	f. 12rº
Contexto	"e seyendo çierto que **allende** de vuestro estudio e saber nos podrá faltar aquel çimiento e criança del muy reuerendo e vyrtuosisimo perlado don Alfonso de Cartajena, obispo de Burgos..."
Primera Documentación	Documentado en Rui Gonzalez de Clavijo, *Embaxada de Tamorlán*, fol. 8, y más tarde en Don Francisco de Quevedo (Corominas, 1984; p. 331).
Definición y significado	(preposición cult.) 1. Más allá de. 2. **Además de, fuera de**. (adverbio dem. cult.) 3. De la parte de allá, al otro lado. (utilizado a veces con un complemento introducido por la preposición *de*) 4. La parte de allá, el otro lado. (utilizado precedido de preposición o a veces con un complemento introducido por la preposición *de*) 5. **Además.** (utilizado con un complemento introducido por la preposición *de*)
Etimología	Adverbio de lugar compuesto de los adverbios *ende y allá,* y este último del latín ILLINC (de allí).

8. APORTAR

Folio	f. 19rº
Contexto	"E guiándolos el angel, **aportaron** a Gallizia, que es en España."
Primera Documentación	El verbo *aportar* con el significado de "llegar a un puerto" aparece documentado por la primera vez en 1260, en Alfonso X – *Partidas V*, y después en J. Ruiz LBE (Corominas, 1984).
Definición y significado	(verbo intr.) 1. Llegar, ir a parar a alguna parte, voluntariamente o por azar. 2. **Tomar puerto o arribar a él.** (de poco uso)
Etimología	Formado a partir del prefijo *a-*, del latín AD-, y el sustantivo *puerto*, del latín PORTUS (entrada de un puerto, puerto).

9. AQUENDE

Folio	f. 74vº
Contexto	"pasó de Africa **aquende** el mar en España e fazía muy grand, guerra en tierra de christianos."
Primera Documentación	La forma antigua *aquende* aparece documentada por la primera vez en castellano en León, en 1061 (Corominas, 1984).
Definición y significado	(preposición poco usada) 1. **Más acá de.** (adverbio dem.) 1. De la parte de acá, a este lado. (poco usado; se encuentra frecuentemente en contraposición a *allende*) 2. La parte de acá, este lado. (poco usado)
Etimología	Proviene del latín vulgar ECCUM HINC (de acá). El uso tan frecuente de *aquén* en combinación con *de* hizo que las dos palabras se aglutinaran y resultó de este modo la forma *aquende* (Corominas, 1984).

10. ASPORTAR

Folio	f. 15rº
Contexto	"muerto e padeçido por martirio fue su gloriosos cuerpo **asportando** e traydo miraculosa mente por mar..."
Primera Documentación	La variante grafica *aportar*, con el significado de *traer*, aparece por la primera vez documentada en 1400, en López de Ayala, Rimado de Palacio (Corominas, 1984).
Definición y significado	(verbo tr.) 1. **Llevar, conducir, traer**. (de poco uso) No se debe confundir con el verbo APORTAR (véase entrada 8. APORTAR), con el cual comparte la misma forma gráfica en la lengua más moderna, pero no llega a compartir también el significado de "tomar puerto".
Etimología	Del latín APPORTĀRE, y este formado a partir de AD- (hacia) y PORTĀRE (llevar).

11. ATREVERSE (o ATREUERSE)

Folio	f. 3vº
Contexto	"...pero **atreuiéndome** en la ayuda diuinal e por seruiçio vuestro púselo luego por obra."
Primera Documentación	Aparece por la primera vez en el Cid, con la forma *treverse*, y después con la forma *atreverse* en Calila, en 1251 (Corominas, 1984).
Definición y significado	(en el texto: *atreviéndome*, gerundio del verbo) 1. Sentirse capaz de hacer algo que puede parecer arriesgado. 2. Determinarse a algún hecho o dicho arriesgado. 3. Insolentarse, faltar al respeto debido. 4. Llegar a competir, rivalizar. 5. **Confiarse en alguien.** (desus.)
Etimología	Del antiguo *treverse* (confiar en algo), que proviene del lat. TRIBUĚRE SIBI (atribuirse la capacidad de hacer algo).

C

12. CARBONCO

Folio	f. 53rº
Contexto	"una piedra preçiosa muy rica, de grand valor, que se llama **carbonco**..."
Primera Documentación	Aparece documentado este término en un poema anónimo fechado entre 1430 y 1440, llamado *Dança General de la Muerte*: "Non eres cierto si en punto verná / sobre ti a desora alguna corrupción / de landre o carbonco, o tal implisión / por que el tu vil cuerpo se desatará." (p. 29). Pero en este texto, que de hecho es popular, típico de la baja sociedad, y no pertenece a la literatura erudita, parece que el significado del término es distinto del significado que este tiene en la obra de Almela. Con el mismo significado presente en la *Compilación* no se conoce ninguna otra ocurrencia de la misma forma del término.

Definición y significado	A partir de la etimología propuesta, se encuentra en la RAE[3] la siguiente definición para el término *carbúnculo* (nombre masc.): 1. Rubí; Mineral cristalizado, más duro que el acero, de color rojo y brillo intenso. Es una de las piedras preciosas de más estima, está compuesto de alúmina y magnesia, y es de color más o menos subido, por los óxidos metálicos que contiene. Sin embargo, para la forma del texto de Almela, *carbonco*, no se ha encontrado ninguna entrada de diccionario explicativo.
Etimología	Se trata de una forma derivada del nombre *carbunco* y este de *carbunclo*, que proviene del latín CARBUNCŬLUS.

13. CASTIGAR

Folio	f. 32vº
Contexto	"El conde **castigó** e avisó a los suyos commo avían de fazer."
Primera Documentación	Documentado por la primera vez en 950, en Glosas de San Millán (Corominas, 1984).
Definición y significado	(verbo tr.) 1. **Advertir, prevenir, enseñar**. (desus.) Notamos aquí solamente este significado antiguo del verbo *castigar*, dado que este interesa para la justa comprensión de la frase.
Etimología	Tomado del latín CASTIGARE (amonestar, enmendar). En la Edad Media el sentido latino es el más usual, hasta el siglo XVI, pero a partir del siglo XIII se pueden encontrar también ejemplos de la acepción moderna de *punir* (Corominas, 1984).

14. COBDIÇIA

Folio	f. 5rº

[3]REAL ACADEMIA ESPAÑOLA: *Diccionario de la lengua española*, 23.ª ed., [versión 23.4 en línea: Diccionario de la lengua española | Edición del Tricentenario | RAE - ASALE] (consultado entre marzo – mayo, 2021).

Contexto	"E por **cobdiçia** de le tomar commo le tomó la riqueza que traýa de piedras preçiosas, plata e oro..."
Primera Documentación	La forma antigua *cobdicia* aparece documentada por la primera vez en Nebrija, pero también en algunos manuscritos anteriores (Corominas, 1984).
Definición y significado	(nombre fem.) 1. **Afán excesivo de riquezas.**
Etimología	Tomado del latín CUPIDITIA, resultante del latín CUPIDITAS, -ATIS, por cambio de sufijo, derivados ambos de CUPIDUS (codicioso, deseoso) y este derivado de CUPERE (codiciar).

15. COLLEGIR

Folio	f. 11r°
Contexto	"en las migajas e criança del muy reuerendo e vyrtuosisimo perlado don Alfonso de Cartajena, de gloriosa e laudable memoria obispo de Burgos, mi señor, **collegí**..."
Primera Documentación	Aparece por la primera vez en Santillana, mientras que la forma *coger* fue documentado por la primera vez hacia 1074 (Corominas, 1984).
Definición y significado	(verbo tr., duplicado culto de *coger*) 1. **Juntar, unir**. 2. Inferir, sacar consecuencia de otra cosa.
Etimología	Del latín COLLIGĔRE (recoger, allegar), derivado de LEGERE (coger, escoger, leer).

16. CONGOXADO

Folio	f. 5r°
Contexto	"Veyéndose el rey Bermejo aflegido e **congoxado** con esta guerra vyno a Seuilla e púsose en poder del rey don Pedro..."
Primera Documentación	El verbo *congojar* y también la forma derivada *congojoso* aparecen documentados por la primera vez en Nebrija y en *Celestina*, acto I, mientras que los ejemplos de empleo de

	acongojar se encuentran a partir de 1600, en *DHist* (Corominas, 1984).
Definición y significado	(participio del verbo tr. *congoxar*, forma alternativa de *congojar*, y este variante antigua de *acongojar*) 1. Entristecer, afligir. 2. **Causar inquietud, preocupación o temor.**
Etimología	El nombre *congoja* (escrito también como *congoxa*), tomado del catalán *congoixa*, procede del latín vulgar CONGÜSTIA (angostura), derivado de CONGUSTUS (angosto), contracción de COANGUSTUS, favorecido por la frecuencia de las palabras en *–con*, forma que deriva de ANGUSTUS bajo el influjo del verbo COANGUSTARE. El origen catalán de *congoja* se explica, según Corominas, "por el influjo de la lírica trovadoresca y de los portas catalanes de los siglos XIV-XV sobre el Marqués de Santillana y su escuela." Del catalán procede también la forma derivada del verbo, *congojar* (Corominas, 1984).

17. CONSISTIR

Folio	f. 10rº
Contexto	"…este otro dia en la eglesia de Murçia a do *ab olim* **consiste** ser tresladada la eglesia cathedral de Cartajena"
Primera Documentación	Documentado alrededor de 1400, en *Cancionero de Baena*, Cuervo, Dicc. II, 420-1 (Corominas, 1984).
Definición y significado	(verbo intr.) 1. Dicho de una cosa: Estribar, estar fundada en otra. 2. Dicho de una cosa: Estar incluida o encerrada en otra. (desus.)
Etimología	Del latín CONSISTĔRE (colocarse, detenerse, ser consistente).

18. CONTRA

Folio	f. 30vº
Contexto	"quedó muy confortado e dixo **contra** Dios: *Señor, de merçed Te pido…*"

Primera Documentación	Documentada por la primera vez en el Cid, pero con el significado de *frente a*, presente en este manuscrito, aparece documentado en primer lugar en Nebrija, Lexicón Latino-Hispano (Corominas, 1984).
Definición y significado	(preposición) 1. **Enfrente de.** Aunque la preposición *contra* tenga varios significados, se nota que en este caso no se trata de su connotación más frecuente de "oposición y contrariedad de una cosa con otra".
Etimología	Del latín CONTRA (frente a, contra).

19. CORRENÇIA	
Folio	f. 40rº
Contexto	"recreçióle en sus gentes grand pestilençia de **corrençia**, de guisa que murieron grand parte…"
Primera Documentación	Documentado por la primera vez en J. del Encina y *Pícara Justina* (Corominas, 1984).
Definición y significado	(nombre fem.) 1. **Diarrea.** (coloq.)
Etimología	Derivado del verbo *correr*, y este del latín CURRERE.

20. CRAS	
Folio	f. 26rº
Contexto	"E sepas por verdad que tu vençerás **cras** en la mañana con el ayuda de Dios..."
Primera Documentación	Documentado por la primera vez en el *Cid*, es frecuente también en los textos de toda la Edad Media (Berceo, Juan Manuel, J. Ruiz LBA), pero en al inicio del siglo XVI ya era arcaísmo (Corominas, 1984).
Definición y significado	(adverbio dem.) 1. Mañana. (desus.)
Etimología	Del latín CRAS.

21. CRIANÇA	
Folio	f. 11rº

Contexto	"en las migajas e **criança** del muy reuerendo e vyrtuosisimo perlado don Alfonso de Cartajena, de gloriosa e laudable memoria obispo de Burgos, mi señor, collegí..."
Primera Documentación	Documentado en las obras cómicas de Don Pedro Calderón de la Barca, *Afectos de odio y amor*, jorn. 1 (Corominas, 1984) y en *Chronica del Rey Don Alfonso el XI*, cap. II (RAE, 1726 - 1739). Como la *Compilación* de Almela es anterior a la obra de Calderón de la Barca, se puede considerar que esta es una de las primeras documentaciones de la palabra, sobre todo con este significado.
Definición y significado	(nombre fem.) 1. **Educación, enseñanza, amaestramiento**. (Corominas, 1984; p. 1516)
Etimología	Derivado del verbo *criar*, y este derivado del latín CREARE (engendrar, producir).

Ç

22. ÇAGA

Folio	f. 48v°
Contexto	"E en la **çaga** el cuerpo del Çid con çient caualleros…"
Primera Documentación	La forma *çaga* aparece documentado por la primera vez en el Cid y con el significado de "parte trasera de una cosa o persona" aparece inicialmente en Berceo (Corominas, 1984).
Definición y significado	(nombre fem., forma antigua de *zaga*) 1. Parte trasera de algo. 2. Carga que se acomoda en la trasera de un vehículo. 3. Último cuerpo de tropa en marcha. (término militar) (adverbio) 1. **Detrás.** (desus.) (locución adverbial: *en la çaga*)

	1. Atrás o detrás.
Etimología	Del árabe hispánico *sáqa* (retaguardia de un ejército), y este del árabe clásico *sāqah* (retaguardia).

D

23. DELIBRAR

Folio	f. 23r°
Contexto	"**Delibró** en tanto que la eglesia Romana se paçificaría…"
Primera Documentación	La primera documentación del término, con el significado de "resolver, tomar una determinación", aparece en Sánchez de Vercial, alrededor de la mitad del siglo XII, y en el Marqués de Santillana (Corominas, 1984).
Definición y significado	(verbo transitivo) 1. **Acabar, concluir.** (desus.) 2. Romper a hablar. (desus.)
Etimología	Del latín DELIBERĀRE (resolver, decidir, considerar el pro y el contra).

24. DENDE

Folio	f. 4v°
Contexto	"E **dende** a poco tiempo los dichos maestre don Diego Garçia de Padilla e don Enrrique Enrriquez, seyendo entrados en tierra de moros..."
Primera Documentación	Aparece en un documento leonés oriental de 1220. Juan de Valdés en *Diálogo de la lengua* admite esta forma solamente en la poesía, pero ya no en prosa. Vulgarmente llega a confundirse con *desde* y seguirá a ser empleado con este significado (Corominas, 1984).
Definición y significado	(preposición) 1. **De allí, desde allí,** de él o de ella. 2. Desde. (desus. vulgar)

Etimología	Se forma por combinación de *desende* (desde allí, después) con *desde*.

25. DERREZIO

Folio	f. 26vº
Contexto	"E luego que fue el dia claro dieron los christianos la batalla e fueron ferir en los moros tan **derrezio** que hera marauilla."
Primera Documentación	Aparece documentado por la primera vez alrededor de 1270, en un texto anónimo, llamado *Historia troyana en prosa y verso*: "E en esto allegaronse las azes e fueron derrezio quanto podieron contra los griegos..." (p. 238) y también en la Estoria de España, II, de Alfonso X, escrita entre 1270-1284: "fueron ferir en ellos muy derrezio" (párr. 51), "cometieron de combater la çipdad & lidiar la muy derrezio, llamando el nombre de Jhesuxpisto." (párr. 52) (RAE, CORDE).
Definición y significado	(locución adverbial) 1. **Reciamente.** En sus orígenes, el término funcionó como adverbio de movimiento, pero con el tiempo su función cambió y llegó a ser adverbio modal.
Etimología	Compuesto por la preposición *de* y el adjetivo *rezio*, de origen incierto. Se ha constatado, sin embargo, que en cuanto al significado, este corresponde al latín RĬGĬDUS, por lo cual puede haber una relación entre las dos, aunque no haya también una correspondencia fonética.

26. DESPENDER

Folio	f. 10vº
Contexto	"E commo quier que en el estudio d'esto que me encomendays **despendy** /f. 11rº/ a tan poco tiempo..."
Primera Documentación	Documentado por la primera vez en Gonzalo de Illescas, *Historia Pontifical*, libro 4, cap. I.: "la Iglesia Romana ha gastado y despendido en las necesidades quotidianas..." (Corominas, 1984; p. 1812)

Definición y significado	(verbo tr.) 1. **Gastar la hacienda o el dinero**. (desus., utilizado también en sentido figurado)
Etimología	Del latín DISPENDĔRE (distribuir algo pesándolo), aplicado a la moneda que se pesaba antes de pagar, derivado de PENDĔRE (pagar).

E

27. EMPECER

Folio	f. 42rº
Contexto	"resçelado asy de moros commo de christianos e que los sus enemigos non le **empeçerían**"
Primera Documentación	Documentado por la primera vez con la forma *empedecer* en Berceo o en el Glosario de los infantes de Lara por Menéndez Pidal, donde se encuentra también la forma *empeecer*. La variante *empecer* aparece en *Fuero Juzgo*, en 1241, *Gran Conquista de Ultramar, Libro de los Enxemplos*, *Rimado de Palacio*, Nebrija y también en el Siglo de Oro, en *Quijote* o Tirso (Corominas, 1984), pero estas últimas referencias ya son posteriores a la *Compilación* de Almela.
Definición y significado	(verbo tr.) 1. **Dañar, ofender, causar perjuicio**. (desus.) (verbo intr.) 2. Impedir, obstar.
Etimología	Derivado de *impedir*, y este del latín *IMPEDISCĔRE, de IMPEDĪRE (trabar de los pies a alguno, entorpecer, estribar, impedir).

28. ENBARGAR

Folio	f. 60vº
Contexto	"E d'esto fue muy enojado, diziendo palabras mucho fuertes contra los que la su justiçia **enbargauan**."

Primera Documentación	Documentado por la primera vez en el Cid (Corominas, 1984).
Definición y significado	(verbo tr., forma gráfica antigua de *embargar*) 1. **Dificultar, impedir, detener**. 2. Suspender o paralizar a alguien. (dicho de los sentidos y potencias del alma) 3. Retener, en virtud de mandamiento judicial, un bien que queda sujeto a las resultas de un procedimiento o juicio.
Etimología	Del latín vulgar o del romance primitivo *IMBARRICĀRE, derivado probablemente de *BARRA.

29. ENSALÇAR

Folio	f. 1v°
Contexto	"Por que ençendidos en mayor devocion del Santo Apostol, cuyo nombre e renonbre tanto los honrra, **ensalça** e de lo temporal provee..."
Primera Documentación	Mencionado por la primera vez en la segunda mitad del siglo XIV, en Berceo, S. Dom., 45a, mss. H y V (copia moderna de un ms. del siglo XIII), bajo la forma *enxalçar* y bajo la forma *ensalçar* en el ms. E del mismo siglo (Corominas, 1984).
Definición y significado	(en el texto: *ensalça*; verbo en III^{a}pers. del ind. pres.) 1. Elevar a grado o dignidad superior. 2. **Manifestar el aprecio o la admiración por algo o por alguien, alabar**. Forma antigua del verbo *ensalzar*, hoy en día es considerado voz puramente literaria.
Etimología	Del latín vulgar EXALTIĀRE, combinación del latín EXALTARE (levantar, ensalzar) con el latín vulgar ALTIARE (levantar), ambos derivados de ALTUS (alto).

F

30. FARDAJE

Folio	f. 48v°
Contexto	"E despues /f. 48v°/ d'esto salió el **fardaje** con otros quinientos caualleros..."
Primera Documentación	Documentado por la primera vez hacia 1400-1445, en *Cancionero de Baena* (Corominas, 1984).
Definición y significado	(nombre masc.) 1. Conjunto de fardos. 2. **Equipaje.**
Etimología	Palabra de origen incierto, probablemente tomado del francés, donde *fardel* (hoy en día *fardeau*) y *farde* son conceptos muy antiguos y de etimología dudosa.

31. FATIGA

Folio	f. 12r°
Contexto	"Alguna poca **fatiga** vuestra reuerençia quiera resçebir, non tarde escriuir..."
Primera Documentación	El verbo *fatigar* aparece documentado por la primera vez en APal, mientras que su derivado *fatigado*, con el significado de *cansado*, figura también en Nebrija, en J. Ruiz LBA y *Cancionero de Baena* (Corominas, 1984).
Definición y significado	(nombre fem.) 1. Cansancio o hastío. 2. **Molestia ocasionada por un esfuerzo más o menos prolongado o por otras causas, y que en ocasiones produce alteraciones físicas.** 3. Ansia de vomitar. (utilizado más en plural) 4. Penalidad o sufrimiento. (utilizado más en plural)
Etimología	Derivado del verbo *fatigar* y este tomado del latín FATIGARE (agotar, extenuar, torturar).

32. FOLGADO

Folio	f. 6vº
Contexto	"Commo quier que avía grand tiempo que estauan **folgados**..."
Primera Documentación	El verbo *folgar* a partir del cual se forma el adjetivo *folgado* aparece documentado por la primera vez en el *Cid* (Corominas, 1984).
Definición y significado	(adjetivo, forma antigua de *holgado*) 1. Descansar, estar ocioso. 2. **Sin ocupación**. 3. Que dispone de espacio sobrante a su alrededor. 4. Que vive con desahogo o bienestar. (dicho de una persona)
Etimología	Del latín tardío FOLLICARE (resollar, jadear, ser holgado), derivado de FOLLIS (fuelle). "Las dos acepciones latinas coincidieron en la primera acepción romance, por la imagen del caminante que se detiene para tomar aliento en una cuesta y por comparación del ocio con la holgura de las prendas de vestir." (Corominas, 1984; p. 375)

33. FOYA

Folio	f. 14rº
Contexto	„Commo acaeçiese que seyçientos caualleros e mill peones moros de Baça e de su **foya** e tierra se ayuntasen e entrasen en tierra de christianos..."
Primera Documentación	Esta forma aparece documentada por la primera vez en Berceo, mientras que las formas con "h", *hoia* u *hoio* se encuentran en J. Ruiz LBA y Nebrija (Corominas, 1984).
Definición y significado	(nombre fem.) 1. Hoya, concavidad grande formada en la tierra. (desus.) Aunque los diccionarios consultados no mencionan este significado, en el ms. 1302 el término significa alrededores de una ciudad, un castillo o una fortaleza, es decir del territorio que se recoge en el interior del hoyo excavado con fines defensivos. Dado que no se ha encontrado ninguna entrada en los diccionarios de este significado, es posible que este texto sea el primero que documenta tal significado.

Etimología	Probablemente resultó a partir del latín FOVEA (hoyo, excavación).

34. FRONTERO

Folio	f. 6vº
Contexto	"E despues que les ovo talado la dicha vega e fue tornado a su regno, dexó sus **fronteros** contra los moros."
Primera Documentación	Documentado por la primera vez como nombre común en 1124, en Oelschläger y en Alex.
Definición y significado	(nombre masc. pl.) 1. **Caudillo o jefe militar que mandaba la frontera.**
Etimología	Derivado de *fronte* (y este del latín FRONS, FRONTIS), con el sufijo *-ero*.

35. FYNCAR

Folio	f. 8vº
Contexto	"...que les queda e **fynca** a los moros fasta oy en esta nuestra España, amen."
Primera Documentación	Aparece documentado por la primera vez con la forma *ficar* en la segunda mitad del siglo X, en *Glosas Silenses*, y con la forma *fincar* en el *Cid* (Corominas, 1984).
Definición y significado	(verbo intr., forma antigua de *hincar*) 1. **Permanecer, quedar**. (sentido medieval)
Etimología	Del latín vulgar *FIGICĀRE (fijar), derivado del latín FIGERE. La "n" se puede explicar quizá por la influencia de FINGĔRE (moldear, fingir) o por el influjo del provincialismo norteño *finsar* (poner un mojón), que resultó por vía culta del latín FIXUS (clavado), con el cambio de "cs" en "ns", característico de los semicultismos (Corominas, 1984).

G

36. GAFO

Folio	f. 41rº
Contexto	"...acaesçió un dia que falló un **gafo** mucho lazerado en un tremendal que yazía, dand[o] grandes bozes, diziendo que lo sacasen de alli por amor de Dios."
Primera Documentación	La primera documentación se encuentra al principio del siglo XIII, en *Libre dels Tres Reys d'Orient* y también en el Fuero de Guadalajara (1219), en Berceo, Juan Manuel, o con la grafía *gaho* en J. Ruiz LBA (Corominas, 1984).
Definición y significado	(adjetivo) 1. Que tiene encorvados y sin movimiento los dedos de manos y pies. 2. **Que padece gafedad, lepra**.
Etimología	Palabra de origen incierta, probablemente del árabe *qáfºa* (contraída, con los dedos doblados), adjetivo aplicado a la mano del leproso.

37. GUADAFIONES

Folio	f. 55vº
Contexto	"E mandó a sus peones que fiziesen tramojos e **guadafiones**, e leuasen cuerdas e cordeles en que atasen los christianos."
Primera Documentación	Documentado por la primera vez en Nebrija ("guadafiones: manicae lineae", o sea, "manillas de cuerda") (Corominas, 1984).
Definición y significado	(nombre masc. pl.) 1. Maniotas, trabas con que se atan las caballerías 2. **Ataduras de las manos**. 3. Cuerdecitas con que se atan las velas a la verga correspondiente.

Etimología	Palabra de origen incierto, tal vez del gótico *waithafahjo, -ons* (maniota), y este compuesto de *waitho* (pasto, pastizal) y *fahal* (coger).

38. GUISA

Folio	f. 6v°
Contexto	„...de **guisa** e manera fue que los moros se vieron en muy grand estrecha e afruenta."
Primera Documentación	Se trata de una palabra de uso general, popular e idiomático, en todos los romances del occidente desde sus más antiguos documentos, que parece que apareció documentado por la primera vez en el Cid (Corominas, 1984).
Definición y significado	(nombre fem.) 1. **Modo, manera o semejanza de algo**. 2. Voluntad, gusto, antojo. (desus.) 3. Clase o calidad. (desus.)
Etimología	Probablemente tomado por el latín vulgar del germánico occidental **wîsa*.

39. HERUAJE

Folio	f. 82v°
Contexto	"acaesçió un dia que el dicho maestre don Gonçalo Ruyz con sus freyres comendadores fuesen ydos a la guarda del **heruaje** para la hueste…"
Primera Documentación	Documentado por la primera vez en un texto anónimo de 1480, llamado *Ordenanzas reales de Castilla*, libro sexto, f. 205r°: "E guardando las & cumpliendo las Ordenamos & mandamos que de aqui adelante non se pida nin coja de los ganados que pasaren a estremo A eruajar & de los que salieren del dicho *heruaje* mas de vn seruiçio & montadgo segund que se acostunbro pedir." (CORDE)

Definición y significado	(nombre masc. – forma antigua de *herbaje*) 1. **Conjunto de hierbas que se crían en los prados y dehesas.** 2. Derecho que cobraban los pueblos por permitir que los ganados forasteros pastaran en sus términos y por el arrendamiento de los pastos y dehesas. 3. En la corona de Aragón, tributo que se pagaba a los reyes al principio de su reinado, proporcional a las cabezas de ganado que poseía cada uno. 4. Tela de lana, parda, gruesa, áspera e impermeable, usada principalmente por la gente de mar. (desus.)
Etimología	Del francés *herbage,* y este del latín *HERBATĬCUS.*

L

40. LAZERADO

Folio	f. 41r^{o}
Contexto	"...acaesçió un dia que falló un gafo mucho **lazerado** en un tremendal que yazía, dand[o] grandes bozes, diziendo que lo sacasen de alli por amor de Dios."
Primera Documentación	Aparece documentado en Nebrija y es también la forma utilizada con frecuencia por el autor de *Lazarillo de Tormes*, Fray Luís de León (Corominas, 1984).
Definición y significado	(adjetivo) 1. Infeliz, desdichado. 2. Que padece el mal de san Lázaro. 3. **Mezquino, miserable, roñoso**. (desus.)
Etimología	Derivado del verbo *lacerar*, y este tomado del latín LACERARE (desgarrar, despedazar, torturar).

M

41. MEMBRAR

Folio	f. 75r^{o}
Contexto	"Non **membraré** los sus nonbres por mis labios."
Primera Documentación	Documentado por la primera vez en el Cid, fue muy empleado en los siglos XII-XIV (Berceo, J. Ruiz LBA, etc.) y todavía en Nebrija (Corominas, 1984).
Definición y significado	(verbo tr.) 1. **Recordar, pasar a tener en la mente algo del pasado**. (desus.)
Etimología	Del latín MEMORĀRE (mencionar, referir, recordar algo a alguien), derivado de MEMOR (el que se acuerda de algo).

42. MERINO

Folio	f. 28v^{o}
Contexto	"e don Fuero Perez, mayordomo del rey, e Men Suarez, **merino** de Asturias..."
Primera Documentación	Documentado por la primera vez en 1030, en *Orig*, y después en documentos castellanos de los siglos XI - XII con otras variantes gráficas arcaicas (*meirio* o *meyrino*) (Corominas, 1984).
Definición y significado	(nombre masc.) 1. Cuidador del ganado y de sus pastos, y de las divisiones de estos. 2. **Juez que tenía jurisdicción en un territorio determinado**. 3. Autoridad puesta por el rey o un gran señor para ejercer funciones fiscales, y posteriormente judiciales y militares, sobre cierto territorio.
Etimología	Del latín MAJORĪNUS (de mayor tamaño o extensión), aplicado en la Edad Media a las autoridades.

O

43. OCHAVARIO (u OCHAUARIO)

Folio	f. 23vº
Contexto	"...el año que la fiesta del glorioso Apostol Santiago cayese en domingo, /f. 23vº/ el dia suyo con todo su **ochauario**."
Primera Documentación	Documentado por la primera vez en 1085, en Alex., y después en Nebrija (Corominas, 1984).
Definición y significado	(nombre masc.) 1. **Período de ocho días de una fiesta solemne de la Iglesia.** (desus.) 2. Último de los ocho días de un ochavario. (desus.)
Etimología	Del latín OCTAVARIUS.

P

44. PARESÇER

Folio	f. 30vº
Contexto	"E vio en vision en ensueños que le **paresçió** el santo monje hermitaño don Pelayo..."
Primera Documentación	Documentado con este significado en *Glosas Emilianenses* y en el Cid.
Definición y significado	(verbo intransitivo) 1. (dicho de una cosa) **Aparecer o dejarse ver.**
Etimología	Del latín vulgar *PARESCĔRE, derivado incoativo del latín PARĒRE (aparecer, parecer).

45. PARTIDA

Folio	f. 58rº
Contexto	"A estas bodas vynieron muchos grandes señores, duques, condes e caualleros de França e de Alemania e de Ynglaterra, de Guiana /f. 58rº/ e de España e de otras **partidas**."

Primera Documentación	La forma *partida* aparece documentada por la primera vez en Berceo (Corominas, 1984).
Definición y significado	(nombre fem.) 1. **Parte o lugar**.
Etimología	Derivado del nombre *parte*, y este del latín PARS, -TIS.

46. PASO

Folio	f. 48v°
Contexto	"E salieron de la çibdad mucho **paso**, que pareçía que non hera sy non muy poca gente..."
Primera Documentación	Documentado por la primera vez en Berceo (Corominas, 1984).
Definición y significado	(adverbio) 1. **Blandamente, con blandura.**
Etimología	Del latín PASSUS (paso, movimiento de cada uno de los pies cuando se va de una parte a otra), derivado de PANDERE (extender).

47. PERDIDOSO

Folio	f. 40r°
Contexto	"E asy se tornó Almonzor para Córdoba, **perdidoso** de sus gentes, aun que trihumfoso."
Primera Documentación	Documentado por la primera vez con este forma en Apol., Nebrija (Corominas, 1984).
Definición y significado	(adjetivo) 1. **Que pierde o padece una pérdida**. 2. Que es fácil de perder o perderse.
Etimología	Derivado del verbo *perder* y este del latín PERDERE, derivado de DARE (con el sentido primitivo de "dar completamente").

48. PLEYTO

Folio	f. 13rº
Contexto	"fazemos tal **pleyto** /f. 13vº/ e tal postura e tal avenençia con vós, don Garçi Martinez..."
Primera Documentación	Una variante de esta palabra, *pleit*, aparece por la primera vez en Berceo, mientras que otras versiones (*plecto, pleitu, pleito*), más semejantes a la forma del ms. 1302, se hallan en documentos aragoneses del siglo XI, de 1054, 1060, o 1062 (Corominas, 1984).
Definición y significado	(nombre masc.) 1. Contienda, diferencia, disputa, litigio judicial entre partes. 2. Contienda, lid o batalla que se determina por las armas. 3. Disputa, riña o pendencia doméstica o privada. 4. Proceso o cuerpo de autos sobre cualquier causa. 5. **Pacto, convenio, ajuste, tratado o negocio**. (desus.)
Etimología	Del latín PLACĬTUM (decreto, sentencia), qua sufrió una modificación semántica a lo largo de su proceso de evolución hacia las lenguas románicas que lo emplean hoy en día, como el francés (*plait*) o el castellano (*pleito*). Se considera que al castellano la palabra *pleito* llegó a través de Aragón, lo cual explica el restablecimiento de la sorda, por adaptación a la fonética de este dialecto (Corominas, 1984; p. 578).

49. POS (como parte del sintagma EN POS DE)

Folio	f. 13vº
Contexto	"E por el muy grande amor e muchos debdos que avemos convusco resçebimos a vos dicho señor maestre e a qual quier maestre que venga **en pos de** vós..."
Primera Documentación	Documentado en las obras de Anastasio Pantaleón (Corominas, 1984).
Definición y significado	(locución preposicional) 1. **Tras, después de, a continuación de.** 2. **Tras, en busca o seguimiento de.**
Etimología	Del latín POST (después).

50. POSTRIMERO

Folio	f. 1v°, p.
Contexto	"donde todo lo temporal en ella ha proçedido e dado fruto de tanta onrra en estos **postrimeros** tiempos..."
Primera Documentación	Aparece con esta forma hacia el año 1335. Antes se utilizaba la forma más antigua *postremero* en Berceo y Lucano (alrededor de 1220-1250), derivado de *postremo*. La forma *postrimero* aparece en Berceo sólo en un pasaje para el cual no hay ediciones de confianza (Corominas, 1984).
Definición y significado	(adjetivo) 1. Último en una lista o serie o sucesión. 2. **Postrero o último en el tiempo o en el lugar.** 3. Situado en lo más remoto o lejano.
Etimología	Del lat. POSTRĒMUS (último). La terminación se agregó por influjo de los sinónimos vulgares *trasero, cabero* y *derradero*. Se supone que la "i" se debe en primer lugar al influjo de su antónimo *primero,* idea apoyada por el hecho de que esta forma se generaliza antes en el adjetivo (Corominas, 1984).

51. PRIMO

Folio	f. 16v°
Contexto	"Capitulo **primo**"
Primera Documentación	En el sentido etimológico de *primero*, la palabra *primo* no se ha empleado frecuentemente en castellano, solamente se encuentra un par de veces en las glosas Silenses y también en J. Ruiz LBA, donde "el psalmo tricésimo *primo*" es latinismo ocasional, que substituye el numeral "uno" (Corominas, 1984).
Definición y significado	(adj.) 1. Primero.
Etimología	Del latín PRIMUS (primero).

52. PROVEER (o PROUEER)

Folio	f. 1v°
Contexto	"Por que ençendidos en mayor deuocion del Santo Apostol, cuyo nombre e renonbre tanto los honrra, ensalça e de lo temporal **prouee** estudien la espiritual creçer en deuocion, pues esta fue el fundamento e mi vera, donde todo lo temporal en ella ha proçedido e dado fruto de tanta onrra en estos postrimeros tiempos e regnos de España."
Primera Documentación	Aparece por la primera vez mencionado bajo esta forma en el siglo XIII (hacia 1220-1250) (Corominas, 1984).
Definición y significado	(en el texto: *provee*; verbo en IIIª pers. del ind. pres.) 1. Preparar, reunir lo necesario para un fin. 2. **Suministrar o facilitar lo necesario o conveniente para un fin.** 3. Tramitar, resolver, dar salida a un negocio. 4. Dar o conferir una dignidad, un empleo, un cargo, etc. 5. Dicho de un juez o de un tribunal: Dictar una resolución que a veces es sentencia definitiva. 6. Desembarazar, exonerar el vientre.
Etimología	Del lat. PROVIDĒRE (ver con anticipación, preparar), compuesto con el prefijo *pro-* y el verbo VIDERE (ver).

R

53. REAL

Folio	f. 6r°
Contexto	"...vençió al rey de Granada en la Cabeça del Asna que vyno sobre él por le fazer leuantar la **real**."
Primera Documentación	Documentado por la primera vez en Oudin (Corominas, 1984), pero la obra de Almela es anterior, por lo cual sería, en este caso, una documentación previa. También aparece en Padre Frai Hortensio Paravisino, *Mariál, y Santorál*, f. 264, y

	Frei Lope Felix de Vega Carpio, *Corona trágica,* libro I, oct. 61. (RAE, 1726 - 1739; p. 3658)
Definición y significado	(nombre masc.) 1. Campamento de un ejército, y especialmente el lugar donde está la tienda del rey o general. (locución verbal) 1. *alzar el real, o los reales un ejército*: **Ponerse en movimiento, dejando el campo que ocupaba.** Aunque en el diccionario el término aparece mencionado como un nombre masculino, se puede notar el hecho de que Almela utiliza el articulo femenino *la*. Esta falta de concordancia se podría explicar por la presencia de una estructura lógica de tipo "levantar la [tienda] real", pero el nombre femenino desaparece del texto escrito y sólo queda su artículo.
Etimología	Del árabe hispanico *raḥál* (majada, aldea) y este del árabe clásico *raḥl* (punto de acampada), bajo la influencia del otro sentido de la palabra *real* (perteneciente o relativo a la realeza) (Corominas, 1984; RAE). El sentido muy raro y anticuado de *realeza* resulta del latín REGĀLIS, y este de REX, REGIS (rey) *y* –ĀLIS (-al) (RAE). El significado de "perteneciente al Rey" puede provenir del latín REGIUS, REGALIS (RAE, 1726 - 1739).

54. RESOLLO

Folio	f. 41v°
Contexto	„Quando fue media noche, durmiendo don Rodrigo, diole el gafo un grand **resollo** por medio las espaldas..."
Primera Documentación	La forma *resollo* aparece por la primera vez en los *Buenos Proverbios*, como variante de *resuelgo* (Corominas, 1984).
Definición y significado	(nombre masc., variante antigua de *resuello*) 1. **Aliento o respiración, especialmente la violenta**.
Etimología	Derivado del verbo *resollar,* y este del latín *re-* y SUFFLĀRE (soplar).

55. RIEPTO

Folio	f. 40vº
Contexto	"En tal manera acaesçió, que el rey de Aragon metió el pleyto **riepto**, atreuiéndose en el esfuerço e bondad de caualleria en fecho de armas..."
Primera Documentación	Aparece por la primera vez en Berceo, en *Los Milagros de Nuestra Señora* (1246-1252): "Fablas -diz la Gloriosa- a guis de cosa nescia; / non te riepto, ca eres una cativa bestia." (p. 585), y después en Juan Ruiz, en el *Libro de buen amor* (1330-1343): "La dueña en su riepto puso día sabido / fasta quando lidiasen, bien lo avedes oído;" (p. 299) (RAE, CORDE).
Definición y significado	(nombre masc.) 1. **Reto, provocación o citación al duelo o desafío**. (desus.)
Etimología	Derivado del verbo *reptar*, y este del latín REPUTĀRE (calcular, considerar).

S

56. SAÑUDO

Folio	f. 19vº
Contexto	"E ellos fueron al rey e otorgógelos graçiosa mente, mas dende a poco fue **sañudo** e arrepintióse de lo que avía prometido."
Primera Documentación	Aparece documentado por la primera vez en 1251, en *Calila,* y después en el tercer cuarto del siglo XIII, en J. Ruiz LBA (Corominas, 1984).
Definición y significado	(adjetivo) 1. **Propenso a la saña, intención rencorosa y cruel**. 2. Que tiene saña.
Etimología	Palabra derivada de *saña*, que aparece también en portugués (*sanha)*, que tiene un origen incierto, pero se supone que proviene probablemente de *insanía* (locura furiosa) o del verbo *ensañar*, que proviene a su vez del latín vulgar

INSANIARE (enfurecer), derivado de INSANIA (Corominas, 1984).

57. SESO	
Folio	f. 9r^{o}
Contexto	"E bien pareçe salida de vuestra mano e de tan bueno e perfecto **seso**."
Primera Documentación	Aparece documentado por la primera vez en el *Cid* y en J. Ruiz LBA, con el significado de *prudencia, discreción* y en Nebrija, con el significado de *cerebro* (Corominas, 1984).
Definición y significado	(nombre masc.) 1. Cerebro, centro nervioso del encéfalo. 2. Masa de tejido nervioso contenida en la cavidad del cráneo. (más común en plural) 3. **Prudencia, madurez.** 4. Facultad sensitiva del alma. (desus.) 5. Significación de las palabras y conjuntos de ellas. (desus.) 6. Dictamen, opinión. (desus.)
Etimología	Del latín SENSUS (sentido, acción de percibir, inteligencia), que pervive solamente, con carácter popular, en castellano y portugués.

58. SUBRRAÇÓN	
Folio	f. 36v^{o}
Contexto	"E emperó aún que él fuese bueno, non dexaría de oyr los **subrraçones** /f. 37r^{o}/ e maldizientes dándoles credito a lo que dezían."
Primera Documentación	No hay ningún dato sobre otra documentación del término.
Definición y significado	Del contexto resulta que se trata de un nombre masculino (en plural, en el texto), pero no se ha encontrado ninguna entrada de diccionario para este término. Sin embargo, si tomamos en cuenta la supuesta etimología descrita a seguir, el término se podría definir como **acción**

	hecha contra justicia y fuera de lo razonable o debido (actualmente, nombre fem.).
Etimología	Se trata de una forma antigua del término *sinrraçones,* que a su vez proviene de la unión entre *sin* y *razón.*

T

59. TALAR

Folio	f. 6vº
Contexto	"E despues que les **ovo talado** la dicha vega e fue tornado a su regno..."
Primera Documentación	Documentado por la primera vez en Castilla en el siglo X, hacia 972 (Corominas, 1984).
Definición y significado	(verbo tr.) 1. **Cortar por el pie un árbol o una masa de árboles**. 2. Arrasar campos, edificios, poblaciones, etc. 3. Quitar o arrancar. (germ.)
Etimología	Se supone que tiene sus raíces en el germánico occidental **tālōn*, cuya existencia puede deducirse del alemán antiguo *zâlôn* (robar, arrebatar) y del latín TALARE id., documentado en la Leyes bárbaras de la alta Edad Media (Corominas, 1984).

60. TRAMOJO

Folio	f. 55vº
Contexto	"E mandó a sus peones que fiziesen **tramojos** e guadafiones, e leuasen cuerdas e cordeles en que atasen los christianos."
Primera Documentación	Su primera documentación aparece en la *Primera Crónica General*, hacia 1290 (Corominas, 1984).
Definición y significado	(nombre masc.) 1. Vencejo hecho con mies para atar los haces de la siega. 2. Parte de la mies por donde el segador la coge y pone el tramojo a la gavilla. 3. **Atadura para sujetar un preso.**

	4. Trabajo, apuro. (coloq.)
Etimología	Palabra de origen incierto, probablemente derivado del latín TRAMA (cadena de tejido), como nombre de un hilo gordo de cáñamo (Corominas, 1984).

61. TREGUA

Folio	f. 6r°
Contexto	"E por esta causa se fizo la **tregua** con los moros..."
Primera Documentación	Documentado por la primera vez en el siglo XII, año 1155, en Fuero de Avilés. En Berceo está utilizado con el significado de "plazo, espacio de tiempo que se da a alguno para cumplir una obligación". En el sentido de "suspensión de hostilidades" aparece ya desde J. Ruiz LBA, pero es de uso general en todas las épocas (Corominas, 1984).
Definición y significado	(nombre fem.) 1. **Cese temporal de hostilidades**. 2. Interrupción, descanso.
Etimología	Del gótico *triggwa* (tratado, alianza).

62. TREMENDAL

Folio	f. 41r°
Contexto	"...acaesçió un dia que falló un gafo mucho lazerado en un **tremendal** que yazía, dand[o] grandes bozes, diziendo que lo sacasen de alli por amor de Dios."
Primera Documentación	Forma antigua de *tremedal*, que aparece documentada por la primera vez en 1399, en Gower, *Confessio amantis*, aunque la forma *tremedal* ya se encuentra en Calila (Corominas, 1984).
Definición y significado	(nombre masc.) 1. **Terreno pantanoso,** abundante en turba, cubierto de césped, y que por su escasa consistencia retembla cuando se anda sobre él.
Etimología	Derivado del verbo *tembler*, y este del latín vulgar TREMULARE, derivado de TREMULUS (tembloroso) y este de TREMERE (temblar). La pérdida de la primera "r" se explica por disimilación en la forma antigua y dialectal *trembrar, tembrar* (Corominas, 1984).

63. TRIHUMFOSO

Folio	f. 40r°
Contexto	"E asy se tornó Almonzor para Cordoua, perdidoso de sus gentes, aun que **trihumfoso**."
Primera Documentación	No se ha encontrado ninguna documentación del término en otro texto.
Definición y significado	(adj.) Aparece en este texto una forma interesante, que parece ser un cultismo que Almela propone como equivalente del término *triunfante*. Por lo tanto, aunque no se ha encontrado ninguna entrada de diccionario para la forma *trihumfoso*, su significado corresponde al significado de *triunfante*, o sea: 1. Que triunfa, queda victorioso. 2. Que incluye triunfo.
Etimología	Dado que se trata de un cultismo de *triunfante*, este también procede del latín TRIUMPHANS, -ANTIS.

64. TROPEL

Folio	f. 56r°
Contexto	"E que todos los caualleros fiziesen de sý un **tropel** por que non heran tantos que de sý pudiesen fazer hazes."
Primera Documentación	La variante antigua *tropel* aparece ya en la traducción de Lucano, atribuída a Alfonso X, en el Zifar y en J. Ruiz LBA, principalmente como voz militar (Corominas, 1984).
Definición y significado	(nombre masc.) 1. **Muchedumbre que se mueve en desorden ruidoso.** 2. Aceleramiento confuso o desordenado. 3. En la antigua milicia, una de las partes en que se dividía el ejército.
Etimología	Derivado de *tropa*, y este del francés *troupe* (bandada de animales o de gente, tropa), derivado regresivo de *troupeau*, del francés antiguo *tropel* (rebaño), diminutivo de *trop* (primitivamente *rebaño*), a su vez de origen incierto (Corominas, 1984).

65. TRESLADO

Folio	f. 1vº
Contexto	"…e en cada un convento oviese **treslado** d'este libro."
Primera Documentación	La palabra aparece por la primera vez mencionada bajo esta forma en el siglo XIV, hacia el año 1335 (Corominas, 1984).
Definición y significado	(nombre masc.) 1. Copia de un escrito. 2. Acción y efecto de trasladar, hacer pasar a una persona de un puesto o cargo a otro. La forma más común es *traslado.* La palabra aparece utilizada en el texto del manuscrito por su primer significado.
Etimología	Del lat. TRANSLĀTUS (acción de trasportar), de TRANSLATUM, participio pasado (RAE) o supino (Corominas, 1984) de TRANSFERRE (transferir, trasladar).

66. TRETARCHIA

Folio	f. 18vº
Contexto	"La media parte Judea con Ydumea dio a Archelao so nombre de Tretarcha e de la otra media parte diuidió en dos partes e fizo d'ellas **tretarchias** e dio a Herodes Tretarcha…"
Primera Documentación	No hay datos sobre una documentación anterior del término, pero aparece también en otro texto de Almela, aproximadamente del mismo periodo. Se trata de la Compilación de las batallas campales, de 1487 (párr. 1): "a su hermano felipo dio en tretarchia la region de tracontides con avranita" (RAE, CORDE).
Definición y significado	Según el contexto, parece que se trata de un sustantivo femenino (en plural), pero no se ha encontrado ninguna entrada de diccionario para este término. Sin embargo, se puede decir que se trata de una metátesis dentro de la palabra, por causa de la inestabilidad de la sílaba que contiene la consonante líquida "r" (treta vs tetra). Por esta causa, aparece la forma incorrecta del apodo y sobrenombre *Tetrarcha* (véase Herodes Tetrarcha) y también del nombre común *tetrarquía*, que denomina el territorio que reúne más provincias militares.

Etimología	No se conoce, pero se puede suponer que es un derivado del nombre propio Tetrarcha, mencionado por Almela en el mismo contexto. El nombre *tetrarquía* proviene del latín TETRARCHĬA, y este del gr. τετραρχία "tetrarchía".

67. TUMULAR

Folio	f. 21rº
Contexto	"su glorioso cuerpo trasladado al padron do primero fue aportado e sepultado en la çibdad de Conpostela, /f. 21rº/ en la iglesia de su ynuocaçion do agora está **tumulado**."
Primera Documentación	No hay datos sobre otra documentación del término.
Definición y significado	Resulta del contexto que se trata de un verbo (en el texto aparece la forma de su participio), pero no se ha encontrado ninguna entrada de diccionario para este término.
Etimología	Corominas sólo explica la etimología del nombre *túmulo*, pero no ofrece también una etimología del verbo derivado. El nombre *túmulo* proviene del latín TŬMŬLUS (colina, otero, eminencia del terreno; amontonamiento de tierra que señala una tumba; tumba).

V

68. VYTUALIA

Folio	f. 44rº
Contexto	"muy bien basteçida de **vytualias** e de armas e de lo que hera menester."
Primera Documentación	Documentado también en la forma del plural, en Nebrija, Hurtado de Mendoza, o en Menéndez Pidal (Corominas, 1984), autores que son contemporáneos o posteriores a Almela, por lo cual esta ocurrencia de término puede ser de hecho una de las primeras, si no hasta la primera.
Definición y significado	(nombre fem.)

	1. Conjunto de cosas necesarias para la comida, especialmente en los ejércitos. (más en plural)
	2. Abundancia de comida, y sobre todo de menestra o verdura. (coloq.)
Etimología	Del latín tardío VICTUALIA (víveres).

Y

69. YNXIRIR

Folio	f. 11r°
Contexto	"queriendo començar a complir lo que me demandays **ynxiriré** aqui vuestra letra, pues que vos plogo que asy se fiziese."
Primera Documentación	Con la forma *enxerir* aparece documentado en la Primera Crónica General, hacia el final del siglo XIII. La forma *ynxerir* aparece documentada en la primera mitad del siglo XV, en *Cancionero castellano de París* y en *Cancionero de Juan Fernández de Íxar* (CORDE). Todavía no se conoce ninguna otra documentación de la forma *ynxirir,* por lo cual se puede considerar sea que la *Compilación* de Almela contiene la primera documentación del término con esta forma, sea que, lo más probable, se trata de un error gráfico del escriba (una confusión con *ynxerir*).
Definición y significado	(verbo transitivo – probablemente forma antigua de *injerir*) 1. Injertar plantas. 2. Meter una cosa en otra. 3. **Introducir en un escrito una palabra, una nota, un texto,** etc.
Etimología	Del latín INSERĔRE (introducir, insertar, intercalar), "vocablo latino en el cual se confundieron un derivado de SERERE (participio SERTUM; tejer, trenzar) y otro de SERERE (participio SATUM; sembrar, plantar)" (Corominas, 1984).

Indicaciones bibliográficas para el glosario[1]

Glosas Emilianenses – o Glosas de San Millán, glosario compuesto en la Rioja a mediados del siglo X, publicado y estudiado por Menéndez Pidal, *Orígenes del Español...*

***Setenario* de Alfonso X** – Alfonso X, el Sabio, obras en castellano, 1251 – 1284.

Calila – *Calila e Dimna*, alrededor de 1251, ed. C. G. Allen, Mâcon, 1906.

J. Ruiz LBA – Juan Ruiz, Arcipreste de Hita, *Libro de Buen Amor*; primera versión representada por el ms. G, escrita hacia 1330; segunda versión, ampliada, representada por el ms. S, en 1343; ed. Ducamin, Toulouse, 1901; ed. Cejador, Madrid, 1914.

Primera Crónica General – *Primera Crónica General* de Alfonso X el Sabio; ed. Menéndez Pidal, Madrid, 1906.

Vocabulario de Correas – Gonzalo Correas, *Vocabulario de refranes y frases proverbiales,* 1627, ed. Madrid, 1924.

DHist – Academia Española, *Diccionario Histórico de la Lengua Española*, vols. 1 y 2, A-CE, Madrid, 1933-1936.

Nebrija – Antonio de Nebrija, *Dictionarium ex hispaniensi in latinum sermonem*, 1495 o 1493, ejemplar de Hispanic Society de Nueva York.

novelas de Miguel de Cervantes – *Novelas ejemplares,*1613.

Don Francisco de Quevedo (1580 – 1645).

Alfonso X – *Partidas V* – *Las Siete Partidas* de Alfonso X el Sabio, 1256-1263, ed. Acad. de la Hist., 1807.

López de Ayala, *Rimado de Palacio* - Pero López de Ayala, *Rimado de Palacio,* ed. Kuersteiner, 2 vols., Nueva York, 1920.

Cid – *Cantar de Mio Cid*, 1140, ed. de Menéndez Pidal, 3 vols., Madrid, 1908-1911.

Glosas de San Millán – véase *Glosas Emilianenses.*

Santillana – Marqués de Santillana (1398 – 1458), *Obras*, ed. Amador de los Ríos, Madrid, 1852.

Celestina – Fernando de Rojas, *Tragicomedia de Calisto y Melibea,* compuesta hacia 1490, quizá con añadidos de 1497.

---

[1] Para la realización de este índice bibliográfico para el glosario se han consultado las fuentes bibliográficas de los siguientes diccionarios:
COROMINAS, J., PASCUAL, J., *Diccionario crítico etimológico castellano e hispánico*, vol. I, Editorial Gredos, Madrid, 1984, pp. XXXVII – LXV.
REAL ACADEMIA ESPAÑOLA (1726 – 1739): Diccionario de la lengua castellana en que se explica el verdadero sentido de las voces, su naturaleza y calidad, con las phrases o modos de hablar, los proverbios o rephranes, y otras cosas convenientes al uso de la lengua, dedicado al rey nuestro señor don Phelippe V (que Dios guarde) a cuyas reales expensas se hace esta obra: Tomo primero [Tomo sexto] / compuesto por la Real Academia Española. [versión en línea: Detailed View - Biblioteca Digital Hispánica (BDH) (bne.es)] (consultado en marzo, 2021).
Las entradas aparecen mencionadas en orden de su aparición en el glosario para los términos antiguos.

Cancionero de Baena - *Cancionero de poetas antiguos que fizo é ordenó e compuso é acopiló el judino Johan Alfon de Baena*, hacia 1445 (primera mitad del siglo XV y fines del siglo XIV); ed. P. J. Pidal, Madrid, 1851.

Cuervo, Dicc. II – Rufino J. Cuervo, *Diccionario de Construcción y Régimen de la lengua castellana,* vols. 1 y 2 (A-D), 1907.

Nebrija, Lexicón Latino-Hispano – *Lexicon ex sermone Latino in Hispaniensem*, Salamanca, 1492.

J. del Encina – Juan del Encina (1468 – 1529), *Cancionero,* 1496.

Pícara Justina – *La pícara Justina*, Medina, 1605; ed. J. Puyol, 3 vols., Madrid, 1912.

Berceo – Gonzalo de Berceo, autor que escribe aproximadamente entre 1220-1250; ed. Rivad. LVII, 39 ss.

Glosario de los infantes de Lara por Menéndez Pidal – *La leyenda de los Infantes de Lara,* Madrid, 1896; 2ª edición, 1934.

Fuero Juzgo – ed. Acad., 1815, traducido al castellano en 1241.

Gran Conquista de Ultramar – Salamanca, 1503; ed. Gayangos.

Quijote – Miguel de Cervantes, *Quijote I*, 1605; *Quijote II*, 1615.

Tirso – Tirso de Molina (Fray Gabriel Téllez), 1571 (?) – 1648.

Berceo, *S. Dom.* – *Vida de Santo Domingo de Silos*, ed. Fitzgerald, París, 1904 (véase Berceo).

APal – Alonso Fernández de Palencia, *Universal vocabulario en latín y en romance*, Sevilla, 1490.

Glosas Silenses – o Glosas de Silos, glosario compuesto en el NE de Castilla en la segunda mitad del siglo X, publicado y estudiado por Menéndez Pidal, *Orígenes del Español...*

Juan Manuel – *El Conde Lucanor o Libro de Patronio*, terminado en 1335; ed. Knust, Leipzig, 1900.

Lazarillo de Tormes – *La vida de Lazarillo de Tormes y de sus fortunas y adversidades*, novela anónima, hacia 1554.

Orig. – véase Menéndez Pidal.

Alex. – *Libro de Alexandre*, ed. R. S. Willis, Princeton 1934; comp. J. Keller (texto escrito en 1250 en el Oeste de León).

Oelschläger – Victor R. B. Oelschläger, *A Medieval Spanish Word-List. A preliminary dated vocabulary of first appearances up to Berceo*, Univ. de Wisconsin, 1940.

Apol. – *Libro de Apolonio*, ed. C. C. Marden, 2 vols., Baltimore, 1917-22; libro escrito a mediados del siglo XIII, el manuscrito conservado de este se copió lo más probable en el Este de Aragón.

Anastasio Pantaleón - Anastasio Pantaleón de Ribera (1600 – 1629).

Lucano – poeta romano de origen hispano (39-65).

Oudin – César Oudin, *Tesoro de las dos lenguas francesa y española,* 1ª edición, 1607; 2ª edición, 1616.

Buenos Proverbios – *Los buenos proverbios que dixieron los Philósophos,* texto de mediados del siglo XIII, H. Knust, en Bibl. des Litt. Vereins in Sttuttgart, vol. 141, pp. 1-65.

Fuero de Avilés – ed. Fz. Guerra, Madrid, 1865; escrito en 1155.

Gower, *Confessio amantis* – *The Lover's Confession*, poema de John Gower (1330 – 1408), poeta inglés del siglo XIV.

La *Compilación de los milagros de Santiago* de Diego Rodríguez de Almela. La tradición del Apóstol en manuscritos castellanos del siglo XV

Zifar - *Libro del cavallero Zifar*, hacia 1300; considerado el primer libro extenso de ficción en prosa de la literatura española.

Hurtado de Mendoza (1586 – 1644).

Menéndez Pidal - *Orígenes del Español, estado lingüístico de la península Ibérica hasta el siglo XI,* Madrid, 1926; 2ª edición, 1929; 3ª edición, 1950.

D. CONCLUSIONES

El principal objetivo de esta tesis ha sido el de llevar al conocimiento del público contemporáneo el texto de un manuscrito medieval, que nunca antes había disfrutado de la atención que supone una edición crítica. Elegimos el manuscrito con la signatura 1302 de la Biblioteca Nacional de España de Madrid, conocido como la *Compilación de los milagros de Santiago* de Diego Rodríguez de Almela.

El texto que tenemos delante y que podría ser el original o al menos una copia directa del mismo, fue copiado dos veces, por dos escribas distintos. Dichas copias se encuentran guardadas hoy en día en la Biblioteca de la Universidad de Salamanca, con la signatura 1933, y en la biblioteca de El Escorial, respetivamente, con la signatura h-III-15. La copia de Salamanca presenta un texto parcialmente amputado, dado que le faltan las tres cartas que inician el ms. 1302 y la edición de Torres Fontes. La otra copia ha sido atribuida a Juan de Ortega, obispo de Coria entre los años 1479 y 1485. Aunque a partir de esta copia de El Escorial se realizó una edición crítica el siglo pasado (la edición de Torres Fontes), esta no propone ninguna alternativa interpretativa para varias formas recogidas a través de la transcripción paleográfica y no viene con ninguna explicación con respecto a los términos caídos en desuso o a las elecciones hechas por el editor (con una única excepción). Además, la edición de Torres Fontes no hace referencia a ningún otro testimonio del texto e incluye algunos errores evidentes (por ejemplo, el nombre propio *Soria* en vez de *Siria*).

En este contexto, se ha sentido la necesidad de realizar una edición crítica del manuscrito original (el ms. 1302) con un aparato crítico adaptado a la necesidad de reunir la información filológica aportada por todos los testimonios actualmente conocidos. Desafortunadamente, el presente contexto no nos permitió visitar la biblioteca de El Escorial y de consultar la copia manuscrita guardada allí. Pero sí tuvimos acceso a la edición de Torres Fontes, que parece respetar en gran medida el texto manuscrito de El Escorial.

La edición de 1946 de Juan Torres Fontes incluye al inicio una introducción sobre la vida y la figura de Almela, que presenta algunos detalles muy interesantes, pero que parece insuficiente para la verdadera comprensión de la importancia que el contexto histórico tiene en la comprensión de su obra de esta obra. Como consideramos que la historia, la política y la religión son elementos clave para el pensamiento de Rodríguez de Almela y para el proceso de la realización de nuestro manuscrito, nos propusimos hacer una presentación más amplia sobre estos aspectos en el estudio introductorio que precede la edición crítica propiamente dicha. La figura del apóstol Santiago goza, sin duda, de una remarcable notoriedad entre los estudiosos de la Edad Media peninsular, pero lo que quisimos destacar en el subcapítulo dedicado al mito jacobeo fue, sobre todo, la dimensión del culto al apóstol y las distintas etapas de la leyenda, con el propósito de situar el manuscrito en su contexto, para hacer posible una interpretación válida del texto de Almela.

El texto fue compuesto en un período clave de la historia de España, los últimos años de la Reconquista y los primeros de la gran labor política de los Reyes Católicos. El siglo XV es definido como un período de negociación entre el poder eclesiástico y el poder regio, que lleva al intento de fundar una iglesia nacional: la Iglesia del Estado, configurada de tal modo que permita al poder regio intervenir en todos los asuntos que tienen que ver con el dicho lugar de culto. La *Compilación* nace, por lo tanto, en este contexto turbulento, para legitimar la guerra y el poder de los reyes y va a contribuir a la construcción de una propaganda política a favor de la realeza y de la finalización de la Reconquista.

Se reconocen en el texto del manuscrito 1302 elementos específicos tanto del providencialismo medieval, como también del racionalismo humanista en la consideración de la historia, tendencia específica de varias composiciones de la época. Las dos perspectivas van a coexistir por un tiempo y van a ejercer una influencia recíproca, pero la tendencia general del siglo XV es la de superar las ideas de corto alcance del mesianismo católico y de adoptar una perspectiva más bien humanista.

Al hablar del humanismo católico, como dimensión característica del humanismo del espacio ibérico, hay que recordar el nombre del intelectual Alonso de Cartagena, obispo de Burgos, uno de los más importantes representantes de este paradigma. Su formación se fundamenta, sin embargo, en las ideas tradicionales características del mundo medieval y sólo años más tarde entra en contacto con la ideología humanista. Alonso de Cartagena tiene un papel esencial en la definición de lo que se conoce como el pensamiento español del siglo XV, como etapa primordial del encuentro entre la tradición intelectual medieval y los inicios del humanismo. Su pensamiento es dominado por un patriotismo evidente, dado que destaca en el panorama de la época como un fiel defensor de la legitimidad de la monarquía española. A través de sus obras la devoción monárquica y el ideal patriótico de la reconquista de las tierras cristianas de la Península serán transmitidos también a sus discípulos, entre los cuales Diego Rodríguez de Almela.

Las obras de Cartagena representaron unas de las principales fuentes de inspiración y de documentación de los manuscritos de Diego Rodríguez de Almela. Esta es probablemente la razón por la cual en sus manuscritos se ven reunidos el pensamiento medieval de la época y la ideología humanista con la que entra en contacto gracias a su maestro. Al lado de sus inquietudes literarias y teológicas, Diego Rodríguez de Almela muestra una gran devoción al apóstol Santiago. El ideal de la Guerra Santa, de restaurar la unidad de la religión cristiana, es compartido por todos los miembros de la Orden de Santiago, y domina, de hecho, la conciencia de sí misma de la cristiandad hispánica a lo largo de la Edad Media. Este ideal se hizo aún más fuerte a finales del siglo XV, cuando Almela se dedicó a la actividad literaria, y esto se verá reflejado en sus obras, incluso en la *Compilación*.

La *Compilación* se perfila desde el principio como una obra tanto de carácter histórico como religioso, uno de los textos básicos de la Orden de Santiago. La necesidad de un discurso justificador de la Orden se siente cada vez más fuertemente hacia el final del siglo XV, cuando los Reyes de Castilla usan su autoridad para tomar posesión del poder administrativo de la Orden, y la *Compilación* asume esta posición. Al lado de la *Primera historia de la Orden de Santiago*, escrita por Pedro de Orozco y Juan de la Parra y finalizada hacia 1488, la *Compilación* contribuye a la realización de un discurso sintético de la Orden mediante el cual esta entidad justificaba sus acciones militares y su ideología.

Los orígenes de la Orden de Santiago datan del siglo XII, cuando se da una primera noticia de su fundación como orden militar y como orden religiosa. Durante el reinado del rey Alfonso VIII de Castilla, a través de la aprobación de la bula papal otorgada por el papa Alejando III, los miembros de la Orden llegan a ser conocidos como los Caballeros de Santiago. Su misión era la de actuar en el nombre de Dios para defender la fe cristiana, según el modelo las otras órdenes militares de Europa y de Jerusalén. Uno de los más importantes problemas de la Orden a lo largo del siglo XV y, al mismo tiempo, un fenómeno muy significativo políticamente, fue el segundo maestrazgo de los Reyes Católicos, seguido por la fusión definitiva con la entidad regia en 1523.

El apóstol Santiago, como figura mítica, ocupa una posición central en la historia política y religiosa del siglo XV. Su presencia en la península Ibérica contribuye en gran medida a la justificación de España como núcleo central de la cristiandad, al lado de Roma o de Jerusalén. La Edad Media es cuando el mito jacobeo florece más que nunca y cuando hay numerosos testimonios de los milagros del santo, sobre todo de los milagros bélicos. Desde el inicio del mito hasta el final de la Reconquista la imagen del apóstol Santiago está asociada al elemento milagroso, a partir de la *translatio*, el primer milagro del santo, mencionado también en el *Liber Sancti Jacobi*. El apóstol gana su sobrenombre de El Matamoros debido a sus numerosas intervenciones milagrosas en el campo de batalla en la ayuda de los cristianos, pero también por ser el santo curador y protector de los peregrinos. Sin embargo, una vez dada por concluida la Reconquista, el mito jacobeo queda sin su propósito principal y a partir del siglo XVI se puede hablar de la declinación del mito.

Otro elemento que consideramos útil en el contexto de una edición crítica de este tipo, y que levantó las dificultades más importantes, es el subcapítulo de las notas enciclopédicas. Intentamos en esta parte ofrecer las informaciones más relevantes sobre las principales figuras evocadas en el texto y sobre los eventos, lugares y períodos mencionados, con el mismo objetivo, el de facilitar el entendimiento del texto y de ayudarle al lector a situarse en las coordenadas contextuales descritas por el autor. Sin embargo, las fuentes de información de las cuales dispusimos en las presentes circunstancias fueron limitadas y aún quedan cosas para mejorar.

Además, decidimos añadir un glosario para los términos antiguos, donde explicamos el significado contextual de estos términos, su etimología y la primera documentación. Es necesario subrayar el hecho de que este glosario incluye también palabras que aún existen en la lengua actual, pero que aparecen en el manuscrito con otro significado, hoy en día caído en desuso. El glosario planteó también algunos problemas, dado que para algunas entradas no se ha encontrado en los diccionarios disponibles ninguna documentación anterior de dicho término y ningún dato con respecto a su etimología (por ejemplo, el caso de *trihumfoso*). En estos casos específicos se ha ofrecido una definición léxica en base a la etimología y al contexto semántico ("triunfante"), y consideramos que el texto de Almela pudo propiciar algunas creaciones léxicas, como ocurría a menudo en los textos de los humanistas de finales del siglo XV. Por último, añadimos la transcripción del manuscrito ms. 1933 de la Biblioteca de la Universidad de Salamanca, para ofrecerle al lector interesado la oportunidad de cotejar los dos textos y de tener fácilmente acceso al vocabulario y a la forma de esta copia.

A pesar de nuestra intención de ofrecer un texto lo más completo posible, hubo cuestiones que se salieron de nuestro control y que dificultaron el acceso directo a más fuentes de documentación.

Por lo tanto, en el futuro, este estudio podría ser desarrollado aún más, a través de un trabajo de documentación más amplio en otras bibliotecas de España. Igualmente, nos proponemos realizar la investigación completa del ms. h-III-15 de la Biblioteca de El Escorial, en la medida en que el régimen especial de esta biblioteca nos permitirá hacerlo, para tener la certeza de que la edición de Torres Fontes ha recogido toda la información relevante para la recuperación de la obra de Rodríguez de Almela. Sin embargo, consideramos que la presente edición constituye una perspectiva completa sobre obra, a raíz de los testimonios conocidos hasta la fecha, que podría servirle a cualquier estudioso o lector interesados en ampliar sus conocimientos con respecto a Edad Media española o a entrar en contacto con este tipo de obras.

Por último, nos proponemos seguir con el estudio de este manuscrito también desde una perspectiva lingüística, dado que hemos tratado esta dimensión aquí solamente de manera restringida, a través del glosario. Consideramos que sería necesario un análisis del lenguaje empleado, de las alternancias formales de una lengua que aún no había establecido su forma escrita definitiva y en la que se notaba la influencia del código oral más que de las tentativas de imponer una norma léxica. Igualmente, consideramos que para un conocimiento más amplio de la *Compilación* de Rodríguez de Almela se impone como necesario un estudio diacrónico de la lengua del manuscrito 1302, en una perspectiva comparativa que reuniría todos los testimonios manuscritos evocados anteriormente. Como el estudio lingüístico no formaba parte de los objetivos de esta tesis, quedan en esta área varios temas de discusión y varias oportunidades de continuar la investigación.

BIBLIOGRAFÍA

I. CORPUS

BERNHARD DEPPING, Georges, ALCALÁ GALIANO, Antonio, *Romancero castellano o coleccion de antiguos romances populares de los españoles*, Brockhaus, Leipzig, 1844.

Crónicas de Alfonso X, Sancho IV y Fernando IV (h. 1-163v). Crónica de Alfonso XI (h. 165- 389v), ms. 10132, volumen manuscrito, Biblioteca Nacional de España, Madrid.

Coronica del sancto rey don Fernando tercero deste nombre que gano a Seuilla y a Cordoua y a Jaen et a toda el Andaluzia. Cuyo cuerpo esta enla santa yglesia de Seuilla. Nueuamente sacada en molde, volumen manuscrito, Biblioteca de la Universidad Complutense de Madrid, catálogo de libros digitalizados.

FALQUE REY, Emma (ed.), *Historia Compostelana*, Ediciones Akal, Madrid, 1994.

GONZÁLEZ JIMÉNEZ, Manuel (ed.), *Crónica de Alfonso X*, Real Academia Alfonso X el Sabio, Murcia, 1998.

LÓPEZ DE AYALA, Pedro, *Cronicas de los Reyes de Castilla Don Pedro, Don Enrique II, Don Juan I, Don Enrique III*, tomo I, imprenta de don Antonio de Sancha (ed.), Madrid, 1779.

MENÉNDEZ PIDAL, Ramón (ed.), *Primera crónica general: estoria de España que mandó componer Alfonso el Sabio y se continuaba bajo Sancho IV en 1289*, Bailly-Bailliere é Hijos, Madrid, 1906.

Orden de Santiago, *Regla de la orden y caualleria de S. Santiago de la Espada / con la glosa y declaracion del Maestro Ysla*, Alcalá de Henares, 1547 (versión electrónica consultada en agosto de 2021 en http://uvadoc.uva.es/handle/10324/25202).

Poema de Fernán González, consultado en versión electrónica en agosto de 2021 en https://www.condadodecastilla.es/cultura-sociedad/epica-medieval/el-poema-de-fernan-gonzalez/.

Poema de mio Cid, consultado en versión electrónica en agosto de 2021 en https://www.hs-augsburg.de/~harsch/hispanica/Cronologia/siglo12/Cid/cid_poe0.html.

ROCHWERT-ZUILI, Patricia (ed.), *Crónica de Castilla*, e-Spania Books, Paris, 2010.

RODRÍGUEZ DE ALMELA, Diego, *Compilación de los milagros de Santiago*, ms. 1302, volumen manuscrito, Biblioteca Nacional de España, Madrid.

RODRÍGUEZ DE ALMELA, Diego, *Compilación de los milagros de Santiago*, ms. 1933, volumen manuscrito, Biblioteca de la Universidad de Salamanca, Salamanca.

TORRES FONTES, Juan (ed.), *Compilación de los milagros de Santiago de Diego Rodríguez de Almela,* Tip. Suc. De Noguês, Murcia, 1946.

VIÑA LISTE, José María (ed.), *Crónica del famoso cavallero Cid Ruy Díez Campeador*, Biblioteca Castro, Fundación José Antonio de Castro, Madrid, 2006.

II. ESTUDIOS

AGÜERA ROS, José, *Santiago, de lo literario a lo pictórico entre Rodríguez de Almela (1481) y Juan de Vitoria (1552)*, en *Estudios Románicos*, vols. 13-14, 2001-2002, pp. 7-21.

ALCOBERRO, Agustí, *La exaltación mesiánica de los reyes católicos y la expulsión de los judíos de los reinos hispánicos*, en *Revista de la Inquisición. Intolerancia y Derechos Humanos*, vol. 22, nº 4, 2018, pp. 77-90.

ANGUITA OSUNA, José Enrique, *La labor asistencial de la orden militar de San Juan de Jerusalén durante la Edad Media*, en *Revista española de derecho militar*, nº 109-110, 2018, pp. 321-348.

Association des Amis de Saint-Hilaire, *Chronologie des huit croisades, de 1096 à 1270*, consultado en línea en agosto de 2021, a https://www.abbaye-saint-hilaire-vaucluse.com/Chronologie_des_croisades.pdf.

AYALA MARTÍNEZ, Carlos de, *El universo de las Órdenes Militares en la Edad Media. Los "freires" y los confines de la cristiandad*, en *La Orden de Malta en España (1113-2013)*, vol. 1, 2015, pp. 61-93.

AYALA MARTÍNEZ, Carlos de, *Las órdenes militares en el siglo XIII castellano. La consolidación de los maestrazgos*, en *Anuario de Estudios Medievales*, nº 27,1997, pp. 239-279.

AZNAR, Jaime, *La Cruzada de los pobres*, en *La Aventura de la Historia*, 2019, pp. 44-47.

BOUZÓN CUSTODIO, Almudena, *La Orden del Temple y la Catedral de Santiago de Compostela*, en *Annuarium Sancti Iacobi*, nº 6, 2017, pp. 67-81.

Britannica, The Editors of Encyclopaedia, "Bertrand du Guesclin". Encyclopedia Britannica consultado en línea a 20 de agosto de 2021 a https://www.britannica.com/biography/Bertrand-du-Guesclin.

CABRERA SÁNCHEZ, Margarita, *El destino de la nobleza petrista: La familia del maestre Martín López de Córdoba*, en *España Medieval*, nº 24, pp. 195-238.

CABRERIZO HURTADO, Jorge Jesús, *A propósito de la Cantiga 205 (fol. 61) y la cruz original de la Orden de Santiago*, en *Estudios Románicos*, vol. 12, 2000, pp. 31-44.

CAETANO ÁLVAREZ, Elena, *La imagen de Alfonso X en torno a finales del XV. La visión de Diego Rodríguez de Almela,* en *Los reinos peninsulares en el siglo XV. De lo vivido a lo narrado. Encuentro de investigadores: En homenaje a Michel Garcia* (coord. Francisco TORO CEBALLOS, dir. Cristina MOYA GARCÍA), Ayuntamiento de Andújar, Andújar, 2015, pp. 35-42.

CALLEJAS, Juan Noemi, *La dimensión política de la escatología: ideología, utopía y mesianismo*, en *Teología y vida,* vol. 28, nº 4, 1987, pp. 325-340.

CAMILLO, Ottavio di, *El humanismo castellano del siglo XV*, Ed. Terra Horizon, Valencia, 1976.

CÁRDENAS DÍAZ, Javier, TORREGROZA LARA, Enver, *La filosofía política de Alonso de Cartagena en su Defensorium Unitatis Christianae*, en *Revista de Hispanismo filosófico, Historia del pensamiento iberoamericano*, nº 16, 2011, pp. 7-23.

CASTELLÁ FERRER, Mauro, *Historia del apostol de Iesus Christo Sanctiago Zebedeo patron y capitan general de las Españas*, oficina de Alonso Martin de Balboa, Madrid, 1610.

CASTILLA URBANO, Francisco, *Patriotismo y legitimación monárquica en el pensamiento de Alonso de Cartagena: los escritos de Basilea*, en *Revista española de filosofía medieval*, nº 19, 2012, pp. 139-158.

CASTILLA URBANO, Francisco, *La función de la metáfora organicista en la obra de Alonso de Cartagena*, en *INGENIUM. Revista de historia del pensamiento moderno*, nº 5, 2011, pp. 77-103.

CASTILLO CÁCERES, Fernando, *Análisis de una batalla: Nájera 1367*, en *Cuadernos de Historia de España*, Instituto de Historia de España, Buenos Aires, 1991, pp. 107-146.

CIOBA, Mianda, *Originea regatului. Spaţializări simbolice în istoriile regale castiliene din secolul al XIII-lea*, en *Revista istorică*, XXXI, nº 1–2, 2020, pp. 181–197.

CORDUA, Carla, *El humanismo*, en *Revista Chilena de Literatura*, nº 84, Universidad de Chile Santiago, Chile, 2013, pp. 9-17.

DÍAZ Y DÍAZ, Manuel C., *Las tres grandes peregrinaciones vistas desde Santiago*, en *Santiago, Roma, Jerusalén. Actas del 111 Congreso Internacional de Estudios Jacobeos* (coord. Paolo CAUCCI VON SAUCKEN), Xunta de Galicia, Santiago de Compostela, 1999, pp. 81-98.

DUNCALF, Frederic, *The Peasants' Crusade*, en *The American Historical Review*, vol. 26, nº 3, 1921, pp. 440-453.

ESCOBAR, Ángel, *Elogio y vituperio de los clásicos: el 'canon' de autores grecolatinos en el Humanismo español*, en *Saberes humanísticos y formas de vida. Usos y abusos. Actas del Coloquio Hispano-alemán* (eds. Aurora EGIDO y José Enrique LAPLANA), Institución «Fernando el Católico» (C.S.I.C.) Excma. Diputación de Zaragoza, Zaragoza, 2012, pp. 45-80.

ESTÉVEZ SOLA, Juan Antonio, *Notas críticas a una nueva edición del Chronicon Mundi de Lucas de Tuy*, en *Exemplaria Classica*, nº 8, 2004, pp. 135-164.

FERNÁNDEZ GALLARDO, Luis, *Un relato de traslación de reliquias en la castilla del siglo XV: la obra de Alonso de Cartagena*, en *Hispania Sacra*, vol. LXIX, 2017, pp. 521-531.

FERNÁNDEZ GALLARDO, Luis, *Alonso de Cartagena y la literatura castellana del siglo XV. La consciencia de un clasicismo*, en *Juan de Mena. Tiempo y memoria* (ed. Cristina MOYA GARCÍA), Editorial Sílex, Madrid, 2016, pp. 201-216.

FERNÁNDEZ GALLARDO, Luis, *Tradiciones jacobeas en la Castilla del siglo XV: Intertextualidades (de Vicente de Beauvais a Rodríguez de Almela)*, en *Revista de Literatura Medieval*, vol. XXVIII, 2016, pp. 177-202.

FERNÁNDEZ GALLARDO, Luis, *Exaltación cruzada y devoción jacobea en el Compendio de Almela*, en *Estudios de literatura medieval en la Península Ibérica*, San Millán de la Cogolla, Cilengua, 2015, pp. 537-558.

FERNÁNDEZ GALLARDO, Luis, *Autotraducción y literatura devocional: la Apología sobre el salmo "Iudica me, Deus" de Alonso de Cartagena*, en *eHumanista*, nº 28, 2014, pp. 576- 595.

FERNÁNDEZ GALLARDO, Luis, *Guerra justa y guerra santa en la obra de Alonso de Cartagena*, en *eHumanista*, vol. 24, 2013, pp. 345-359.

FERNÁNDEZ GALLARDO, Luis, *Imprenta y humanismo castellano del siglo XV: el caso de Alonso de Cartagena*, en *Medievalismo en Extremadura. Estudios sobre literatura y culturas hispánicas de la Edad Media* (eds. J. CAÑAS MURILLO, F. J. GRANDE QUEJIGO, J. ROSO DÍAZ), Universidad de Extremadura, Cáceres, 2010, pp. 41-52.

FERNÁNDEZ GALLARDO, Luis, *Alonso de Cartagena y el humanismo*, en *La Corónica*, nº 37.1, 2008, pp. 1-41.

FERNÁNDEZ GALLARDO, Luis, *Alonso de Cartagena y la escritura humanística: epístola y diálogo*, en *Revista de poética medieval*, nº 19, 2007, pp. 49-92.

FERNÁNDEZ GALLARDO, Luis, *Santiago Matamoros en la historiografía hispanomedieval: origen y desarrollo de un mito nacional*, en *La monarquía como conflicto en la corona castellano-leonesa (1230-1504)* (ed. José Manuel NIETO SORIA), Sílex, Madrid, 2006, pp. 139-174.

FERNÁNDEZ GALLARDO, Luis, *Legitimación monárquica y nobiliaria en el "Memoriale virtutum" de Alonso de Cartagena (ca. 1425)*, en *Historia. Instituciones. Documentos*, nº 28, 2001, pp. 91-128.

FERNÁNDEZ GALLARDO, Luis, *En torno a los "studia humanitatis" en la Castilla del Cuatrocientos. Alonso de Cartagena y los autores antiguos*, en *España Medieval*, nº 22, 1999, pp. 213-246.

FERNÁNDEZ GALLARDO, Luis, *La obra historiográfica de dos conversos ilustres, don Pablo de Santa María y don Alonso de Cartagena*, en *Espacio, Tiempo y Forma*, Serie III, H.ª Medieval, t. 6, 1993, pp. 249-286.

FERNÁNDEZ-ORDÓÑEZ HERNÁNDEZ, Inés, *Los fundamentos de la identidad española*, Lección inaugural en la Apertura del curso académico, Universidad Autónoma de Madrid, 2017.

FERNÁNDEZ POUSA, Ramón, *La preeminencia de España sobre Inglaterra en Basilea*, en *Anuario de historia del derecho español*, nº 13, 1936-1941, pp. 406-408.

GADEA, Sira, *El Monasterio de San Pedro de Arlanza*, en *Revista Atticus*, nº 33, 2016, p. 38-66.

GAETA, Giancarlo, *Jacob Taubes: mesianismo y fin de la historia*, en *Nombres: Revista de Filosofía; Córdoba, año XVII,* nº 21, 2007, pp. 35-49.

GARCÍA FERNÁNDEZ, Manuel, *La toma de Antequera y el infante don Fernando. La batalla por la plaza fronteriza librada hace más de 600 años*, en *Andalucía en la Historia*, nº 33, 2011, pp. 40-45.

GARCIA IGLESIAS, José Manuel, *Santiago Zebedeo y Santiago Alfeo en Compostela*, en *Identidad europea e intercambios culturales en el Camino de Santiago (siglos XI-XV)*, Universidade de Santiago de Compostela, 2013, pp. 93-107.

GARROSA RESINA, Antonio, *La leyenda de los siete Infantes de Salas: contribución literaria al conocimiento de la vida en el antiguo Condado de Castilla*, en *Castilla: Estudios de literatura*, nº 2-3, 1981, pp. 77-120.

GIAKOUMIS, Konstantinos, *The ottoman campaign to Apulia (1480-1481)*, en *The Turks* (eds. H. C. Güzel, C. C. Oğuz, O. Karatay), vol. 3 (Ottomans), Yeni Türkiye Publications, Ankara, 2002, pp. 189-197.

GIBERT ARCE, Jordi, *Cronología histórica. Cronología de hechos históricos de la España medieval y de la conquista española de América y el Pacífico*, página en línea consultada en agosto de 2021, a https://cronologiahistorica.com/.

GINZO FERNÁNDEZ, Arsenio, *Humanismo filosófico y Renacimiento*, en *Indagación: Revista de Historia y Arte*, nº 0, Universidad de Alcalá de Henares. Servicio de Publicaciones, 1994, pp. 85-98.

GÓMEZ-MORENO, Manuel, *Las primeras crónicas de la Reconquista: el ciclo de Alfonso III*, en *Boletín de la Real Academia de la Historia,* tomo 100 (1932), Alicante: Biblioteca Virtual Miguel de Cervantes, 2011, pp. pp. 562-628.

GONZÁLEZ JIMÉNEZ, Manuel, *Sobre el Compendio Historial de Diego Rodríguez de Almela*, en *Murgetana*, nº 105, 2001, pp. 9-15.

GONZÁLEZ JIMÉNEZ, Manuel, *Una nueva edición de la Crónica de Alfonso X*, en *Cahiers d'Études Hispaniques Médiévales*, nº 23, 2000, pp. 177-212.

GOYTOSOLO, Juan, *Prólogo a Francisco Márquez Villanueva, "Santiago: Trayectoria de un mito"*, Edicions Bellaterra, Barcelona, 2004.

GUTIÉRREZ GARCÍA, Santiago, LÓPEZ MARTÍNEZ-MORÁS, Santiago, *Motivos jacobeos y perspectivas políticas en la Compilación de Rodríguez de Almela*, en *El culto jacobeo y peregrinación a Santiago a finales de la Edad Media* (coords. Santiago GUTIÉRREZ GARCÍA, Santiago LÓPEZ MARTÍNEZ-MORÁS), Universidade de Santiago de Compostela, Santiago de Compostela, 2018, pp. 87-106.

GUTIÉRREZ GARCÍA, Santiago, LÓPEZ MARTÍNEZ-MORÁS, Santiago, *La vocación jacobea de Diego Rodríguez de Almela,* en *Ad Limina,* vol. IV, nº 4, Santiago de Compostela, 2013, pp. 39-67.

HERBERS, Klaus, *Las órdenes militares ¿lazo espiritual entre Tierra Santa, Roma y la Península Ibérica? El ejemplo de la Orden de Santiago*, en *Santiago, Roma, Jerusalén. Actas del 111 Congreso Internacional de Estudios Jacobeos* (coord. Paolo CAUCCI VON SAUCKEN), Xunta de Galicia, Santiago de Compostela, 1999, pp. 161-174.

JIMÉNEZ CALVENTE, Teresa, *Alfonso de Cartagena y el oficio de historiador: las semblanzas de príncipes antiguos y modernos en el Duodenarium*, en *Revista de poética medieval*, nº 32, 2018, pp. 201-224.

JIMÉNEZ CALVENTE, Teresa, *Alonso de Cartagena y la cuarta cuestión del Duodenarium: hacia un ensayo del género del diálogo*, en *eHumanista,* nº 29, 2015, pp. 133-151.

LADERO QUESADA, Miguel Ángel, *La formación de la frontera de Portugal en los siglos XII y XIII y el tratado de Alcañices (1297)*, en *Boletín de la Real Academia de la Historia*, tomo 194, cuaderno 3, 1997, pp. 425-482.

LAFAYE, Jacques, *El humanismo, revolución cultural*, en *Estudios 111*, vol. XII, 2014, pp. 7-26.

LÁZARO NISO, Rebeca, *"La batalla de Clavijo", un texto poco conocido hasta hoy de Francisco Zea*, en *Hipogrifo Revista de literatura y cultural del Siglo de Oro*, nº 8, 2(2), 2020, pp. 271-301.

LAZCANO, Rafael, *El Camino de Santiago: realidad, leyenda y actualidad*, en *Compostellanum: revista de la Archidiócesis de Santiago de Compostela*, vol. 62, nº. 3-4, 2017, pp. 401-441.

LILLO REDONET, Fernando, *El Códice Calixtino: un tesoro medieval para el aula de latín en bachillerato y universidad*, en *Thamyris*, nº 3, 2012, pp. 137-149.

LOIS GONZÁLEZ, Rubén Camilo, LOPEZ, Lucrezia, *El Camino de Santiago: una aproximación a su carácter polisémico desde la geografía cultural y el turismo*, en *Documents d'Anàlisi Geogràfica*, vol. 58(3), 2012, pp. 459-479.

LOMAX, Derek William, *Rodrigo Jiménez de Rada como historiador*, Alicante: Biblioteca Virtual Miguel de Cervantes, 2016, pp. 587-592.

LÓPEZ ESTRADA, Francisco, *La toma de Antequera. Versión moderna de varios textos medievales,* Antequera, 1964.

LÓPEZ FERNÁNDEZ, Manuel, *El maestrazgo de Alfonso Méndez de Guzmán en la Orden de Santiago (1338-1342)*, en *HID*, nº 44, 2017, pp. 151-178.

LÓPEZ FERNÁNDEZ, Manuel, *La conquista de Tarifa y su defensa en tiempos de Sancho IV*, en *Al Qantir: Monografías y documentos sobre la historia de Tarifa*, nº 15, 2013, pp. 5- 72.

LÓPEZ LÓPEZ, Teodoro, *La Orden de Santiago y su provincia de León en Extremadura. Guía documental.*, 2017, pp. 1-27 (consultado en línea: La Orden de Santiago y su provincia de León en Extremadura. Guía documental. (chdetrujillo.com), en junio, 2021).

LUIS JIMÉNEZ, Isidoro, *Los infantes de Carrión y las hijas del Cid: su realidad histórica en relación con los personajes literarios*, en *Philobiblion: Revista de Literaturas Hispánicas*, nº 3, 2016. pp. 7-18.

MADRID MEDINA, Ángela, *Los orígenes de la presencia de la Orden de Santiago en el Campo de Montiel*, en *Revista de Estudios del Campo de Montiel (Extra 1),* 2015, pp. 55-73.

MADRID MEDINA, Ángela, *La orden de caballería de San Juan de Jerusalén, ¿patrimonio inmaterial?*, en *Revista de la CECEL*, nº 8, 2008, pp. 23-36.

MÁRQUEZ VILLANUEVA, Francisco, *Santiago: Trayectoria de un mito*, Edicions Bellaterra, Barcelona, 2004.

MARTIN, Georges, *La leyenda de los Siete infantes de Salas y su enseñanza sobre solidaridad linajística*, e-Spania[en línea], nº 14, 2012, consultada en septiembre de 2021 en http: //journals.openedition.org/e-spania/22032; DOI: https://doi.org/10.4000/e-spania.22032.

MARTÍNEZ DÍEZ, Gonzalo, "Enrique I de Castilla", en Real Academia de la Historia, Diccionario Biográfico electrónico (en red, https://dbe.rah.es/biografias/6616/enrique-i- de-castilla, consultado en septiembre de 2021).

MARTÍNEZ VAL, José María, *La batalla de Alarcos*, en *Cuadernos de estudios manchegos*, nº 12, 1962, pp. 89-126.

MAZO ROMERO, Fernando, *Los Suárez de Figueroa y el señorío de Feria*, en *Historia. Instituciones. Documentos*, nº 1, 1974, pp. 111-164.

MEDINA, Pedro de, *Libro de grandezas y cosas memorables de España*, casa de Dominico de Robertis, Sevilla, 1549.

MENJOT, Denis, *Santidad y edificación de los fieles: los milagros de San Millán de la Cogolla del siglo VI al XIII*, en *L'histoire dans ses variantes*, 1979, pp.157-174.

MONDOLA, Roberto, *La conquista otomana de Otranto de 1480 en la historiografía italiana y española (siglos XV-XVI-XVII)*, en *Stud. his., H.ª mod.*, nº 36, 2014, pp. 35-58.

MONTANER, Alberto, *The cidian corpus: from the first texts to Cantar de Mio Cid*, en *Cahiers d'études hispaniques médiévales*, n° 40, 2017, pp. 205-210.

MONTANER, Alberto, *El epitafio épico del Cid*, en *Actas del IX Congreso Internacional de la Asociación Hispánica de Literatura Medieval* (A Coruña, 18-22 de septiembre de 2001), A Coruña, Universidade; Toxosoutos, 2005, vol. III, pp. 193-203.

MORENO DE VARGAS, Bernabé, *Historia de la ciudad de Merida*, 1633 (versión manuscrita en línea consultada a agosto de 2021 en https://play.google.com/store/books/details?id=LdP2MBkC7N4C&rdid=book-LdP2M BkC7N4C&rdot=1.

MORRÁS, María, *Alonso de Cartagena*, en *Diccionario Filológico de Literatura Medieval Española. Textos y transmisión* (coord. Carlos ALVAR, José Manuel LUCÍA MEGÍAS), Editorial Castalia, Madrid, 2002, pp. 93-127.

MORRÁS, María, *El debate entre Leonardo Bruni y Alonso de Cartagena: las razones de una polémica*, en *Quaderns. Revista de traducció*, nº 7, 2002, pp. 33-57.

MORRÁS, María, *Sic et non: En torno a Alfonso de Cartagena y los "studia humanitatis"*, en *Euphrosine, Revista de filologia clássica,* vol. XXIII, 1995, pp. 333-246.

MUÑOZ GÓMEZ, Víctor, *La construcción de un modelo de liderazgo militar monárquico en la Castilla bajomedieval y su proyección americana*, en *Reti Medievali Rivista*, vol. 20, nº 2, Firenze University Press, 2019, pp. 1-40.

NADAL Y CAÑELLAS, Juan, *La abolición de la Orden del Temple y su gestación*, en *BSAL*, nº 66, 2010, pp. 35-50.

NIETO SORIA, José Manuel, *Conceptos de España en tiempos de los Reyes Católicos*, en *Norba. Revista de Historia*, vol. 19, 2006, pp. 105-123.

NIETO SORIA, José Manuel, *Iglesia y orígenes del Estado moderno en la Castilla Trastámara*, en *Espacio, Tiempo y Forma, S. III, H.ª Medieval*, t. 4, 1991, pp. 137-160.

NOGALES RINCÓN, David, *La "Genealogía de los reyes de España" de Alonso de Cartagena: linaje e imagen regia en la Castilla del cuatrocientos*, en *Revista de poética medieval*, nº 30, 2016, pp. 233-257.

OLIVERA SERRANO, César, *Mesianismo y profetismo en Portugal y Castilla (c.1380-1430). Notas para su estudio*, en *Sémata, Ciencias Sociais e Humanidades*, vol. 26, 2014, pp. 359-382.

OLIVETTO, Georgina, *Política y sermón: Alonso de Cartagena en el Concilio de Basilea*, en *Aspectos actuales del hispanismo mundial*, 2018, pp. 222–231. doi:10.1515/9783110450828-015.

ONTIVEROS VALDÉS, Constanza, *Las andanzas de Santiago en la nueva España y la imagen del indio: Santa María Chiconautla*, en *Ad Limina*, vol. 4, nº 4, 2013, pp. 177-217.

ORANTOS MARTÍN, Rodolfo, *La soberana Orden Teutónica de Santa María se Jerusalén*, El País Literario Editorial, Cáceres, 2018.

ORELLANA CALDERÓN, Raúl, *El concepto de España en el siglo XV. Perspectiva historiográfica*, en *Historia de la nación y del nacionalismo español* (dirs. A. DE BLAS GUERRERO, J. P. FUSI AIZPURÚA y A. MORALES MOYA), Madrid – Barcelona, Fundación Ortega-Marañón – Galaxia Gutenberg, Círculo de Lectores, 2013, pp. 76-94.

PÁEZ AYALA, Ángel, *La Orden de Santiago: liturgia y música (ss. XV-XVII)*, trabajo de fin de carrera no publicado, defendido públicamente en Salamanca, Conservatorio Superior de Música de Salamanca, 2012 (consultado en formato electrónico en: https://www.centrode documentacionmusicaldeandalucia.es/estaticos/publicaciones//orden-santiago/tomo-i.pdf, a 10.08.2021).

PÉREZ DE GUZMÁN, Fernán, *Valerio de las Historias Escolasticas de la sagrada escriptura, y de los hechos de Espana, con las batallas campales, copiladas por Ferna Perez de Guzman, nueuamente corregido*, casa de Pedro Lasso, Salamanca, 1587.

PÉREZ MARINAS, Iván, *Las obras de las Crónicas de Alfonso III: Crónica de Alfonso II sobre el final de los reyes godos, leyenda de Covadonga, Crónica de Sebastián de Salamanca y Crónica de Ordoño I*, en *STVDIVM. Revista de Humanidades*, nº 20, 2014, pp. 29-54.

PÉREZ DE TUDELA Y VELASCO, María Isabel, *Guerra, violencia y terror. La destrucción de Santiago de Compostela por Almanzor hace mil años*, en *España Medieval*, nº 21, 1998, pp. 9-28.

PETERSON, David, *Primeras referencias a Guipúzcoa*, en *Fontes linguae vasconum: Studia et documenta*, nº 97, 2004, pp. 597-608.

PINHO DE OLIVEIRA, Maria Fatima, *¿Sacralización política o mesianismo? Los liderazgos políticos de Néstor Kirchner, Hugo Chávez, Donald Trump y Jair Bolsonaro*, en *Revista de Ciencias Sociales. Facultad de Derecho y Ciencias Sociales*, nº 47, Benemérita Universidad Autónoma de Puebla, México, 2019-2020, pp. 322-342.

PISNITCHENKO, Olga, *Rodrigo Diaz de Vivar, El Cid (1048-1099), excelente cavaleiro e de elevada linhagem*, en *Mirabilia*, nº 26, 2018, pp. 141-162.

PONCELA GONZÁLEZ, Ángel, *Derecho heredado, monarquía adquirida: Aportaciones del quinientos a la configuración del régimen político español*, en *Res publica*, nº 18, 2007, pp. 427-444.

PORRAS ARBOLEDAS, Pedro Andrés, *La Orden de Santiago en el siglo XV: la Provincia de Castilla*, Dykinson, Madrid, 1997.

PORTELA, Ermelindo, *Diego Gelmírez. Los años de preparación (1065-1100)*, en *Stud. hist., H.ª mediev.*, nº 25, 2007, pp. 121-141.

RÁBADE OBRADÓ, María del Pilar, *Aproximación al entorno femenino de Alfonso X*, en *e- Spania* [en línea], nº 39, 2021, consultada en septiembre de 2021 en http://journals.openedition.org/e-spania/40874; DOI: https://doi.org/10.4000/e-spania.40874.

RECUERO ASTRAY, Manuel, "Alfonso VII", en Real Academia de la Historia, Diccionario Biográfico electrónico (en red, https://dbe.rah.es/biografias/6376/alfonso-vii, consultado en septiembre de 2021).

RÍOS SALOMA, Martín, *Entre historia y hagiografía: la santificación de Don Pelayo en la historiografía española (ss. XVI-XVII)*, en *Revista Historia UdeC*, vol. I, 2013, pp. 17-25.

ROARO, Jorge, *El Humanismo renacentista español de los siglos XV y XVI, visto a través de la Retórica, la reflexión filosófica y la búsqueda de la virtud*, tesis de doctorado defendida y leída en Salamanca, Departamento de Filosofía, lógica y estética, Universidad de Salamanca, 2017.

RODRÍGUEZ BLANCO, Daniel, *La organización institucional de la Orden de Santiago en la Edad Media*, en *Historia. Instituciones. Documentos*, nº 12, Sevilla, 1985, pp. 167-192.

RODRÍGUEZ BLANCO, Daniel, *La Orden de Santiago en Extremadura en la Baja Edad Media (siglos XIV y XV)*, Excma. Diputación Provincial de Badajoz, Badajoz, 1985.

RODRÍGUEZ BLANCO, Daniel, *El monasterio de Santiago de la Espada de Sevilla*, en *Historia. Instituciones. Documentos*, vol. 6, 1979, pp. 309 – 324.

RODRÍGUEZ GONZÁLEZ, Antonio, *La Orden del Temple y el control de las vías de comunicación*, en *Catálogo de investigación joven en Extremadura* (coords. Dolores GALLARDO VÁZQUEZ y Sergio LÓPEZ SALAS), vol. III, Universidad de Extremadura. Servicio de Publicaciones, Cáceres, 2020, pp. 330-334.

RODRÍGUEZ GONZÁLEZ, Antonio, *Las órdenes militares y la villa de Cáceres: identificación de posibles 'encomiendas' urbanas (ss. XIII-XV)*, en *Las Órdenes Militares en Extremadura.* Actas del I Congreso Nacional (coords. B. MIRANDA, R. SEGOVIA), [Garrovillas de Alconétar]: Federación Extremadura Histórica, 2015, pp.177-206.

RUCQUOI, Adeline, *Trece siglos por los caminos de Santiago*, en *Revista Chilena de Estudios Medievales,* nº 4, 2013, 93-114.

RUIZA, M., FERNÁNDEZ, T., TAMARO, E., *Biografía de Alfonso III el Magno,* en *Biografías y Vidas. La enciclopedia biográfica en línea*, Barcelona, 2004. Recuperado de https://www.biografiasyvidas.com/biografia/a/alfonso_iii.htm el 1 de abril de 2021.

SALVADOR MIGUEL, Nicasio, *Entre el mito, la historia y la literatura en la Edad Media: el caso de Santiago guerrero*, en *Memoria, mito y realidad en la historia medieval [XIII Semana de estudios medievales. Nájera 2002]* (coord. J. I. de la IGLESIA DUARTE), Gobierno de La Rioja/Instituto de estudios riojanos, Logroño, 2003, pp. 214-232.

SÁNCHEZ SÁNCHEZ, Xosé M., *La peregrinación a Santiago de Compostela y el poder pontificio entre los siglos XII y XV*, en *Ad Limina*, vol. 1, nº 1, Santiago de Compostela, 2010, pp. 181-200.

SASTRE SANTOS, Eutimio, *La Orden de Santiago y su regla*, tesis de doctorado no publicada, Universidad Complutense de Madrid, Facultad de Geografía e Historia, Madrid, 2015.

SCHLELEIN, Stefan, *Vacilando entre Edad Media y Renacimiento: Castilla y el Humanismo del siglo XV*, en *Saberes humanísticos y formas de vida. Usos y abusos. Actas del Coloquio Hispano-alemán* (eds. Aurora EGIDO y José Enrique LAPLANA), Institución «Fernando el Católico» (C.S.I.C.) Excma. Diputación de Zaragoza, Zaragoza, 2012, pp. 91-112.

SENSI, Mario, *Santi Patroni dei pellegrinaggi*, en *Santiago, Roma, Jerusalén. Actas del 111 Congreso Internacional de Estudios Jacobeos* (coord. Paolo CAUCCI VON SAUCKEN), Xunta de Galicia, Santiago de Compostela, 1999, pp. 305-330.

SUÁREZ MIRAMÓN, Ana, *La construcción de la modernidad en la literatura española*, Editorial Universitaria Ramón Areces, Madrid, 2015.

VALDEÓN BARUQUE, Julio, "Enrique II", en Real Academia de la Historia, Diccionario Biográfico electrónico (en red, https://dbe.rah.es/biografias/6635/enrique-ii, consultado en septiembre de 2021).

VALDEÓN BARUQUE, Julio, "Pedro I de Castilla", en Real Academia de la Historia, Diccionario Biográfico electrónico (en red, https://dbe.rah.es/biografias/8207/pedro-i-de- castilla, consultado en septiembre de 2021).

VALDÉS GARCÍA, Olga, "Lucas de Tuy", en Real Academia de la Historia, Diccionario Biográfico electrónico (en red, https://dbe.rah.es/biografias/4206/lucas-de-tuy, consultado en septiembre de 2021).

VALLA, Lorenzo, *La conquista de Antequera con la leyenda de la Peña de los Enamorados*, G.
E. H. A. Alfonso XII, Antequera, 1957.

VARA THORBECK, Carlos, *Las Navas de Tolosa: Una batalla decisiva en la historia de España*, en *Anuario*, Real Academia de Bellas Artes de San Telmo, 2005, pp. 66-74.

VELASCO, Ambrosio, *Humanismo* (1ra ed.), Universidad Nacional Autónoma de México, Instituto de Investigaciones Sociales UNAM, Ciudad de México, 2009.

VERMIJN, Y.J.C., *«De quoy juqu'a mille ans bien parlé en sera». La réception de la Chanson de Bertrand du Guesclin entre 1380 et 1618*, tesis de doctorado no publicada, Amsterdam School of Historical Studies (ASH), Faculty of Humanities (FGw), 20 de junio de 2018.

VILLA PRIETO, Josué, *La ideología goticista en los prehumanistas castellanos: Alonso de Cartagena y Rodrigo Sánchez de Arévalo. Sus consideraciones sobre la unidad hispanovisigoda y el reino astur-leonés*, en *Territorio, Sociedad y Poder*, nº 5, 2010, pp. 123-145.

VIÑAYO GONZÁLEZ, Antonio, "Fernando I", en Real Academia de la Historia, Diccionario Biográfico electrónico (en red, https://dbe.rah.es/biografias/10083/fernando-i, consultado en septiembre de 2021).

ZABALLA BEASCOECHEA, Ana de, *La discusión conceptual sobre el milenarismo y mesianismo en Latinoamérica*, en *Anuario de historia de la iglesia,* nº 10, 2001, pp. 353- 362.

al-ZAHRANI, Saleh Eazah, *Revisiones y nuevos datos sobre la batalla de la Vega de Granada (719/1319) a través de las fuentes árabes*, en *MEAH*, Sección árabe-islam, nº 58, 2009, 353-372.

III.DICCIONARIOS

ARMENTEROS LIZANA, Concepción, «Diego Rodríguez de Almela», en Real Academia de la Historia, *Diccionario Biográfico electrónico* (en red, https://dbe.rah.es/biografias/39480/diego-rodriguez-de-almela) (consultado en junio, 2021).

COROMINAS, J., PASCUAL, J., *Diccionario crítico etimológico castellano e hispánico*, vols. I- IV, Editorial Gredos, Madrid, 1984.

COROMINAS, J., *Breve Diccionario etimológico de la lengua castellana*, IIIª ed., Editorial Gredos, Madrid, 1987.

Diccionario Etimológico Castellano en Línea, [versión en línea: http://etimologias.dechile.net/] (consultado en marzo, 2021).

Diccionario en línea IDONEOS, [versión en línea: https://religion.idoneos.com/mesianismo/] (consultado en agosto, 2021).

REAL ACADEMIA ESPAÑOLA: Banco de datos (CORDE). Corpus diacrónico del español. [versión en línea: Real Academia Española - CORDE (rae.es)] (consultado en mayo, 2021).

REAL ACADEMIA ESPAÑOLA: Diccionario de la lengua española, 23.ª ed., [versión 23.4 en línea: Diccionario de la lengua española | Edición del Tricentenario | RAE - ASALE] (consultado entre marzo – mayo, 2021).

REAL ACADEMIA ESPAÑOLA (1726 – 1739): Diccionario de la lengua castellana en que se explica el verdadero sentido de las voces, su naturaleza y calidad, con las phrases o modos de hablar, los proverbios o rephranes, y otras cosas convenientes al uso de la lengua, dedicado al rey nuestro señor don Phelippe V (que Dios guarde) a cuyas reales expensas se hace esta obra: Tomo primero [Tomo sexto] / compuesto por la Real Academia Española. [versión en línea: Detailed View - Biblioteca Digital Hispánica (BDH) (bne.es)] (consultado en marzo, 2021).

REAL ACADEMIA ESPAÑOLA (2013-): Diccionario histórico de la lengua española (DHLE) [versión en línea: Diccionario histórico de la lengua española | RAE - ASALE] (consultado entre marzo – mayo, 2021).